음악치료의 이해와 활용

소아청소년 · 노인을 위한 음악치료 지도서

음악치료의 이해와 활용

소아청소년 · 노인을 위한 음악치료 지도서

김종환 · 박정미

서현사

저자서문

오늘날 우리나라에서도 음악치료의 전문성과 학문적 정체성이 확립되어 가면서 음악치료의 관심과 활용영역이 점차 넓어지고 있다. 무엇보다도 우리의 사회복지 정책과 시설이 확충되고 발전됨에 따라 사회소외계층과 소아청소년장애 치료를 위한 음악치료가 많은 관심을 받고 있는 현실이다.

이러한 사회적 요구에 따라 음악치료의 이론과 실제에 대한 깊이 있는 내용을 담은 전문서적이 많이 요구되고 있는 실정이다. 저자는 본서를 통해서 저자가 음악치료교육가와 임상전문가로서 다년간 활동하고 연구해온 음악치료의 원리와 실제에 대한 내용을 음악치료사가 되고자 공부하는 학생들에게 도움을 주고자 정리 집필하였다.

또한 저자는 본서 '음악치료의 이해와 활용' 이 음악치료사가 되기 위해서 공부하는 학생들뿐만 아니라 음악치료사라는 전문 직업에 관심을 가지고 있는 특수교육, 유아교육, 물리치료, 작업치료, 미술치료, 심리치료, 사회복지 등을 전공하는 분들에게도 음악치료를 이해하고 심도 있게 연구하는 방향을 제시할 수 있는 필독서가 되기를 희망한다.

본서는 모두 7장으로 구성되어져 있다. 제1장에서는 음악치료의 개념을 정리할 수 있도록 사회적 철학적 근거를 소개하였다. 제2장에서는 음악치료의 학문적 기초를 통해서 음악치료의 학문적 가치와 역할을 이해하고 치료에 적용할 수 있도록 소개하였다. 제3장은 음악치료기법과 심리이론을 통해서 다양한 대상과 현장에서 음악치료를 활용할 수 있도록 하였다. 그리고 음악치료 임상에서 활용되고 있는 개별능력평가지와 치료기록지들을 첨부하여 학생들의 음악치료 임상활동에 도움을 주고자 하였다. 제4장에서는 현대인의 삶에서의 노인을 위한 음악치료의 개념과 사회적 관점에 대한 내용을 실었다. 제5과, 6장에서는 노인성질환과 치매노인을 위한 음악치료프로그램의 개발과 실제적인 측면을 심층적으로 다루었으며 제7장에서는 치매노인을 위한 음악치료 관련 척도와 설문지들을 실어 실제 프로그램에 활용할 수 있도록하였다.

본서가 아직 많은 부분에서 미흡하지만 독자들의 아낌없는 조언과 저자의 지속적인 애정으로 계속 보완해 나갈 것입니다. 저자는 음악치료에 대한 연구와 연구 데이터가 부족한 시점에서 그저 저자의 의욕만 앞선 느낌이 든다. 그러나 앞으로 보다 알차고 참고가 될 좋은 서적이 될 수 있도록 음악치료를 보다 많이 연구하고 보완될 수 있도록 노력하겠다.

끝으로 저자는 본서 '음악치료의 이해와 활용' 을 집필할 수 있도록 물심양면으로 격려와 독려로서 지지해주신 (사)한국음악치료사협회의 수많은 회원들과 이사진들, 음악치료 수퍼바이저 전문강사진들에게 특별한 감사의 마음을 전합니다.

그리고 본서의 출간을 맡아 준 서현사 조재성 사장님과 원고를 끝까지 책임지고 꼼꼼하게 작업해 준 서현사 관계자 여러분께 감사드립니다.

2010년 12월

저자 김종환 · 박정미

Contents

차 례

제1장 음악치료의 개념

제1장 음악치료의 개념

1. 음악치료의 정의

_ 음악치료는 하나의 정신치료이다.
_ 창조적인 음악활동을 통해서 건강한 정신과 풍요로운 삶을 갖도록 한다.
_ 음악치료는 신체적, 정신적, 인지적, 사회적 장애를 가진 사람에게 음악과 음악활동으로서 발달과 치유를 이끈다.

음악치료란 음악이 가지고 있는 여러 기능과 특성들을 인간의 정신 및 육체의 질병치료와 예방을 위한 치료의 매개체 및 도구로서 사용하는 것을 말한다.

음악치료는 사람들이 사회적 변화에 긍정적으로 적응할 수 있게 함과 아울러 보다 행복하고 풍요로운 미래 삶을 준비할 수 있게 만드는 것을 목적으로 한다.

음악치료가 갖는 특성은 위협적인 외과적 처치나 약물 투약이 아닌 다양한 음악과 음악적 체험을 통해서 정신적 질병과 문제행동들을 치료함으로써 환자에게 매우 호감적으로 접근할 수 있다. 또한 자신의 감정과 상태를 말로서 표현하기 어려운 사람들에게 음악적 체험을 통해서 쉽게 다가갈 수 있음으로써 그들의 깊은 내면적 문제를 해결할 수 있다.

1. 1 음악치료와 사회

오늘날 사회가 다양하고 복잡해지면서 우리의 삶은 자기중심적인 개인주의로 변하고 또 이것 때문에 우리의 인간관계는 더욱더 삭막하고 각박하게 변하고 있다. 이러한 어려운 현실 속에서 사람들은 많은 스트레스를 받게 될 뿐만 아니라, 여러 정신적 질병에 시달린다.

일반적으로 사람들은 정신 질병에 대한 이해 부족으로 대다수가 약물치료에 의존하고 있다. 그러나 많은 사람들이 질병에 대한 생각이 변하고 또 이에 대한 관심이 증가됨에 따라 약물과 의학의 효능에 대해서 많은 의문과 의구심을 갖게 되었다.

예를 들면, 한편으로는 사람들이 과연 지금 복용하고 있고 또 병원에서 사용하는 많은 약물들이 우리 병을 고치는데 정말 적절한 것인지에 대하여 염려와 의구심을 갖게 되었고 다른 한편으로는 하루에도 수십 명의 환자를 돌봐야 하는 의사들과 병원의 과중한 업무에 시달리고 있는 간호사와 치료사들의 현실적 진료 문제에 대해서도 사람들은 과연 그들의 진단과 치료를 믿어도 좋을 것인지 불안해 한다. 그리고 이러한 문제들과 함께 많은 매스컴과 신문 · 잡지 등에서는 매일 의료 및 의약 사고들과 관련한 여러 가지 사건들을 거론하고 또 사람들은 이를 자주 접함으로써 일반 의학의 효능에 대해서 더욱더 불안해 하고 그리고 의사가 처방해주는 약이나 치료 요법이 정말로 우리에게 도움이 될지 걱정하게 된다.

1. 2 음악치료와 대체의학

이미 오래전부터 사람들은 의학의 효용과 치료에 대해서 의문을 품게 되었을 뿐만 아니라, 오늘날 사람들이 질병에 대한 생각을 과거와는 근본적으로 다르게 가짐으로써, 지금까지 일반적으로 사용해오던 기존의 의학에서 벗어나 '대체 의학' 에 관심을 가지게 되었다.

이와 관련하여 설명하면, 보통 우리는 자신이 건강한 동안에는 병이나 또는 이에 대한 치료방법에 대해서 별다른 관심이나 생각이 없이 생활을 한다. 그러나 만약 건강에 이상이 생겼을 경우나 병이 들었을 경우에는, 자신의 병에 대해서 많은 생각을 갖게 된다. 예를 들어 과연 나의 병은 치료될 수 있을까? 지금까지 자신의 건강에 대해서 무심코 지나친 일은 없었는가? 왜 올바른 생활 습관을 유지하지 못했을까? 음주 습관이나 스트레스와 같은 문제들을 그냥 무심코 지나치지는 않았는가? 과연 의사가 정확한 진단을 하였을까? 또 의사가 처방한 약이 정말로 나를 도울 수 있을까? 그리고 약의 부작용은 없을까? 하는 등의 많은 불안감을 가지게 된다. 그리고 스스로 병 때문에 나타나는 여러 가지 증상에 대하여 다시 깊이 생각을 하기도 한다.

이와 같은 현상은 우리 사회에서 아주 보편적인 상황이며, 일반 대중 잡지나 매스컴들은 이런

⑫ 음악은 학습능력과 기억력을 발달시킨다.

⑬ 음악은 개인의 잠재능력을 성장 · 개발시킨다.

⑭ 음악은 인간의 낭만적인 감정과 성기능을 높인다.

⑮ 음악은 소화기능을 촉진시킨다.

⑯ 음악은 인내력을 강화시킨다.

⑰ 음악은 상징 및 상상력에 대한 무의식적 감수성을 확대시킨다.

⑱ 음악은 안정감과 만족감을 느끼게 한다.

⑲ 음악은 사회적응력을 향상시킨다.

⑳ 음악은 집중력과 과제 해결 및 결정력을 강화시킨다.

2. 음악치료의 역사적 배경과 발달과정

오늘날 음악치료가 하나의 전문치료분야로서 자리를 잡게 된지는 이제 반세기도 채 되지 않지만, 지금까지 연구되고 밝혀진 역사적 문헌이나 자료에 의하면 음악을 통한 치료는 이미 약 3000년의 역사를 가지고 있는 것으로 밝혀졌다. 물론 음악치료가 오늘날에 와서야 비로소 하나의 전문치료로서 자리를 잡게 된 것은 무엇보다도 치료과정 자체가 체계적이고 과학적인 접근방식에 근거를 두었기 때문이라 말할 수 있다. 이와 같은 사실은 비단 음악치료뿐만이 아니다. 의학자 헨리 시거리스트(Henry Sigerist, 1944)는 "의학의 발달 역사도 치료와 질병에 대한 마술적, 종교적 그리고 철학적인 해석을 거쳐 오다가 질병에 대한 과학적인 내용을 가지고 자리를 잡게 된 것은 상대적으로 근래에 이루어진 일"이라고 밝히고 있다.[2]

인류 역사의 발전과 더불어 지금까지 지속적으로 발전되어 오늘날 음악치료를 탄생시키는 데 커다란 영향을 주게 된 음악의 치료적 역할과 기능에 대한 내용과 해석들은 매우 다양하게 나타났지만 크게 3가지 유형으로 전개, 발전되었다 볼 수 있다. 이 세 가지 유형의 하나는 음악이 하나의 주술적이고 신비로운 형태(Musik als magisch-mythisches Werkzeug)로서 그리고 또 다른 유형으로는 음악이 우주 조화의 표본(Musik als Abbild kosmischer Ordnung)으로서 그리고 마지막으로 음악이 정신치료의 약물(Musik als Medikament)로서 사용된 것이다[3].

2. 1 주술적이고 신비로운 형태로서의 음악

Musik als magisch-mythisches Werkzeug

인류의 문명이 시작되면서부터 음악이 질병의 치료에 사용되어 온 것은 사실이다. 그러나 음악이 어느 정도 치료 영역까지 깊은 관계를 가졌는가는 각 시대마다의 사회 문화적 환경과 질병

---

2) Henry Sigerist, Civilization and Disease, N.Y.1944, in; 최병철 음악치료학, 학지사 2001. p. 37.

3) Herbert Bruhn; Musiktherapie, Geschichte – Theorien – Methoden, Goettingen 2000. p. 9.

에 대한 이해의 정도에 따라 다르게 나타났었다.

원시사회에서는 음악을 마력적인 것으로 이해하였으며, 음악이 춤과 언어와 더불어 그들의 몸에서 악령을 쫓아내고 신을 달래어 질병을 고치는 치료의 역할로서 이해되었다. 소리는 원시인에게 이해되지 못하는 신비롭고 마술적인 존재였으며, 소리의 독특하고 영적인 성격 때문에 음악은 초자연적이며 보이지 않는 영적 세계와 대화를 할 수 있게 해준다고 믿었다. 이러한 원시인들의 의식 속에서는 음악을 통해 신이 인간에게 행복과 건강을 선물로 준다고 믿는 동시에 어떤 악기들은 초자연적인 존재를 상징하거나 마력을 가진 존재로서 여겨졌다.

원시사회에서 사람들은 그들의 치료 예식에서 사용되는 소리를 내는 도구나 악기에는 영혼이 깃들여져 있다고 생각하였으며, 예식에서 음악이 연주될 때 악기에서 영혼이 빠져나와 소리를 듣는 인간과 동물들을 치료한다고 믿었다. 이와 같은 사실이 원시사회를 지배하였던 이유는, 원시인들은 우주가 마력적이고 위협적인 영혼이나 초자연적인 힘에 의해서 지배된다고 믿었으므로 무엇보다도 그들은 질병치료에 있어서 마법적인 힘을 절실히 필요로 하였다. 즉, 질병은 그들의 몸에 악령이 깃들어 있으므로 생긴다고 생각하여 마법사, 의사 또는 주술사를 통해 환자의 몸속에 있는 악령과 싸워 물리침으로써 치료된다고 믿었다.

그리고 오늘날 아프리카와 호주의 원주민 지역에서는 아직도 무당이나 주술사가 환자의 배 위에 북을 올려놓고 연주하면서 치료하고 있다. 이때에 주술사는 악기를 자신의 몸의 일부분으로 생각하고 그들의 영적인 힘을 소리로 바꾸어서 표현하면서 치료한다고 생각하고 있다.

기원전 3000년경에 만들어진 쐐기 문자와 점토판에도 주술적이고 신비로운 음악치료에 대한 내용이 적혀 있다. 지금으로부터 4200년 전 수메르-아카드 시대에 아카드의 임금 사르곤의 딸이며 달의 신에 대한 제사를 주관하던 여사제인 엔케두안나는 신들을 불러내 병든 사람을 고치는데 사용하는 42편의 찬가를 지으면서 자신이 어떻게 그 찬가들을 만들게 되었는지 기록으로 남겼는데 여기에는 그녀가 찬가를 짓는 일은 밤에 야외에서 아주 고통스럽게 이루어졌고, 자신에게 떠오르는 초현실적이고 악마적이며 무의식적인 영감을 노래로 만들었으며, 이 일은 마치

출산과 같이 창조적이고 고통스러운 일이라고 말하였다.[4)]

이와 같은 원시시대의 주술적인 음악치료는 음악을 통하여 환자로 하여금 아주 강렬하고 도취되는 느낌을 갖게 하는데, 이런 느낌을 갖게 하는 것은 그들이 생각하는 신과 악마들을 달래기 위한 목적이었다. 그렇게 해서 신들이 그들의 질병을 치료해주길 바랬던 것이었다. 이 같은 주술적 음악치료과정에서 환자는 감정적으로 대단히 상기되어 자기 자신에 대한 현실감을 잊어버리는데, 이와 같은 상태에 대하여 마리아 엘리자베트 브로크호프 교수는 그의 저서 『Musik und Medizin in Geschichte und Gegenwart ; 음악과 의학의 역사와 현재』에서 일종의 현실 도피 현상과 같은 것이라고 부정적인 시각으로 보고, 오늘날 치료법을 적용할 때 가장 주의해야 할 증세의 하나로 지적하였다.

그러나 브로크호프 교수의 주술적 음악치료에 대한 부정적인 시각에 대해서 반대 입장을 취하고 음악치료의 효과에 대해서 긍정적인 입장을 취하는 학자들도 적지 않다. 이들은 원시시대부터 전승되어 온 음악치료의 주술적인 방법들이 오늘날에도 많은 효과들을 발휘하고 있다고 주장하면서, 그 이유로 이런 음악치료의 방법에는 전통적인 행동양식과 사고방식이 내포되어있기 때문이라고 한다. 그 예로서 치료과정에서 음악 소리로 무엇인가를 놀라게 하여 물러가게 하는 효과이다. 인간은 아주 오랜 옛날부터 병을 일으키는 악귀를 쫓기 위해서 소음을 일으켰으며, 교회의 종소리도 이런 의미를 지니고 있다. 이 밖에도 악귀나 불길한 대상을 놀라게 하여 쫓는 데는 소리뿐만이 아니라 동물의 형상을 한 가면이나 용과 같은 상상의 동물들과 같은 여러 가지 조형물이 사용되었으며, 이와 같은 소리나 조형물들은 점차 민속놀이나 음악으로 스며들게 되어 우리의 일상생활에서 자연스럽게 행해지고 있는 것이다.

고대사회에서는 질병은 인간의 신체와 본성 간의 부조화로 간주하였으며, 이때 음악을 신의 계시로 생각하여 인간이 육체와 정신의 조화와 건강을 이루는 데 매우 커다란 도움을 준다고 믿

4) 공찬숙 · 여상훈(역); 음악치료(Hinrich van Deest 지음), 도서출판 시유시 2001, p. 217.

었다. 기원전 1500년경에 만들어진 이집트의 종이 두루마리 형태의 고 문서에는 의술에서 음악의 활용에 대한 내용이 상형 문자와 그림으로 나타나 있다. 특히 고대의 이집트인들은 음악을 영혼을 위한 약이라고 생각하여 여자를 임신시키기 위한 주문으로서도 이용하기도 하였다.

[그림 1-1] 고대 이집트 음악치료 고분 벽화

(기원전 1500년경, 음악치료를 위해서 하프와 현악기를 연주하는 이집트 연인들)

그 밖에도 성경의 내용에도 음악치료에 대한 내용이 적혀있다. 기원전 1000년경에 이스라엘의 왕 사울이 다윗의 하프 연주로 그의 심한 우울증을 고쳤다고 기록되어 있다: "야훼의 영이 사울을 떠나고 야훼께서 내리신 악령이 그를 공포에 몰아넣자, 그의 신하들이 말하였다... 하느님께서 내리신 악령이 임금님을 괴롭히고 있으니 ... 소인들에게 명하여 수금을 잘 타는 사람을 구해오도록 하십시오. 하느님께서 임금님께 악령을 내리실 때마다 그로 하여금 수금을 타게 하시면 마음이 개운해지실 것입니다 ... 이리하여 다윗은 사울을 찾아와 그를 시중들게 되었는데 사울은 다윗을 몹시 사랑하여 그를 자기의 ... 시중(을)들게 허락하였다. 하느님께서 보내신 악령이 사울에게 내릴 때마다 다윗은 수금을 뜯었다. 그러면 악령이 떠나고 사울은 회복되어 숨을 돌릴 수 있었다."(사무엘상 16: 9)[5]

5) 공동번역 성서 (가톨릭용), 대한성공회 1986, 구약 p. 446.

2. 2 우주 조화의 표본으로서의 음악

Musik als Abbild kosmischer Ordnung

음악치료에 있어서 고대 그리스는 독특한 위치를 차지하고 있다. 음악치료에서 고대 그리스인들은 주술적이고 신비적인 사고를 합리적이고 과학적인 사고방식으로 전환하기 시작하였다. 그리스인들은 정신과 육체는 불가분의 관계를 가지고 있다고 믿으면서, 그들은 인간의 육체와 정신이 우주 만물의 법칙과 함께 조화로운 균형을 이룰 때 비로소 인간은 완전히 건강한 상태를 얻는다고 생각하였다. 이와 관련된 사상은 그리스의 여러 철학자의 사상에서 나타나 있다.

피타고라스(Pythagoras von Samos; 전기 570 ~ 480)와 그의 제자들은 숫자야말로 우주 만물의 법칙을 구성하는 형이상학적인 기초 요소라고 생각하였다. 특히 음과 음의 배음관계, 즉 음정 사이에 존재하는 양적인 비례 관계를 발견한 피타고라스는 음의 배음관계들은 우주 안에서 존재하는 비례에 상응한다고 주장하였다. 그는 음악은 인간 영혼의 조화를 회복시킨다고 보았다. 이와 같은 피타고라스의 음악의 치료적 효과에 대한 학설은 우주 만물의 자연법칙에서 "인간의 마음과 우주의 자연 법칙이 조화를 이루어질 때에 비로소 인간의 정신은 온전한 상태가 된다는 것이다. 이것은 음악이 인간과 우주의 법칙을 조화롭게 만들어 주며, 인간이 음악을 통해서 심적 동화를 이룰 때 비로소 인간의 몸과 마음이 완전하게 건강한 상태가 된다"는 것을 말하는 것이다.[6] 이런 피타고라스의 견해에서 음악은 하나의 역증 요법의 형태로 작용한다. 여기에서 역증 요법이란, 음악 자체의 조화가 영혼의 부조화를 자연적인 조화의 상태로 바꾸는 것을 의미한다. 고대 그리스인들은 이와 같은 피타고라스의 철학을 바탕으로 하여, 프리기아 음계는 사람을 명랑하게 만들고, 도리아 음계는 사람을 안정되게 하며, 리디아 음계는 학대받은 사람의 마음을 위로한다는 식으로 여러 음계가 각각 특별한 효과를 가지고 있다고 생각하였다.

소크라테스는 "머리 없는 눈, 신체 없는 머리를 치료할 수 없는 것처럼 정신이 없는 육체는 치료할 수 없다."고 말하였으며, 플라톤(전기 428/27 ~ 348/47)은 그의 윤리적 사상에서 "음악을 통

6) 이와 같은 피타고라스의 사상에 대하여 철학자 콘푸치우스(Konfuzius; 전기 551 - 479)는 "음악을 지배하는 규칙과 인간의 영혼의 조화 그리고 음악을 듣는 인간의 감정과 정서는 서로 깊은 연관성을 가지고 조화롭게 이루어져야만 된다." 라고 주장하였다.

하여 인간의 정신은 감각의 지배로부터 벗어날 수 있다"고 말하였다. 이와 같은 플라톤의 사상은 인간의 정신론을 강하게 다룬 것으로서, 인간의 육체와 영혼은 뚜렷하게 분리되어 있으며 육체를 운동을 통해서 건강하게 하듯이 인간의 영혼을 음악을 통해서 조화롭고 건강하게 교육해야 한다고 말하는 것이다.

그 외에도 고대 후기의 유명한 의사였던 갈렌(전기 200년경)은 음악이 정신과 육체를 가장 잘 다듬어 준다고 믿었다. 무엇보다도 갈렌은 미친 사람을 치료하는 수단으로 음악을 권장하였다. 아리스테이데스 퀸틸리아무스(전기 250년경)는 모든 정신적 질병에는 제각기 적절한 음악치료법이 있으며, 음악은 치료하고자 하는 사람의 영혼과 똑같은 조화로운 상태를 유지해야 정신이 자기와 닮은 음악을 알아내고 다시 건강해진다고 하였다.

요약하면 그리스인들은 음악치료를 논리적으로 적용하였으며, 인간의 육체와 정신의 조화와 균형을 이루는 데에는 그 무엇보다도 음악이 가장 중요하다고 생각하였다. 왜냐하면 그들은 음악만이 유일하게 인간 영혼의 내면세계로 들어갈 수 있으며, 인간 영혼에 영향을 미칠 수 있다고 생각하였고, 음악이 인간과 우주 자연법칙의 질서와 조화를 이루게 하여 인간의 정신과 육체에 모두 영향을 줄 수 있다고 보았기 때문이다. 다시 말해서 음악은 고대 그리스인들에게 교육과 정신적인 평안과 카타르시스(katharsis)[7]의 수단으로 사용되었다고 볼 수 있다.

2. 3 음악을 치료의 약과 도구로서의 사용

Musik als Medikament

기독교 시대의 사람들은 질병을 종교적인 신념으로 치료할 수 있다고 믿었으며, 교회와 종교적 믿음을 통해 질병으로부터 구원받을 수 있고 또 치료될 수 있다고 믿었다. 이와 같은 믿음은 종교적 신념의 한 부분으로 수세기를 거쳐서 오늘날까지 이르고 있다.

신학자 아우구스티누스는 음악은 신을 경배하는 수단으로 보았으며, 기독교적인 음악은 인간

7) 카타르시스(katharsis)란 정신 분석에서는 마음속에 억압된 감정의 응어리를 행동이나 말을 통하여 발산함으로써 정신의 균형이나 안정을 회복하는 것을 말한다. 이 말은 고대 아리스토텔레스 시학에서 사용된 것으로서 비극을 봄으로써 우울한 느낌이나 불안한 감정 그리고 긴장감 등이 풀어지고 마음이 정화되는 것을 의미하였다.

의 영혼을 정화할 수 있다고 말하였다. 그리고 토마스 아퀴나스는 교회 음악만이 정신적 장애가 있는 사람들을 도울 수 있다고 주장하면서, 인간의 영혼은 오로지 종교적인 심성을 통해서만이 조화를 이룰 수 있고, 인간의 육체와 정신의 건강은 서로 연결되어 분리시킬 수 없다고 강조하였다. 이와 같은 사상을 밑바탕으로 하여 기독교 시대의 음악은 교회의 예배 의식을 진행하기 위한 성가로서 뿐만 아니라 여기에 참석한 모든 사람들에게 영원한 삶을 위한 영적인 구원의 자기표현의 역할을 하였다. 그러므로 이들에게서 음악은 한편으로는 희망과 구원을 가져다주는 역할을 하였으며, 또 다른 한편으로는 그들 질병을 고쳐준 신에 대한 감사의 표현으로서 사용되었다.

베르너 프리드리히 퀴멜이 1977년에 발표한 그의 저서 『Musik und Medizin: ihre Wechselwirkungen von 800 bis 1800(음악과 의학: 800년에서 1800년까지의 그들의 상호 작용)』에 의하면 이미 중세시대부터 음악이 의학 세계에서 치료를 위한 도구로써 사용되어 왔음을 명확하게 기술하고 있다. 퀴멜의 저서에는 중세시대에는 고대로부터 음악의 기질론과 체액 의학을 받아들였으며, 여기에는 건강을 위한 충분한 영양 공급과 올바른 생활방식 그리고 감정 조절 등에 대한 내용이 거론되어 있었다. 이러한 퀴멜의 이론을 입증하는 것은 회교 아랍 세계에서 음악은 9세기경부터 대단히 중요한 역할을 했으며, 11세기까지 그들의 음악에는 성악이 주류를 이루었다는 내용이다. 또한 이 시대의 아랍 세계의 음악의 특징은 4도 음정을 가장 중요하게 여기는 7음계로 구성되었으며, 전음계와 반음계로 구성된 멜로디의 특성 그리고 무엇보다도 즉흥연주가 당시 음악의 대표적인 특징이었다. 무엇보다도 사람들은 여러 형태의 멜로디는 각각이 인간의 영혼에 주는 특별한 효과를 지니고 있다고 믿었으며, 그들은 음악이 영혼을 위한 영양소라 생각했고, 음악은 인간의 육체와 영혼 그리고 지상 세계와 우주를 서로 연결해 준다고 믿었다. 이와 같은 사람들의 음악에 대한 믿음을 통하여 의학 세계에서는 음악이 인간의 여러 감정 상태의 균형을 잡아주며, 영혼을 치료해주고 또 이를 통해서 육체 또한 치료될 수 있다고 생각하였다. 병원의 임상치료에서 음악의 활용을 보면, 음악은 환자를 정신적으로 안정시키는 역할을 하였으며, 그밖에도 환자의 고통을 경감시키고, 정신병자와 미친 사람들을 진정시키고 치료하는 데 사용되었으며, 또한 환자의 수면을 돕거나 무료한 시간을 보내는 도구로 사용되기도 하였다.

음악치료와 관련하여 중세 의학에서 가장 흥미로운 부분은 이미 앞에서 거론한 체액 의학에서의 섭생론이다. 이 섭생론에는 크게 두 가지 목적이 있는데, 한편으로는 건강을 유지시켜야 하며, 또 다른 한편으로는 치료를 도와야 한다는 것이다. 이와 같은 목적 아래에 섭생론에는 여섯 가지의 기본 원칙이 있다. 이것은 빛과 공기, 먹을 것과 마실 것, 육체적인 노동과 휴식, 잠자고 일어나는 것, 몸을 비우고 채우는 것 그리고 감정의 움직임이다.

이와 같은 섭생론의 여섯 가지의 기본 원칙들이 갖고 있는 의미는, 무엇보다도 물질적 · 정신적인 모든 면에서 극단을 피하고 중용을 지켜야 한다는 것이다. 그리고 이 같은 섭생론의 기본 원칙들은 당시 의학 세계에서 그 무엇보다도 중요한 위치를 차지하고 커다란 의미를 갖고 있었다.[8]

르네상스 시대에는 음악을 통한 치료가 의학 영역에서 뿐만 아니라 다른 학문들의 영역에서도 중요한 위치를 차지하게 되었다. 철학자며 의사였던 아그리파는 음악에서 노래가 갖는 치료 효과에 대해서 설명하였다. 그는 노래를 부르면 정신과 상상력을 조화롭게 표현할 수 있고, 음악 소리를 통해서 듣는 사람의 정신 속으로도 쉽게 들어갈 수 있으며, 따라서 노래하는 사람의 감정과 영혼이 전달된다고 생각하였다. 이에 대해서 아그리파는 "노래는 부르는 사람의 감정을 통해서 듣는 사람의 마음을 움직이고, 상상력을 자극하고 그리고 듣는 사람의 영혼의 가장 깊은 곳까지 들어가 그의 마음을 사로잡게 한다."고 말하였다.

바로크 시대에는 음악치료의 개념에 대한 커다란 변화가 나타났다. 이것은 의학 세계에서 음악이 갖는 치료적 효과의 원인과 영향을 연구함에 있어서 지금까지 지배적으로 사용하던 철학 위주의 사고에서 벗어나기 시작하면서 물리나 화학과 같은 학문적 고찰을 과학적으로 적용하기 위해 노력하기 시작한 것이다. 의학자 라이프니츠(1646~1716)는 그의 논문 'Musik als Arzney(의학적 도구로서의 음악)' 에서 북소리 · 박자 · 장식음 등은 그들이 가지고 있는 기본적인 규칙과 질서를 가지고, 먼저 공기를 움직이며, 이 움직인 공기가 인간의 생명의 기(spiritus vitales)에 긍정적인 영향을 준다고 하였다. 이와 같은 그의 견해는 음악이 갖는 치료적 효과의 원인에 대한 접근에서 소리가 갖는 물리적인 변화와 음향학적인 변화에 대한 접근이었다고 볼 수 있다.

아타나시오스 키르허(1602~1680)는 그의 청각 이론에서 "외부로부터 들이마신 공기로부터 신체 내에서는 새로운 기(氣)가 형성되며, 이는 흡입한 공기와 혈액이 뇌 속에서 섞이면서 영혼의

8) 음악치료에는 카타르시스나 상승효과처럼 동종요법과 물질적인 면과 정신적인 면의 균형을 이루게 하는 역증 요법이 있다.

기로 변화는 과정이 일어난다고 간주하고, 이러한 영혼의 기를 통해서 청각 작용이 일어나며 또 이러한 과정은 매일매일 새롭게 일어난다." 라고 주장하였다. 키르허가 주장하는 이러한 기(氣)는 '자연의 기(spiritus naturales)', '생명의 기(spiritus vitales)', '영혼의 기(spiritus animalis)' 세 가지로 구분되며, 이 기들은 신경과 혈관을 통해 인간의 몸 전체에 퍼져 나가는 영혼의 수레라고 여겼다.

키르허는 인간의 육체에는 흡입된 체내의 공기가 진동하면 기가 움직이게 되며, 이러한 움직임을 감지하여 그 정도를 측정한 후 체액인 혈액과 담즙 등이 변화하여 감정 상태가 나타난다고 보았으므로, 인간의 체액과 관련된 모든 질병은 음악으로 고칠 수가 있다고 생각하였다.

1650년부터 고체 병리학이 나타나자 지금까지 혈액 · 점액 · 황담즙 · 흑담즙과 같은 네 가지 체액만으로 기본 토대로서 간주되어왔던 인체 생리학에 근육과 신경 그리고 동맥을 구성하는 섬유 물질도 의학에서 관심의 대상이 되었다. 그리고 이와 더불어 '신경액(fluidum nerveum)' 이라는 체액이 거론되기 시작하였다. 사람들은 이 신경액이 신경 섬유 속을 흐르면서 영혼의 기를 운반한다고 믿었다. 이와 관련하여 테오도르 크라넨(1620~1689)은 개가 음악을 들으면 왜 울부짖는지에 대해 연구하였다. 그는 이에 대해서 음악이 일으키는 공기 진동과 개의 청각 신경에는 서로 조화를 이루지 못하는 관계가 존재하여 음악 소리가 개의 청각 신경을 괴롭힌다고 보았다. 또한 크라넨은 쇠 긁는 소리를 들으면 왜 이가 아픈 느낌을 받는가에 대해서도 연구하였는데, 역시 이 경우에도 치근 신경들이 쇠의 소음이 일으키는 진동과 어울리지 않기 때문이라고 추정하였다. 이와 같은 고체 병리학에 힘입어 음악이 갖는 치료적 효과에 대해서 음악이 체액만이 아니라 신경 섬유, 체공, 피부와 같은 우리 몸의 고체 부분에도 영향을 미치는 것으로 생각하게 되었다.

의학 세계에서 고체 병리학 이론이 활발하게 연구되어짐에 힘입어 아담 브렌델은 고체 병리학에서 신경 섬유와 음악의 효과에 대해서 연구하였다. 그는 음악이 체액과 청각 신경 같은 신체의 신경 섬유들을 진동시킨다고 생각하였다. 소리의 진동이 인간의 두뇌에 전달되면, 거기서 감정 · 사고 · 상상과 같은 것들이 생겨난다고 보았으며, 브렌델은 여기에서 예민한 신경 섬유가 어울리지 않는 진동을 강요당하게 될 때 우리에게 고통이 생기게 된다고 주장하였다. 그리고 그는 화음이 좋은 음악을 들으면 인간의 정신은 새로운 과정에 적응하여 고통스러운 감각이 사라지므로, '화음적으로 잘 구성되어진 음악'[9]을 통하여 이와 같은 고통을 치료할 수 있다고 하였다.

요약하면, 지금까지의 여러 학자들은 생리학적 · 심리학적 · 음향학적 이론을 바탕으로 하여 음악이 인간의 질병을 치료할 수 있고 또 건강에 커다란 영향을 줄 수 있다는 시각으로 다양한 측면에서 합리적이고 과학적으로 음악이 갖는 치료적 효과의 원인과 영향에 대해서 연구하였다고 볼 수 있다.

2. 4 현대 음악치료의 발달과정

현대 음악치료의 발달의 계기가 된 것은 1940~1950년대 사이의 시기로 볼 수 있다. 이 시기에는 제 1, 2차 세계대전으로 인하여 많은 사람들이 정신적 쇼크나 정서장애 때문에 정신적 치료가 요구되었고, 또 의학계의 많은 사람들이 이들의 정신치료에 대해서 연구하게 됨에 따라, 이에 부응하여 음악치료가 정신병원에서 적용되기 시작한 것이 계기가 되었다. 제 2차 세계대전 중에 음악치료가 병원에서 처음으로 적용되어 코델라스, 크테일, 포돌스키, 리그 등에 의해 획기적인 발전을 이루었다. 여기에서 주목할 것은 20세기 초까지는 주로 정신 병원의 의사들이 음악치료를 행하여 왔으나, 제2차 세계대전 중에는 전문 음악가들이 군 병원에서 음악 연주를 통한 음악치료를 하게 됨을 계기로 하여, 그들 중 많은 사람들이 음악치료에 대한 관심을 갖게 되고 또 질병치료에 필요한 의학적 지식의 필요성을 깊이 인식하게 되었다. 또 다른 한편으로 음악치료의 발달에 커다란 도움을 주게 된 것은 1950년대 미국의 레코드 산업의 부흥으로 인하여 손쉽게 음악을 접할 수 있게 된 동기이다.

그 이전까지는 음악을 접하거나 감상할 수 있는 기회는 그리 흔하거나 쉽지 않았다. 병원에서도 음악 연주를 통한 음악치료를 하기 위해서는 따로 음악가들을 초청해야 하는 번거로움이 따랐다. 그러나 음악 레코드 산업의 부흥으로 인하여 대량으로 다양한 레코드가 생산됨에 따라 어느 장소에서든 누구나 손쉽게 음악을 접하고 감상할 수 있게 되었다. 이에 따라 정신 병원과 일반 병원 등에서 음악을 사용하는 데 커다란 관심을 가짐에 따라, 환자들의 오락을 위해서, 환자들의 수면을 돕기 위한 도구로서 그리고 수술에 대한 공포감을 줄이기 위해서 등과 같이 여러 방

---

9) 바로크 시대의 음악의 화음 구성은 전반적으로 온음계적 화음 구성을 바탕으로 이루어졌으며, 음악 전체의 구성에서도 조성적 변화가 아직 자유롭지 못한 엄격한 형식미를 강조하는 방식이었다. 이와 같은 이 시대의 음악적 분위기에서 화음의 활용이란 매우 제한되었으며, 이에 상응하여 선율의 흐름을 강조하는 음악이 우선으로 작곡 · 연주되는 경향이었다.

면에서 음악을 활용하게 되었다.

이와 같은 20세기 중반의 현대 초반기의 음악치료는 주로 음악감상을 통해서 환자의 심리적 · 신체적 변화와 치료를 추구하는 수동적인 방법만이 주로 사용되었다. 그러나 점차 음악치료 방법과 활용 영역에 대한 연구가 다양해지고 깊어짐에 따라 음악치료는 그 활용 영역을 발전시켜 나아감으로써 이제는 병원뿐만 아니라 장애자 교육 · 음악 특수교육 · 사회복지 활동과 같은 다양한 부분에서 치료와 교육의 역할로서 자리를 잡게 되었다.

20세기 현대 음악치료의 발달과정을 나라별로 살펴보면, 1944년 미국의 미시간 주립대학에 음악치료사를 위한 교과과정이 최초로 만들어졌으며, 1946년 캔스츠 대학에서 음악치료사를 위한 교육이 실질적으로 시행되었다. 1950년에는 미국 음악치료협회(The National Association for Music Therapy: NAMT)가 조직되어 음악치료사를 위한 교육 · 연구 · 임상실습 · 자격증 등에 대한 규정을 만들었으며, 음악치료에 대한 원리와 이론을 학문적으로 세워 전문 음악치료사들을 본격적으로 배출하기 시작하였다.

미국의 음악치료의 발전에 영향을 받은 유럽의 여러 나라들은 1960년대에 영국, 오스트리아, 네덜란드와 같은 나라들을 시작으로 음악치료협회가 구성되기 시작하였다. 그리고 1970년대를 전후로 하여 스칸디나비아, 아이슬란드, 프랑스, 이탈리아, (구)동독일, 스위스에서 앞뒤를 다투어 각 나라별 음악치료협회가 구성되었다. 특히, 독일에서는 1960년대 말에서 1970년대 초 사이에 음악치료와 관련한 많은 서적이 출판되면서 많은 사람들이 음악치료에 대해서 깊은 관심을 갖게 되었다. 이와 같은 흐름에 동참하여 1973년 독일음악치료협회(Deutsche Gesellschaft fuer Musiktherapie: DGMT)가 구성되고, 1978년 독일음악치료사협회(Deutscher Berufsverband der Musiktherapeutinnen und Musiktherapeuten: DBVMT)가 결성되었다.

[사진 1-1] 그룹음악치료

2. 5 한국 음악치료의 역사적 배경

우리나라 음악의 변천과정을 살펴보면 음악을 치료적 목적으로 사용한 여러 사례를 발견할 수 있다. 삼국지와 동이전과 같은 중국문헌을 보면 부여, 고구려, 동예에는 연중행사로서 일정한 시기에 노래와 춤으로써 하늘을 섬기는 풍습이 있는데, 이 때에는 온 마을의 남녀노소가 한데 모여 며칠 동안 밤낮을 가리지 않고 노래하고 춤추면서 즐겼다고 기록되어 있다. 이 때의 고대 음악이 어떤 형태의 것인지는 확실히 파악하기 어려우나, 온 마을 사람들이 한데 모여 노래와 춤을 즐기면서 밤낮을 계속하는 집단적인 의식은 마치 굿의 모습을 방불케 하는 것으로서 그 모습은 "수십인이 앞사람의 뒤를 서로 따르며 땅을 밟으면서 구부렸다 젖혔다 한다. 그 손과 발의 동작이 서로 맞는데, 그 절주는 마치 중국 고대의 탁무와 비슷하였다."[10] 이와 같은 내용을 미루어 보아 고대의 음악적 행위에는 그 시대의 사람들이 음악을 통한 춤이나 행동으로서 그들의 육체와 정신의 고통과 질병을 해소하고 치료하고자 하는 의미가 강하게 나타나 있다.

---

10) 장사훈; 한국음악사, p. 19 (세광출판사 1986)

우리나라의 '굿'은 민간 신앙적으로 음악과 춤으로 이루어져 있으며, 여기에 음악적 요소로 구성진 사설이나 창, 판소리 등이 사용되었다. 굿을 하는 목적에는 여러 가지가 있으나 그 중에는 서민들의 정신적인 스트레스나 질병으로 볼 수 있는 한을 풀어줄 뿐만 아니라 육체적인 질병도 치유하고자 하는 의도로서 많이 사용되었다.

『삼국유사』에 나오는 신라 49대 헌강왕 때 처용이 부른 「처용가」를 보면, '용의 아들인 처용이 그의 아내를 범하는 역신을 노래를 불러 몰아내는 내용'으로 이것 또한 노래를 통해서 질병을 치유하고자 하는 의식의 하나로 우리 조상들의 음악치료에 대한 인식을 엿볼 수 있다.

이 밖에도 음악치료와 관련하여 한국 전통의 '영가무도'가 있다. 영가무도는 처음에는 '영'으로 시작하여 한참 동안 단순한 발성과 명상을 하다가 '가'로 넘어가면 리듬과 흥이 가미되어 노래가 시작된다. 노래가 점점 빨라지면서 나중에는 껑충껑충 뛰는 '도'의 상태로 넘어가 절정을 이루고 다시 차츰차츰 춤이 느려지면서 '무'의 상태를 거쳐 다시 앉으면서 노래만 부르는 '가'의 과정을 거쳐 다시 '영'으로 이어져 앉은 자세로 한참 동안 '영'을 하고는 끝나게 된다.[11] 이와 같은 영가무도는 인간의 몸과 마음이 음악·명상·율동을 통해서 이상적인 조화를 이루게 됨으로써 정신과 육체의 치료를 하는 치료방법이라 할 수 있다.

이처럼 음악치료는 우리의 음악 역사의 발전 속에서 민속 신앙적인 요소와 더불어 우리의 마음 깊은 곳에 뿌리를 내리고 있다.

11) 임영숙; 간호 중재로서의 음악치료, p. 72 (현문사 2001)

3. 리듬(Rhythmus)과 음악치료

리듬이란 말은 고대 그리스어에서 파생된 것으로 "걷다"라는 의미를 지녔다. 음악치료에서는 리듬은 "함께 가다"라는 의미로 수용된다.

인간은 오랜 옛날부터 낮 · 밤, 일출 · 일몰, 보름달 · 그믐달, 봄 · 여름 · 가을 · 겨울, 출생 · 사망 등과 같은 많은 자연현상에 대해서 리듬적인 조화를 믿고 있으며, 인간의 삶 또한 내적인 리듬에 의해서 결정되어진다고 생각했다. 그러므로 리듬 없이는 음악을 생각할 수 없듯이 인간의 삶(생활) 또한 리듬(Rhythmus)없이는 생각할 수 없다.

3. 1 음악치료에서 리듬의 역할

인체의 리듬 : 맥박을 통한 건강 상태 측정

의사들이 환자의 건강 상태를 일반적으로 심장 박동, 맥박, 호흡의 리듬을 통해서 진단하듯이, 여기에서 각자 개개인의 맥박을 느껴보고 변화를 진단하면서 음악치료를 통한 건강 상태를 측정한다.

① 손가락으로 오른손 손목을 잡고서 맥박을 느껴보고, 또 오른손 팔꿈치에서 맥박을 느껴보면서 어느 곳에서 맥박을 느낄 수 있는지 확인하시오 – 여기에서 개개인의 음파와 같은 맥박을 확인하게 된다.

② 얼마간의 시간 동안 조용히 자신의 맥박 수의 변화를 측정하고 관찰하시오 – 맥박 수가 어떻게 변하는지 그리고 맥박이 빠를 때와 변화가 없을 때에 각각 어떤 생각들을 하게 되었는지 생각하시오.

③ 각자의 맥박의 측정을 통해서 생각나는 것(장소, 사건)을 표현하시오.

④ 맥박의 리듬에 맞추어 발로 소리를 내어 보시오 – 여기에서는 각자의 심장에서 나는 음악을 경험하게 된다.

음악적 행위와 리듬

인간의 음악적 행위와 인지는 상호 의존적이다.

인간은 음악적 행위에서 리듬에 대한 반응이 선율이나 화성적(음색) 반응보다 우선적인 성향을 나타낸다.

음악적 행위에서 리듬의 기능

① 연주의 생명력과 표현력을 제공한다.

② 음악에 대한 흥미와 즐거움을 증대시킨다.

③ 자연스러운 상태에서 음악을 수용하게 한다.

리듬의 구조

음악적 리듬을 물리적 · 심리적 현상으로서 개인의 음악적 지각과 더불어 다양한 개인적 경험이 복합적으로 작용하여 나타나는 현상이다.

음악적 리듬의 기본적인 특성은 기본 박과 리듬 패턴을 가진다. 여기에서 박은 리듬에 대한 기본 구조적 단위를 의미하며, 리듬 패턴은 박의 분할이나 박의 혼합으로서 자유롭게 조직된 형태를 말한다.

리듬행동의 인지적 기초

음악적 리듬행동에 대한 지각적 기초는 본능적, 생리적, 운동적 요인으로 구분되며, 이 요인들이 상호 작용하여 리듬적 행동을 나타낸다.

① 리듬은 음악에 대한 인간의 본능적인 반응으로서 소리를 그룹 지으려는 본능적인 요인에 의해서 만들어진다.

② 생리학적 이론에서는 리듬에 대한 반응을 심장 박동, 맥박과 같은 생리적 기능을 근거로 하여 음악적 리듬과 템포가 구성되어진다고 간주한다.

③ 리듬에 대한 운동 요인은 인간의 뇌가 음악적 현상에 반응하여 신경 근육운동으로 나타내는 것으로 보고 이때 나타나는 리듬은 행동 환경에서 나타나는 자율적인 근육 현상으로 본다.

리듬지각

리듬지각의 기본 요소는 리듬의 구조를 전체적으로 지각 · 기억 · 인식하는 능력으로 구성되며, 여기에는 박자를 세는 능력, 시간 · 세기(강약)변별력의 요소를 가진다.

리듬에 연관되어지는 운동 행위는 지각과 밀접한 관계를 가지며, 연주한다는 것은 동작을 기초로 하고 있다.

템포지각

리듬은 시간에 의해서 조직화되고 분할된다. 템포는 리듬지각과정에서 가장 기본적인 것으로서 규칙적인 박의 반복을 지각하는 인지적인 기초를 제공한다.

박자지각

박자지각은 박의 주기적인 상태를 그룹화하여 지각하는 것을 의미한다.

리듬그룹

리듬그룹은 감상자가 표면적 구조 또는 패턴들을 멜로디, 화성적, 구조적, 그리고 음악 외적인 정보와 시간적 구조와의 혼합에 근거하여 추상적인 구조로서 적용시킨 것이다.

리듬행동의 발달

리듬행동은 박에 맞추어 발을 움직이는 단순한 것부터 복잡한 리듬을 인식하여 연주하는 것까지 다양한 형태로 나타나며, 리듬적 행동의 발달은 훈련에 의해서 촉진 · 발달된다.

기본적인 리듬행동

① 음악의 박자에 맞추어 움직이는 것

② 주어진 리듬 패턴을 모방하는 것

③ 박을 분할 · 재현하는 것

리듬발달을 위한 교수법

① 크게 소리 내어 세는 것 – 크게 소리 내어 세는 것은 박을 분명하게 외형화 한다는 장점을 가지고 있다. 그러나 리듬적 특성보다는 박의 수학적 특성을 강조하는 단점을 나타낸다.

② 기본 비트(박)를 치는 것 – 기본 박을 치는 것은 세는 것보다 2가지 장점을 가진다.

첫째 ; 좀 더 확장된 운동 행위가 포함된다.

둘째 ; 수치적인 것을 강조하지 않는다.

이 밖에도 프레이즈 리듬을 치거나 손뼉을 치고 지휘를 하는 것도 리듬을 학습하고 박을 이해하는데 좋은 테크닉이 된다.

리듬행동의 평가

리듬행동의 평가는 일반적으로 다음의 3가지 유형으로 구분된다.

① 청각적으로 제시된 자극을 구별, 구분하게 한다.

② 박에 맞추어 박자를 유지시켜 나가는 능력 또는 제시된 리듬 패턴을 재현하게 한다.

③ 시각적 리듬을 청각적으로 재현하거나 구별하는 능력을 평가한다.

테스터 방법

듣기(Audiation/Listening) – 박들이 2연 음부에서 3연 음부로 분할되어지는 리듬 패턴을 구분한다.

읽기(Audiation/Reading) – 주어진 청각 패턴들이 표기된 패턴과 어울리는지 결정하게 한다.

쓰기(Audiation/Writing) – 청각적으로 제시된 패턴에 적합한 음표와 음표의 머리, 꼬리, 쉼표 등을 채우게 한다.

3. 2 음악치료에서 리듬의 활용

오르프(Carl Orff; 1895~1982)의 리듬지도에 의한 음악치료적 접근

3. 2. 1 오르프 리듬지도법의 특징

① 오르프는 리듬이 음악, 무용, 언어에 내재하는 기본요소라는 관점에서 이들을 통합하여 하나의 언어로 재조직하고자 하였다.

신체의 소리와 리듬에 관한 율동 그리고 목소리를 가장 중요하고 자연스러운 악기로 강조하였다.

② 오르프의 음악 접근법은 어린이가 즐겨하는 활동인 노래, 낭송, 손뼉 치기, 무용, 손쉽게 구할 수 있는 것으로 두드리기 등을 기초로 하고 있다. 이러한 활동들은 먼저 음악을 듣는 것

에서 시작되어 음악활동으로 유도되고 나중에 읽고 쓸 수 있는 과정으로 연계된다.

③ 오르프는 음악적 재능에 관계없이 누구나 참여할 수 있는 공간을 만들었다.

④ 다른 사람과 함께 즐겁게 음악을 만드는 상호 협조와 우호적인 환경에서 음악활동이 이루어진다.

⑤ 오르프는 시와 운율, 게임, 짧은 노래, 무용(율동)등을 사용하였다. 이러한 것들은 전통적인 것일 수도 있고, 독창적인 것일 수도 있다. 말로 나타낼 수도 있고 노래로 불리어질 수도 있고 동시에 손뼉 치기, 발 구르기, 북, 막대기, 종 등으로 표현할 수도 있다.

⑥ 오르프는 간단한 멜로디 악기(나무실로폰(마림바), 철금 등)를 통해서 합주 형태의 음악 만들기에 참여하게 하였다. 또한 즉흥연주와 창작을 통해서 음악적인 경험을 할 수 있는 기회를 부여하였다.

3. 2. 2 오르프 접근법의 특성[12)]

오르프는 음악학습의 기초를 리듬학습에 두었다. 특히 언어를 통한 자연스러운 리듬의 표현과 그에 근거한 기악적 접근은 음악에 필요한 기능의 문턱을 낮추었다는 점에서 크게 기여하였다 할 수 있다. 그는 음악적 능력은 인간이 발달하는 과정처럼 원시적 상태에서 지속적으로 그리고 점진적으로 발전한다고 보고, 원초적 음악학습은 아주 쉬운 그리고 자연적이고 다양한 활동에서부터 점차 음악적으로 진전된 학습으로 전개되어야 한다고 하였다.

리듬은 인간의 뛰는 심장과 같이 음악에서 가장 중요한 요소이다. 따라서 음악학습의 기본은 리듬학습에서부터 비롯되어야 한다. 자연발생적인 리듬은 언어와 율동과 음악에 모두 존재하는 요소로서 가장 먼저 다루어야 한다.

3. 2. 3 오르프 음악치료법의 일반적인 목표

오르프 음악치료법은 음악 안에서 자신을 표현하고 자신을 한 개인으로서 경험하며 다른 사람들과 함께 음악을 만들 수 있는 완벽한 차원의 음악을 창작하는 것을 궁극적인 목표로 설정하고 다음과 같은 것들을 개발하고자 한다.

---

12) Smeijsters H.; Grundlagen der Musiktherapie, Theorie und Praxis der Behandlung psychischer Störungen und Behinderungen, Göttingen 1999.

① 자신의 개성을 경험할 수 있는 능력 : 자각, 분별, 연상, 민감성, 대조와 흐름의 감각 개발을 포함한다.

② 사회적 삶의 구조를 경험할 수 있는 능력 : 듣기능력, 타인에 대한 관용, 여러 감각을 통해 타인에게 반응하고 상호 작용하는 능력을 개발한다.

③ 물리적 현실을 경험할 수 있는 능력 : 객체 개념과 시간적, 공간적 개념의 발달을 통해 물리적 세계를 이해하고 조정하게 한다.

3. 2. 4 장애에 따른 치료목표와 리듬치료법

음악치료사는 다양한 환자를 대상으로 각각에 맞는 여러 가지 다양한 활동과 재료를 탐구하기 때문에 매우 구체적이고 개별화된 목표가 설정되어야 한다.

① 시각장애 – 동작과 접촉을 통해서 물리적 세계를 인식하게 한다. 신체의 안정감 발달, 신체적 고립 극복, 더 나은 객체관계의 발달, 개인 간의 신뢰 구축 등을 치료 목표로 할 수 있다.

② 청각장애 – 소리와 진동을 접할 수 있는 동기를 제공한다. 리듬 개념의 발달, 운동기능의 향상 등을 목표로 할 수 있다.

③ 운동장애 – 동작의 유연성, 자세 개선, 몸짓과 언술의 일치를 개선, 운동모방 개선 등이 치료목표가 될 수 있다.

④ 자폐아동 – 치료의 목표로는 의사소통 강화, 신체 이미지 개발, 운동기능발달, 공간개념과 물체개념의 발달 등이 있다.

⑤ 학습장애아동 – 언어기능의 향상, 청각적 지각의 개선, 청각과 운동의 개선 및 개발을 할 수 있다.

⑥ 정신분열증(청소년) – 자기 표현력, 의사소통의 증진, 소속감, 협동심, 자아기능의 강화 등을 목표로 할 수 있다.

⑦ 성인의 정신질환 – 자신에 대한 통찰, 태도, 분위기, 행동을 개선할 수 있다.

⑧ 노인치료 – 사회적 상호 작용을 증진시키며 자존감을 높이고, 소속 집단에 대한 민감성을 증가시키고, 자기 표현력을 높이는 것을 목표로 한다(수용시설에 있는 노인들의 경우 치료목표는 현실 지향의 증진, 의사소통과 사회적 상호 작용의 증가 등을 치료목표로 한다).

4. 음악치료의 계획

음악치료를 위한 내담자 평가 자료의 수집이 완료되면, 이를 기초로 하여 치료계획을 설정해야 한다. 치료계획은 치료 우선순위에 근거하여 장기치료목표와 단기치료목표를 설정한다.

장기치료목표는 희망하는 치료결과에 대한 포괄적인 정의이다. 이것은 내담자의 행동에 대한 바람직한 변화를 표현한 광범위한 진술이다.

단기치료목표는 보다 구체적이며 치료시간 간격이 짧다. 따라서 장기치료목표는 각각 단기치료목표로 다시 나누어진다. 이러한 단기치료목표는 즉각적인 치료목표를 기술하며, 장기치료목표를 위한 작은 단계적 접근이라고 볼 수 있다.

[표 1-1] 장기치료목표와 단기치료목표의 비교

	장기치료목표	단기치료목표
1	노래를 통한 표현력발달(음악치료적)	노래 부르기를 1회, 10분 동안 한다. 노래 부르기를 2회, 20분 동안 한다. 노래 부르기를 3회, 30분 동안 한다.
2	노래를 통한 표현력발달(감각치료적)	치료사의 지시를 수행한다. (1~2) 행동모방능력(1음, 2음, 3음, 복합) 감정표현하기(시도-구체성-논리성)

4. 1 정보수집체계

치료과정에서 치료사가 해야 할 가장 중요한 업무 가운데 하나가 내담자의 상태와 호전도를 점검하는 일이라고 할 수 있다. 그 이유는 치료사로 하여금 환자의 상태가 호전되지 않을 때 치료계획을 변경하여야 하며, 또 치료프로그램의 성공 여부를 판단해야 하기 때문이다.

단기치료목표는 내담자가 장기치료목표를 달성하기 위해서 무엇을 해야 할지를 반영하게 된다. 따라서 세밀하고 체계적으로 신중히 작성해야 한다.

내담자의 목표행동은 치료사가 직접 관찰할 수 있으므로 오차 없이 기록해야 한다.

목표행동은 기초선에 근거하여 비교할 수 있다(기초선이란 치료가 시작되기 전에 특정 행동이 발생하던 수준을 말한다. 기초선을 측정해 놓는 일은 매우 중요하다. 왜냐하면 이러한 기초선이 장애의 심각성을 나타내 주며, 치료프로그램의 효과를 측정할 때 일종의 기준으로 작용하기 때문이다).

4. 2 내담자에 대한 자료수집전략

4. 2. 1 빈도수 측정법

매우 실용적인 관찰기법인 빈도수 측정법은 치료사가 특정행동이 매번 일어날 때마다 그 발생 횟수를 관찰, 기록하는 방법이다. 즉, 특정행동이 얼마나 자주 발생하는가를 측정하는 것이다.

어떤 경우에는 단기치료목표 안에서 행동의 감소를 요구하기도 한다. 예를 들면, 내담자가 심하게 안절부절 못하고 치료에 참여할 수 없을 때가 있다. 이때 내담자의 불안이 진정되었는지를 판별하기 위해 내담자가 치료세션 중에 자리를 몇 번이나 뜨는가를 세어 볼 수 있다.

이와는 반대로 치료사가 목적행동의 증가를 관찰하여 횟수를 기록할 수 있다. 예를 들어, 치료사는 주어진 시간 안에서 내담자의 음악활동 빈도수를 기록한다. 그 밖에도 언어표현을 하는 횟수, 치료세션에 지각한 횟수, 내담자가 알아 맞춘 악기의 수 등을 통해 빈도수를 측정할 수 있다.

빈도수 측정법의 장점은 음악치료세션에서 과제가 진행되는 것을 방해하지 않고 사용이 가능하다는 것과 정보를 쉽게 기록하고 그래프로 일목요연하게 표시할 수 있다는 것이다.

치료사는 기록지에 행동이 일어난 숫자를 표시하거나 기록하게 되고, 이렇게 수집된 자료는 그래프를 통해서 내담자의 호전 상태를 시각적 결과로 제시해 준다.

4. 2. 2 지속기간 측정법

어떤 특정행동이 얼마나 오랫동안 지속되는지 그 행동의 지속기간을 측정하는 것 또한 중요하다. 지속기간은 행동이 일어난 시간의 총 양(시간, 분, 초)으로 측정할 수 있거나 또는 주어진 시간 안에서 어떤 행동이 일어나는 시간만큼을 퍼센트로 측정할 수도 있다. 예를 들면, 대부분의 시간을 자기자리에서 이탈하는 과잉행동아동의 경우 치료사는 음악치료세션 동안에 아동이 자리를 뜨는 행동의 경과시간을 측정하고자 할 것이다. 이때 20분 동안 지속되는 세션 중 아동이 자리를 이탈한 것이 10분 동안이었다면, 10분 또는 50%로 기록할 수 있다.

경과시간에 대한 정밀한 측정을 원한다면 스톱워치를 사용할 수 있고, 조금 덜 정밀한 측정으로도 충분하다면, 보통 시계를 사용할 수 있다.

지속기간 측정법을 사용하여 측정할 수 있는 행동 가운데에는 과제에 참여하고 있는 시간 또는 세션에 늦은 만큼의 시간이 포함된다.

4. 3 치료과정의 문서화

치료기관은 모든 내담자들에 대한 진단, 치료, 서비스에 관한 정확하고 종합적인 기록을 보관하고 있어야 한다. 이러한 정보는 내담자의 치료를 시간순서에 따라 보고하는 것이며, 법정문서로 간주된다. 또한 이러한 정보는 해당기관의 서비스의 질, 치료의 효과, 비용효과, 치료효율성을 점검하는 데 사용된다.

정확하게 작성된 보고서를 정기적으로 제출하는 것은 음악치료사의 가장 기초적인 책무이다. 이러한 보고서에는 진단평가, 장기 및 단기 치료목표, 치료계획, 치료경과보고서, 평가보고서 등이 있다. 그리고 이러한 정보는 객관적이며 명확하고 간결한 방식으로 기록되어야만 한다.

보고서 안에 포함되어야 할 내용과 양식은 치료관련기관마다 상당한 차이가 있다. 일반적으로 많이 사용되는 문서화의 방법은 'APIE' 방식이다.

APIE 방식의 보고서는 다음과 같은 4가지 조항으로 구성된다.

A(Assessment) = 진단평가
치료사가 진단평가에서 확인한 대로 내담자의 계속적인 욕구의 진행과 아울러 각 세션 도중과 후의 구체적인 기능 상태를 기술한다.

P(Plan) = 치료계획

치료계획은 진단평가에서 수집된 자료를 근거로 하여 내담자를 위한 치료목표와 음악치료활동을 계획하는 것이다. 적절한 치료계획의 선택은 치료목표에 따른 올바른 음악치료활동의 방향을 설정해 주게 된다.

I(Intervention) = 치료개입

이것은 객관적, 주관적 용어를 적절히 사용하여 치료사가 지금까지 관찰해 온 사항과 치료사가 내담자와 어떻게 치료적 교류를 해왔는가를 서술하는 것이다. 또한 치료세션의 길이, 내담자의 수(그룹치료), 세션의 질, 관찰 가능했던 정서적 표현 등이 여기에 포함한다.

E(Evaluation) = 평가

치료의 마지막 단계인 이 과정에서는 장기와 단기 치료목표가 음악치료세션에서 달성되었는지를 치료사가 진술하고, 내담자의 전반적 상태 호전도를 점검하며, 이전에 수립했던 장기와 단기 치료목표와 관련하여 치료기법의 효과를 판단한다.

5. 치료사의 임무와 과제

음악치료사는 자신이 세운 치료목표를 최대한으로 성취하기 위해서는 음악치료에 필요한 원칙들을 단계적이고 체계적으로 실행해야 한다. 이를 위해서 음악치료사는 다음과 같은 임무와 책임을 갖는다.

5. 1 치료목표에 입각한 계획된 음악치료의 제공

음악치료사는 음악치료, 리듬음악치료를 어떻게 시작할 것인가? 그리고 음악치료과정에서 진행을 어떻게 이끌어 갈 것인가를 계획해야 한다.

음악치료, 리듬음악치료는 치료사가 사전에 설정한 치료목표에 따라 진행되어야 한다. 이때 음악치료의 음악적 주제나 내용을 중심으로 한 기계적 또는 자동적 순서에만 의존한 진행은 하지 않아야 한다.

음악치료사는 음악치료를 실행하기에 앞서 자신이 계획한 치료내용과 순서들이 환자에게 적합한지 검사하고 환자들이 이러한 것들을 받아들일 수 있는지 환자의 감정과 수행능력을 미리 조사해야 한다.

음악치료에서 치료사가 임의로 설정한 노래나 연주활동보다 이미 환자들이 개별치료과정에서 접하였거나 학습한 노래나 악기의 연주활동이 환자의 음악치료에 대한 적극적인 참여와 보다 높은 치료효과를 나타낸다.

5. 2 음악치료사의 임무

음악치료에서 환자들의 반응을 즉각적으로 빠르게 대응하기 위해서 치료사는 우선 음악치료를 준비하는 과정에 자신이 사용할 노래의 가사와 멜로디를 가능한 악보나 노래책 없이 자유로이 노래하고 연주할 수 있도록 완전히 숙달해야만 한다.

뿐만 아니라 보다 효율적인 음악치료를 위해서는 환자들의 음악치료에 활용될 음악을 가능한 많이 접하도록 해야 한다. 예를 들면 환자들을 자동차로 운송할 경우에 차에 설치된 카세트 레코드나 CD플레이어에 새로 배울 노래나 음악을 틀어놓아서 환자들이 자연스럽게 새로운 노래와 음악을 접하게 하는 것도 좋은 방법 중의 하나이다.

음악치료사가 새로운 노래나 음악을 연습하는 과정에서 스스로 어떤 어려운 점이나 힘든 면을 발견하게 된다면, 치료사는 스스로 환자들을 위해 적합한 음악을 선택하였는지 고려해 보아야 한다.

음악치료사의 임무 중 치료사는 환자에게 친구인 동시에 놀이파트너 그리고 레크리에이션 지도사의 역할을 하는 것이 있다. 이것은 치료사가 이러한 역할을 함으로써 환자들이 치료사에게 자연스럽게 매달리고 끌어당기게 되고 이러한 과정에서 환자와 치료사의 벽이 없어지고 환자의 적극적인 치료 참여를 이끌게 된다.

또한 치료사가 노래를 환자들에게 전달하기 위해서는 스스로 음악을 정말로 좋아한다는 것을 환자들에게 증명해야 한다. 뿐만 아니라 음악치료놀이나 게임에서도 스스로 재미있게 즐겨야 한다.

만약 치료사가 노래를 하는 과정에서 감정 없이 건성으로 노래할 경우에는 환자들을 음악치료로 이끌 수 없을 뿐만 아니라 자신의 치료목표를 성취할 수도 없을 것이다. 또한 재미없고 흥미가 없는 음악치료놀이나 게임은 환자들의 적극적인 참여와 관심을 이끌어낼 수 없다. 그러나 음악치료에서 치료사 스스로 즐거움과 흥미를 느끼게 되면, 이것이 환자에게 전달되어 보다 이상적인 치료환경과 분위기를 연출하게 된다.

5. 3 음악치료-레퍼토리 준비과정

환자들에게 음악치료에 대한 상황을 파악하게 하고 또 안전하고 편안하고 즐거운 느낌을 주기 위해서 그리고 환자들을 적극적이고 능동적인 참여로 빠르게 이끌기 위해서는 반드시 작은 단위로 명확하게 설정된 레퍼토리의 준비가 필요하다. 예를 들면 오전 음악치료를 시작하기 위한 레퍼토리는 오전 일과의 역할을 준비과정에 포함시킴으로써 환자들에게 오전생활을 인식시켜줄 수 있다.

이와 관련하여 오전 음악치료-레퍼토리를 살펴보면 다음과 같다.

① 새로운 아침분위기를 인식시키게 한다.

② 시간, 장소, 그룹에 대한 상황을 파악하게 한다.

③ 동료들을 소개하고 서로 이름을 알게 한다.

④ 하나의 사회생활을 배우기 위한 연습으로 활용한다.

⑤ 치료에 필요한 규칙들에 대해서 이해시키고 인식시킨다.

⑥ 그 날의 치료에 대해서 계획한다.

이와 같은 음악치료에서는 간단한 인사와 시작노래를 부르게 함으로써 치료시작의 분위기를 만드는 것이 좋다. 이러한 목적의 음악을 예를 들면 '모두 다 왔는지? 누가 빠졌는지' 등과 같은 내용의 인사노래가 있다. 그리고 이와 같은 음악은 규칙적이고 반복적으로 진행하는 것이 보다 효과적이다.

5. 4 각기 다른 음악치료 형태와 스타일

음악치료 형태의 단순화와 일관성에서 치료스타일의 변화는 반드시 필요하다. 예를 들어 매우 율동적이고 큰소리로 음악치료가 이루어졌다면, 다음의 음악치료로는 안정적이고 조용한 음악치료스타일로 변화를 주는 것이 좋다.

음악치료 형태와 스타일의 변화과정에서는 반드시 환자들의 연령과 행동능력을 고려해야 한다. 뿐만 아니라 이와 같은 변화과정에서는 환자에 대한 치료사의 올바른 상황판단이 매우 중요하다. 그리고 이때 치료사는 새로운 음악치료 형태에 대한 환자들의 흥미를 반드시 고려해야 한다.

5. 5 악기반주

음악치료과정에서 치료사가 어떤 노래에 대한 반주를 악기(예; 기타)로 연주할 수 있다면 보다 높은 치료효과를 얻을 수 있다. 특히, 많은 환자들을 대상으로 하는 커다란 그룹음악치료에서 악기반주는 노래와 음악활동의 단조로움을 보완하는 장점을 갖고 있다. 그러나 다른 한편으로 악기반주는 치료사가 즉각적인 반응을 하는 데 장애를 주는 단점이 있다. 예를 들어 치료사가 기타를 연주한다면 그의 손은 환자의 여러 반응에 즉각적으로 반응할 수 없을 것이다.

그리고 음악치료에서 악기반주는 환자들의 치료에 대한 흥미를 높일 수 있으나 새로운 노래나 가사를 배움에 있어서는 반주가 멜로디와 가사를 불명확하게 만드는 경우도 있다.

6. 아동의 정상발달

인간은 태어나서 성인에 이르기까지 신체적 성장과 정신적 발달을 거듭한다. 아동의 정상발달이란 체계적 과정에 따라 이루어지는 아동의 신체적, 정신적 변화를 의미한다.

아동의 성장과 함께 나타나는 신체, 운동, 인지, 언어, 사회성 등의 발달적 변화는 유전적요인과 환경적이고 양육적인 요인으로부터 커다란 영향을 받는다. 유전적 요인은 각 영역의 발달적 한계를 결정하고 환경적 요인은 각 영역의 구체적 발달을 이끈다.

특히 음악치료를 통해 아동의 신체적 정신적 이상행동을 치료하기 위해서는 아동기의 정상적인 신체, 운동, 인지, 언어, 사회성 발달을 이해할 수 있어야 한다. 따라서 본 장에서 여러 영역에서 나타나는 아동의 정상 발달에 대해서 살펴보고자 한다.

6. 1 신체발달[13)]

6. 1. 1 성숙과 성장[14)]

아동의 신체는 영아기와 성인기 사이에 빠르게 변화 발달한다. 신장과 체중은 생후 2년 동안 빠르게 증가한다. 그리고 성장은 빠른 성장 급등이 있는 청소년기 초기까지 더 완만하게 이루어진다. 신체발달은 여러 신체부분의 성장률이 다르기 때문에 신체모양과 신체비율 또한 변화한다. 일반적으로 신체발달은 머리에서 아랫방향으로, 중심에서 바깥방향으로 이루어진다. 즉 신체의 위쪽과 중심 부분의 구조가 아래와 바깥구조보다 먼저 성숙한다. 골격과 근육발달은 신장과 체중에서의 변화와 병행하여 나아간다. 10대까지 성장과 발달이 이루어지는 동안 뼈는 더 길어지고 굵어지며, 점차적으로 단단해져서 10대 후반에 성장과 발달이 완료된다. 골격연령은 신체성숙의 좋은 측정치이며, 근육은 특히 청소년 초기 성장 급등기 동안 더 단단해지고 커진다.

---

13) 서봉연(역), 발달심리학, 중앙적성출판사 2003.
14) 서봉연(역), 발달심리학, 중앙적성출판사 2003.

뇌와 생식기관, 그리고 림프조직이 서로 다른 비율로 성숙되기 때문에 신체성장은 동일하지 않고 비동시적이며, 신체성장과 발달에는 커다란 개인차와 문화적 차이가 있다.

6. 1. 2 두뇌발달[15)]

뇌 성장의 급등은 태내기 마지막 3개월과 생후 2년 동안에 이루어진다. 신경세포는 다른 신경세포들과 함께 시냅스(신경자극 전달부)를 이룬다. 신경교는 신경세포에 영양분을 공급하고 수초로 그것들을 싸기 위해 만들어진다. 신경세포와 시냅스는 필요한 것보다 많이 만들어져 사용되는 것만이 살아남는다. 덜 자극받는 신경세포들은 죽거나 시냅스를 잃어버리고, 뇌의 손상된 부분을 보충하기 위해 남겨진다. 사춘기까지 뇌는 많은 가소성을 보인다. 가소성 때문에 뇌가 경험에 대한 반응을 변화시킬 수 있으며, 큰 손상으로부터 회복될 수 있다.

가장 상위의 뇌중추인 대뇌는 뇌량으로 연결된 두 개의 반구로 구성되어 있다. 뇌는 출생 시 편재화 되어 좌반구와 우반구는 서로 다른 기능을 하며, 신체의 서로 다른 영역을 통재한다. 하지만 뇌는 출생 시에 완전히 분화되지 않으며, 아동기 동안 특정 기능의 수행이 한쪽 대뇌반구에 점점 더 의존해서 일어나게 된다. 청소년기까지 계속되는 대뇌의 수초화 현상은 청소년들의 주의지속 시간을 증가시킬 뿐 아니라 청소년들이 초등학교 어린이들보다 정보를 훨씬 빠르게 처리하도록 해준다. 또한 뇌는 사춘기 이후까지 최소한 어느 정도의 가소성을 유지하며, 책략수립과 같은 높은 수준의 인지활동과 관련이 있는 전두엽 피질의 신경회로 조직화가 최소한 20세까지 계속된다.

6. 1. 3 운동발달[16)]

몸의 신체구조와 같이 운동발달도 두미방향과 중심-말초방향으로 진행된다. 그 결과 운동기술은 정해진 순서로 발달된다. 영아들은 다리, 발, 그리고 손을 능숙히 사용하기 전에 머리와 목, 팔 상부를 조절할 수 있다. 그러나 영아들이 보이는 운동발달은, 점차적으로 복잡한 운동기술이 단순히 정해진 성숙 시간표에 따라 전개되는 것은 아니다. 운동기술이 연습기회를 거의 갖지 못

15) 서봉연(역), 발달심리학, 중앙적성출판사 2003.
16) 서봉연(역), 발달심리학, 중앙적성출판사 2003.

할 경우 정상적인 운동발달은 지체될 수 있다. 역동적 체계이론에 따르면 각각 새로운 운동기술은 아이들이 중요한 목적을 달성하기 위해 취하는 기존 능력의 적극적이고 복잡한 재조직화를 나타낸다.

소 근육 운동기술은 생후 1년 안에 많이 향상된다. 잡기와 뻗기기술이 점차로 발달하며, 이런 운동은 손가락 잡기로 대치된다. 3세가 되면 아이들은 직선으로 걷거나 뛸 수 있게 되며, 두 발을 이용해 마루로 뛰어 내릴 수 있다. 4세가 된 아이는 한 발로 깡충깡충 뛸 수 있고, 양손으로 큰 공을 잡을 수 있다. 5세가 되면 아이들은 달릴 때 팔을 흔들고, 일부는 자전거를 탈 수 있을 정도까지 균형감이 좋아진다. 이 나이의 아이들은 심지어 가위를 써서 글자나 숫자들을 따라 오릴 수 있고, 8~9세가 되면 드라이버 같은 가정용 도구들을 사용할 수 있게 된다.

소년과 소녀는 사춘기까지는 신체적인 능력이 거의 같지만 사춘기 때 소년들은 대근육활동검사에서 계속해서 증가하나 소녀들은 변동하지 않거나 감소한다. 이 같은 차이는 생물학적 원인에서 비롯된 것으로 소년들은 소녀보다 근육이 많고 지방이 적으며, 신체적인 힘에서 강인한 모습을 보여준다.

[표 1-2] 운동발달[17]

기 술	영아들 중 50%가 기술을 숙달하는 시기(개월)	영아들 중 90%가 기술을 숙달하는 시기(개월)
배를 대고 엎드린 채로 머리를 90도 들기	2.2	3.2
구르기	2.8	4.7
받치고 앉기	2.9	4.2
도움 없이 앉기	5.5	7.8
붙잡고 서기	5.8	8.0
기기	7.0	9.0
붙잡고 걷기	9.2	12.7
pat-a-cake(두드리기)놀이하기	9.3	15.0
잠시동안 혼자 서기	9.8	13.0
혼자서 잘 서기	11.5	13.9
잘 걷기	12.1	14.3
두 개의 정육면체로 탑 쌓기	13.8	19.0
걸어 올라가기	17.0	22.0
공을 앞으로 차기	20.0	24.0
원 그리기	37.2	40.8

6. 2 언어발달[18]

6. 2. 1 언어발달 이론[19]

언어습득에 대한 이론은 상당히 다양하지만 대표적인 이론으로는 학습이론과 생득론, 상호 작용 관점 이 세 가지를 들 수 있다. 학습이론가들은 언어습득과정에 대해 아동이 다른 사람의 말을 모방하고 문법적으로 맞는 말에 대해 강화를 받으면서 언어를 습득한다고 주장한다. 그러나 부모가 문법적 말을 조형하거나 아이가 듣는 문장을 흉내 낸다는 것에 대한 지지적인 증거는 거의 없다. 성인들은 어린아이에게 어머니 말투로 이야기 한다. 뿐만 아니라 확장과 개작을 통해 원시적 문장들을 재조형한다. 그러나 이런 환경적 지원이 없을지라도 아이들은 대화할 상대가 있는 한 언어를 습득할 것이다.

생득론자들은 인간은 선천적으로 언어처리능력, 즉 언어습득장치, 혹은 언어생성능력을 부여받았다고 믿는다. 이것은 사춘기 이전에 가장 효과적으로 기능하며, 아이들은 어떤 언어를 배우기 위해 말에 노출되는 것 이외에 어떤 것도 필요치 않다. 언어보편성은 생득론자들의 관점과 일치한다. 언어기능은 뇌의 브로케 영역과 베르니케 영역의 지원을 받는 것으로 알려져 있다. 또한 들을 수 있는 부모의 청각장애 아이와 비문법적 혼성어에 노출된 아이는 자신들의 언어를 창출할 수 있다. 게다가 모국어와 외국어 모두 사춘기 이전의 민감기 동안 보다 원활하게 습득되는 것 같다. 그렇지만 이러한 많은 발견에도 불구하고 생득론은 도전을 받는데 아이가 어떻게 언어적 입력을 엄밀히 조사하고 언어적 능력을 확장할 결정적인 발견을 하는 방법에 대해서는 분명하지 않다.

상호 작용적 관점의 이론가들은 아이들이 생물학적으로 언어를 습득할 준비가 되어 있다는 것을 인식했다. 그러나 아이가 타고난 것은 전문화된 언어처리장치가 아니라 동일한 연령에 유사한 생각을 발달시키도록 하는 점진적으로 성숙하는 경향성을 가진 신경체계라고 하였다. 그래서 생물학적 성숙은 인지발달에 영향을 미치고, 이것은 다시 언어발달에 영향을 미친다. 그러나 상

---

17) 서봉연(역), 발달심리학, 중앙적성출판사 2003.
18) 최경숙, 아동발달심리학, 교문사 2006.
19) 최경숙, 아동발달심리학, 교문사 2006.

호 작용 주의자들은 환경이 언어발달에서 결정적인 역할을 한다고 강조한다. 그 이유는 이야기를 나누는 주변사람들이 아이들이 쉽게 이해할 수 있는 대화를 하면서 계속해서 언어규칙과 개념을 소개하기 때문이다.

6. 2. 2 언어이전 : 언어전기[20]

영아는 언어학습을 할 준비가 잘되어 있다. 언어 전 단계 동안 아동들은 언어와 같은 소리들을 쉽게 구별하고 다양한 음운에 성인들보다 더 민감하다. 영아는 2개월이 되면 웅얼거리고, 4~6개월이면 옹알이를 시작한다. 이후 첫 해에 영아는 자신의 옹알이 억양을 언어의 음조특질과 맞추고 의미를 나타내는 음성말을 생성할 수 있다.

한 단어 혹은 한 문장 시기 동안 영아는 한 문장으로 말하고, 한 번에 한 단어로 된 어휘를 확장하면서 수개월을 보낸다. 유아들은 흥미를 끄는 움직이고 작동할 수 있는 대상들에 대해 가장 많이 이야기하고, 18~24개월 사이에 어휘폭발, 혹은 명명폭발을 보인다. 18~20개월에 걸음마기 유아들은 전보어로 알려진 두 단어 혹은 세 단어 문장을 만들어내기 시작한다. 이것은 문법적 표식과 사소하고 덜 중요한 단어들을 생략한다. 비록 전보문이 성인 기준에 의하면 문법적이 아닐지라도 그것은 무선적 단어조합 이상이다. 아이들은 단어를 조합할 때 어떤 단어순서의 규칙을 따를 뿐 아니라 최초 문장들에서 동일한 의미 유목들을 표현한다.

학령 전기(21개월에서 2~5세 수준)동안 아동의 언어는 성인의 것과 더 유사해진다. 아동들은 더 긴 말을 산출하면서 문법적 형태소를 첨가하기 시작한다. 비록 각 아동들이 서로 다른 비율로 문법표식을 습득하고 때로 그것들을 과잉 규칙화할지라도 이런 형태소들이 나타나는 순서에는 놀라운 획일성이 있다.

중기 아동기와 청소년 초기는 언어정련기이다. 아동은 문법적 규칙의 미세한 예외들을 학습하고 모국어의 가장 복잡한 문장론적 구조를 이해하기 시작한다. 어휘가 급속하게 증가하고 상위 언어적 인식뿐만 아니라 형태론적 지식을 습득한다.

20) 최경숙, 아동발달심리학, 교문사 2006.

6. 3 애착발달[21)]

애착은 부모와 자녀 사이의 유대로 아동기 전체 발달과정을 결정하는 주된 변인 중 하나로 유대 미발달, 유대단절(사별, 이혼), 유대오염(지나친 분노, 불안유발), 유대쇠약(무관심)을 들 수 있으며 특히 사별, 이혼으로 유대가 끊어지거나, 분노나 불안으로 유대가 오염될 가능성이 있다.

6. 3. 1 애착의 형성[22)]

생후 3~4개월은 애착형성의 전조(사회적 미소-비변별적 쾌락)시기이며, 6~9개월에는 특정 양육자에 대해 선호를 보이며, 이후로는 분리불안, 낯가림을 보이기도 한다. 애착은 긍정적인 요소와 부정적인 요소를 가지고 있는데, 애착이 정상적으로 표현되는 경우에도 순전히 긍정적인 것이 아니라는 점과 부정적인 요소가 많을수록 이상발달로 갈 기회가 많아진다.

양육은 유아에게 편안함을 제공함과 동시에 여러 가지 자극을 제공하는 중요한 기능을 한다. 엄마는 유아에게 시각적 · 청각적으로 매력적이고 즐거운 자극과 자극의 중재자 역할을 한다. 이러한 엄마의 존재는 유아의 애착 종류를 결정한다. 안정애착은 유아의 요구에 민감하고 신속하며 적절하게 반응할 때 형성되며, 이를 통해 유아는 엄마에게 긍정적인 반응을 보이고 필요할 때 항상 있는 믿음을 갖게 된다. 부모와 자녀 사이에서 애정적이고 신뢰적인 관계가 발전된다.

불안정애착에는 저항애착과 회피적 애착, 비조직적이고 혼란된 애착이 있다. 어머니의 지나친 관섭이 있을 경우 저항애착이 형성된다. 저항애착이 형성된 아동은 저항적이고 양면적인 감정을 보이며, 또래들과 어울리지 못하며, 수동성, 의존성을 보이기 쉽다. 회피적 애착은 어머니가 아동에게 냉정하고 화를 많이 낼 경우 형성된다. 이러한 경우 아동은 심리적 휴전 상태로 엄마를 무시하게 된다. 이러한 회피적 애착을 나타내는 아동은 적개심, 반사회적 행동, 사회적 고립을 보이기 쉽고, 적응에 어려움을 겪을 확률도 높아진다. 그리고 어머니가 아동을 잘 돌보지 않거나 거부, 일관성 없는 양육을 했을 경우 형성되는 애착은 비조직적이고 혼란된 애착이다. 이러한 아동은 엄마에게 무감각하고, 우울해 보이며, 안겨 있어도 다른 곳을 바라보고 혼란된 표현을 보이

---

21) 최경숙, 아동발달심리학, 교문사 2006.
22) 최경숙, 아동발달심리학, 교문사 2006.

기도 한다.

6. 3. 2 부모의 훈육[23)]

훈육의 유형은 ① 사용된 특정기법 또는 부모의 행동, ② 훈육기법에 수반되는 감정으로 애정, 분노, 냉정함 등, ③ 부모가 수행하는 통제의 정도 등에 따라 나누어 질 수 있다.

애정지향적인 부모는 아동을 다룰 때 칭찬이나 합리적 설명을 사용하며, 책임감 있고 협동적이며 자기 역할에 대해 고려하고, 내적으로 성장하고 죄책감 있는 아동으로 양육하려는 경향이 있다. 그러나 "만일 네가 ~한다면 나는 너를 사랑하지 않겠다"라는 식으로 애정철회의 암시를 전달하기 때문에 아동은 즉시 복종하는 경향은 있지만, 불안해지고 순종적이 되며, 자기존중감이 낮아지는 경향이 있다.

권위주의적인 부모는 요구적이고 통제적이며 비논리적이다. "내가 말했으니까 내가 말한 대로 해야 해"라는 의미를 지니고 있다. 이런 방식의 훈육을 받은 아동은 공격적이고, 비협동적이며, 처벌을 두려워하고, 다른 사람을 비난하는 경향이 있으며, 주도성, 자기존중감, 또래를 대하는 능력이 부족해지기 쉽다.

허용적인 부모는 너무 편향적인 애정의 훈육방식을 행한다. 아동에게 요구하지 않고 받아들여 주며, 아동 중심적이고, 아동을 통제하려는 시도를 거의 하지 않는다. 이러한 환경에서 성장한 아동은 이기적이고, 의존적이며 책임감이 없고, 공격적이고 버릇없는 성향을 갖기가 쉽다.

무관심한 부모는 냉담하고 아동의 훈육에 관여하지 않으며 자기중심적이다. 이러한 무관심한 부모는 반사회적 공격성과 청소년 비행을, 자기중심적인 부모는 자기중심적인 아동이 되게 하고, 충동성과 우울, 무단결석, 장기적 목표의 부족과 약물 남용이 될 수 있다.

그러나 부모가 성숙한 행동의 표준을 정해주면서 아동이 복종할 것을 기대하고, 아동에 대해 관심이 많고, 일관성 있고, 애정적이고, 소통적이며 아동의 말에 귀를 기울이며, 아동의 입장을 존중해준다면 아동은 자기 신뢰적이고, 자기 통제적이며 안정되고, 또래의 친구들에게 인기 있고 호기심을 많이 갖게 된다.

---

23) 최경숙, 아동발달심리학, 교문사 2006.

6. 3. 3 애착이 중요한 이유[24)]

부모와 안정적인 애착을 형성한 아동은 애착과 관련된 경험이나 감정의 심적 표상으로 사랑과 신뢰가 형성되며, 배신에 대한 두려움이 없고, 친밀한 생각을 갖게 되고, 감정을 성공적으로 풀어갈 능력을 발전시키고, 긍정적인 자아상과 자신감을 발달시킨다. 또한 문제를 효율적으로 해결할 수 있으며, 융통성 있고 지력이 풍부하고 호기심 많은 아동으로서 학교에서 하는 일과 또래들과의 일에 열정적으로 참여하게 된다.

또한 아동은 언어를 사용하여 의사소통과 협상을 통해 서로에게 만족스런 행동계획을 수립한다. 청소년기에서는 친밀한 우정이 중요한 역할을 한다.

6. 4 양심과 도덕성의 발달[25)]

6. 4. 1 양심의 발달[26)]

양심은 착한 아이 또는 나쁜 아이의 평가에서 발달한다. 이는 가치와 밀접한 관계를 갖는다. 양심에 포함되는 가치로는 도덕적 가치, 문화적 가치, 가족의 생활양식, 부모의 개인적 특성, 또래 친구들과 관련된 부분이 있다. 생각하고 느끼고 행동하는 모든 것이 양심에 포함되기 때문에 무엇이 옳고 그른지 생각(이해)하고, 적절한 감정을 느끼고, 도덕적으로 행동하는 것을 모두 포괄한다. 양심에서 생겨나는 감정은 죄책감으로 이런 감정은 규칙위반에 수반되는 감정이라고 할 수 있다.

6. 4. 2 도덕성의 발달[27)]

심리학자 프로이드와 Piaget는 어린 아동의 양심은 절대적이고, 처벌적이며, 비합리적인 폭군

---

24) 최경숙, 아동발달심리학, 교문사 2006.
25) 서봉연(역), 발달심리학, 중앙적성출판사 2003.
26) 서봉연(역), 발달심리학, 중앙적성출판사 2003.
27) 서봉연(역), 발달심리학, 중앙적성출판사 2003.

과 같다고 정의하였다. Piaget는 도덕적 사실주의를 제안하면서 학령전기, 중기 아동기 시작 무렵의 아동은 규칙위반의 심각성을 물리적 결과로 판단한다고 하였다. 중기 아동기 이후가 되어야 행동의 의도를 고려하고, 규칙위반의 정도에 맞는 처벌의 정도를 고려할 수 있으며, 또한 권위 있는 인물도 틀릴 수도 있고, 사회통제를 위해 규칙이 존재한다는 것 또한 이해하게 된다.

Kohlberg는 도덕발달 단계를 전 인습적 수준과 인습적 수준, 후인습적 수준으로 분류하였다. 전인습적 수준의 아동은 어떤 행위가 쾌락, 또는 처벌을 가져다주는 것에 따라 행위를 평가하며, 인습적 수준에서는 다른 사람에게 계속 수용되기 위해 '착한 아이' 라고 하는 인습적인 기준의 행동을 채택하거나 종교와 같은 도덕적 권위에 순종한다. 후인습적 또는 원리적 수준에 도달한 사람은 계약이나 민주적으로 용인된 법에 따라서, 또는 윤리와 정의의 보편적 원리, 개인양심의 도덕성에 따라 행동을 판단하고 자신의 결정에 대해 스스로 책임을 지려고 한다. 아동은 자라나면서 6세에서 16세 사이에 전인습적 수준이 점차 쇠퇴하여 다른 두 수준이 증가하게 된다. 그러나 16세라 하더라도 1/4 정도만 최상의 단계에 도달할 수 있다.

6. 5 인지능력의 발달[28)]

6. 5. 1 인지발달[29)]

정상발달과 정신병리적 발달과의 관계를 이해하는 데 가장 관련이 높은 인지발달의 측면은 사회적 환경과 물리적 환경에서 자기 자신을 분리하는 과정을 의미한다. 즉 '나(me)' 와 '내가 아닌 존재(not me)' 를 분리하는 것으로 분리가 이루어지지 않은 아동은 실제로는 자기마음대로 할 수 없는 사건이 일어날 수 있다고 믿는 경향을 나타낸다. 예를 들면 자기 울음소리가 엄마의 존재를 만들어내는 것이라고 믿거나 자기 몸을 움직이면 방안에 있는 어떤 물건이든지 흔들리고 춤추게 만들 수 있다고 믿기도 한다. 그렇지만 점차로 경험을 통해 수정해 나가는 과정을 밟게 된다.

대부분의 아동들은 일정 나이까지는 무슨 일이 실제 일어나고 있는지 충분히 이해할 능력이

28) 정명숙(역), 인지발달, 시그마프레스 2003.
29) 정명숙(역), 인지발달, 시그마프레스 2003.

없고, 왜곡이 생기기 쉽다. 예를 들어, 부모의 이혼이 '자기가 나쁜 아이' 이기 때문이라고 왜곡하거나, 부모가 아프면 자신이 나쁜 짓을 해서 벌을 받는 것이라고 받아들인다.

6. 5. 2 자아 중심성[30]

Piaget는 '자아중심성(egocentrism)' 을 자기 자신의 관점에서만 물리적 사회적 세계를 지각하는 것으로 정의하면서 결과적으로 자신의 특성이 객관적 환경의 특성을 정의하고 해석하는 데 사용되며, 자아중심성이 압도적인 시기의 아동은 '나(me)' 와 '내가 아닌 존재(not me)' 를 혼동한다.

사회적 조망 수용의 측면에서 볼 때 3~6세의 아동은 다른 사람이 같은 사항을 다르게 해석할 수 있다는 점을 거의 깨닫지 못한다. 이런 아동이 7~12세가 되면 자신의 생각, 느낌, 행동을 다른 사람의 관점에서 볼 수 있고, 다른 사람도 마찬가지라는 걸 깨닫게 된다.

6. 5. 3 정보처리[31]

정보처리는 Piaget의 인지발달이론에 대한 대안적인 모델로 정보가 수집되고 문제해결을 위해 사용되는 과정에 대한 이론이다. 환경입력단계에서는 시각, 청각 등과 같은 감각등록기에 따라 다양한 감각정보가 등록되고, 등록된 정보는 단기기억에 저장되었다 부분적으로 장기기억으로 이동한다.

통제과정에서는 정보를 선택하고, 모니터하고, 평가하고, 개정하여 문제해결에 적당하게 만드는 과정이 이루어지며, 되뇌이기, 군집화, 인출책략과 같은 방법들이 사용된다. 다지(Dodge)와 같은 학자는 사회적 문제해결에 정보처리 모델을 적용하여 사회적 단서의 부호화와 단서들에 대한 정신 표상의 형성과 해석, 가능한 반응 발견과 결정, 반응의 수행과 같은 일련의 정보처리과정을 기술하였다. 두 번째 단계인 단서 해석은 '귀속(attribution)' 이라는 심리적 과정을 포함하고 있으며, 행동의 원인에 대한 추론이 이 과정에서 이루어진다.

인지적 혹은 정서적인 면에서 장애를 가진 아동은 인지적 과정이 왜곡되거나 결여되어 있다는

30) 정명숙(역), 인지발달, 시그마프레스 2003.
31) 정명숙(역), 인지발달, 시그마프레스 2003.

주장이 있다. 예를 들면, 공격적인 아동은 다른 사람의 행동이 악의가 없고 우연적인 것이라도 적대적 의도가 있다고 생각하면서 문제행동을 야기할 수 있다.

[표 1-3] 인지능력발달단계

연 령	인지발달단계
0-2세	• 감각과 운동능력에 집중한다. • 사물을 볼 수 없을 때도 사물이 존재함을 인식한다. • 개념과 경험을 기억하고 상상한다.
3-6세	• 상상 놀이와 언어를 사용하면서, 상징적으로 사고한다. • 한 번에 한 문제의 한 측면에 집중한다. • 매우 구체적으로 생각하고 특정한 내용을 다룬다.
7-11세	• 여러 관점들을 가정한다. • 다른 사람의 역할을 받아들인다. • 전체와 일부분을 동시에 추론한다. • 상황적인 단서보다 언어에 상대적으로 더 많은 가중치를 둔다. • 더 논리적이고 객관적으로 사고한다. • 사고와 구체적인 경험을 지속적으로 연계한다.
12세 이후	• 추상적인 사고를 시작한다. • 문제해결 전략을 발달시킨다. • 개인적인 성격, 가치 및 관계를 발전시킨다. • 한 가지 문제의 여러 가지 다른 측면이 어떻게 다른 사람에게 영향을 주는지를 고려한다. • 현실과 불가능한 것을 구분한다. • 가상의 문제를 인지한다. • 순차적으로 사고한다. • 사건들을 서로간의 관계를 통해 고려한다. • 자신의 관점을 다른 사람의 관점과 구분한다. • 자신의 의견이 다른 사람에게 어떻게 영향을 주는지를 인지한다. • 다른 사람의 견해를 이해한다. • 일관되지 못한 논리를 찾아낸다. • 비유를 이해한다. • 일반화한다.

6. 6 사회성 발달[32)]

사회성은 또래에 대한 일반적인 관심을 의미한다. 우정은 특정 또래와 보다 더 강하게 개입된 형태의 관계를 의미한다.

6. 6. 1 영유아기의 사회성 발달[33)]

2개월 된 영아라도 서로 쳐다보는 것을 재미있어 하고, 10개월 무렵이 되면 다양하고 지속적인 반응을 보여 흉내내기, 손바닥으로 치기, 때리기, 따라 웃기 등과 같은 사회적 기초 행동을 한다. 15개월(걸음마기)의 유아는 주의폭이 짧고 다른 사람의 행동을 통제하고 소통하려는 능력에 한계가 있다. 따라서 이 때 유아들이 보이는 사회성은 일시적이고 즉흥적인 특징을 보인다.

초기 사회적 행동은 애착보다는 덜 안정적이고 덜 강하며, 서로 비슷한 발달 수준에서 서로의 행동에 자연스럽게 이끌린다. 학령 전기에는 주의나 인정과 같은 긍정적인 교환이 늘어나며, 경쟁이나 라이벌 의식 같은 것이 일어나고, 다툼은 드물지만 더 길어진다. 이전에 비하면 미숙하거나 비효율적인 사회적 행위가 좀 더 숙련되어 말하는 사람과 듣는 사람의 협응이 더 많아져 다른 아이와 대화를 하게 되며, 사회적 문제 해결에서 서로 협동하기 시작한다.

6. 6. 2 우정과 사회성[34)]

Sullivan은 중기 아동기와 청소년기의 우정은 학령전기의 자아 중심성으로부터 성숙한 성적 관계를 특징하는 상호성, 공유하기, 상대방에 대한 관심으로서의 전환에 필수적인 것이라고 하였다. 아동은 자기 친구가 행복하기를 바라기 시작하고 친구가 자기를 대하는 태도에 대해서도 관심을 갖는다. 친구가 된다는 것 자체가 즐거운 일이 된다. 친구를 쉽게 바꾼다든지 서로 비슷하기 때문에 친구가 되는 일은 우정을 남에게 보여주기 위한 것으로 만들려는 경향성과 함께 표면적인 우정임을 입증하는 일이다.

---

32) 최경숙, 아동발달심리학, 교문사 2006.
33) 최경숙, 아동발달심리학, 교문사 2006.
34) 최경숙, 아동발달심리학, 교문사 2006.

사회성을 결정짓는 요인은 사회인지적 요인과 감정적인 변인이 있으며, 사회인지적 요인으로는 사회적 조망수용과 사회적 문제해결의 요인이 있다. 사회적인 조망은 아동의 자아중심성을 완화하기 때문에 사회성을 촉진시키는 방식으로 볼 수 있다. 사회적 문제해결능력은 사회인지적 기술을 포함하는 것으로 부호화와 사회적 단서에 대한 정확한 해석, 가능한 문제해결 책략 생성과 그 효율성에 대한 평가, 선택된 책략을 실행하는 것을 포함한다.

어린 아이들의 책략은 충동적이고 자기 자신의 요구에 그대로 따른 경우가 많아 미숙한 사회적 행동을 보이기 쉽다. 감정적인 변인은 공감능력과 아동 자신에 대한 자아존중감을 포함한다. 공감능력은 다른 사람의 감정을 알아차리고 이 감정에 대해 대리적인 감정적 반응을 하는 것이다. 집에서 아동들은 부모 자식관계의 중심에 있는 애정과 복종 때문에 사랑을 받는다. 또래와의 관계에서도 아동은 존중받을 수 있어야 하는 데, 이는 능력 검증 문제이다. 아동은 운동능력, 손재주, 재미있는 일을 제안하고 이끌어내는 재능 등에서 다른 아동들과 스스로를 비교한다. 아동은 또래들이 가치 있는 것으로 보는 활동에 실제적인 기여를 하여 가치를 인정받는다.

7. 즉흥연주를 통한 음악치료

7. 1 즉흥연주와 음악치료

인간은 개인과 집단 속에서 항상 상호 작용을 하면서 살아간다. 혼자 있을 때나 타인과 함께 있을 때나 인간은 일상생활에서 언어적 · 비언어적 방법을 통해서 상호 작용적 행위를 하게 된다. 집단 속에서의 상호 작용 행위로서 가장 중요한 위치를 차지하는 것은 '커뮤니케이션' 행위이다. 타인과의 커뮤니케이션 관계가 효과적이고 원만할 때에는 일이 순조로운 반면, 이 관계가 원만하지 못할 경우에는 대인관계가 원만하지 못하여 절망, 갈등, 오해 등의 심리적 · 사회적 문제가 발생하게 되어 개인의 삶에 커다란 문제가 나타나게 된다.

개인과 집단에 대한 음악의 영향은 상호적인 현상으로 나타난다. 특히, 집단 속에서의 음악의 상호 작용 역할은 필수적이다. 집단 속에서 한 구성원이 음악을 만들면 다른 구성원들의 음악과 행동은 그 음악에 영향을 받게 된다. 또한 반대 현상으로서 집단의 음악이 각 개별 구성원의 음악에 영향을 주게 된다.

집단 속에서의 음악적 관계는 각 구성원의 음악적 자기 인식과 깊은 연관성을 갖는다. 만약 음악적 자기 인식이 없다면 개인은 집단에 융합되기 어려우며, 또한 집단은 개인을 수용하기 어렵다. 이 밖에도 집단의 음악적 관계에는 구성원의 음악적 경험과 현재 심리상태가 상호 전달되어진다. 왜냐하면 집단적 음악은 그 구성원들의 연상작용, 기억, 선호도, 감정(기분) 등이 복합적으로 이루어져 나타나기 때문이다. 그러므로 집단의 음악은 각 구성원들의 심리적 · 행동적 상호 작용에 깊은 영향을 받는다.

음악치료에서 치료사와 환자와의 관계에서도 상호 작용이 항상 형성되며, 여기에 음악이 그 역할을 담당하게 된다. 음악은 환자와 치료사 관계를 중재하여 치료 행위가 가능하게 한다. 여기에서 음악과 악기는 환자의 감정전달 역할을 맡는다. 환자는 자신의 감정을 음악을 통해서 전달하며, 아울러 음악을 통해서 자신의 부정적 감정들을 극복해 나간다. 음악은 환자의 감정전이 역할을 함으로써 치료에 대한 환자의 저항을 해결하여 환자와 치료사 관계를 긍정적인 관계로 형성하게 한다. 환자가 자신의 갈등을 음악을 통해서 나타내기 때문에 치료에 대한 환자의 저항은 대인관계적 상황이 아니라 음악적 행위 내에서 나타나게 된다. 그러므로 치료사는 환자의 편에서 환자가 자신의 갈등을 극복하도록 격려하고 도와줄 수 있다.

음악은 환자의 방어적 감정을 극복함으로서 치료가 가능하게 한다. 음악은 환자의 감정을 유도하는 기능을 가지고 있다. 즉, 집단 속에서 환자는 음악을 통해서 다른 구성원과 자신을 동일한 존재로서 인정하게 되며, 또한 다른 사람들과 상호 감정전달을 하게 된다. 음악은 공포나 근심 등의 부정적인 감정을 유발하지 않으면서 환자의 감정 표현과 감정 보호의 기능을 나타낸다. 즉 음악은 환자가 어떤 감정을 표현하거나 수용할 때 위험을 감수하도록 해줌과 동시에 보호해주는 기능을 가지므로 환자의 방어적 감정을 극복하게 한다.

치료에서 음악의 심리적 기능은 다음과 같다.

① 상호간의 의사소통기능을 갖는다.

② 개인적 느낌, 감정을 자극, 분출, 승화, 통제하는 기능을 갖는다.

③ 자아정체성을 갖게 한다.

④ 타인과 동일한 존재로서 인정하게 한다.

⑤ 균형적인 사회관계를 형성하게 한다.

⑥ 사회적 경험의 연속성을 갖게 한다.

⑦ 사회적 인지와 행동에 대한 질서를 형성한다.

7. 2 즉흥연주를 통한 능동적 음악심리치료 모델

7. 2. 1 목적

이 치료는 창조적인 즉흥연주를 통하여 대인관계장애 및 사회생활 부적응을 나타내는 환자들에게 사회적 · 음악적 경험을 통해서 정신 발달과 치료를 갖게 함을 목적으로 한다.

7. 2. 2 기능

① 능동적인 음악 행위는 환자의 관심을 유도하고 환자를 치료에서 적극적인 참여와 직접적인 개입으로 이끌어 냄으로써 내적 경험을 표현하게 한다. 이러한 음악적 행위는 환자의 감정을 움직이게 함과 동시에 그 경험을 활용하고 변형시킬 수 있게 만든다.

② 즉흥연주를 통한 능동적 음악심리치료에서는 음악이 환자의 치료 효과를 촉발시키고 강화시키는데 중요한 수단이 되어 치료가 실현되게 하는 자극과 반응매체를 제공한다.

7. 2. 3 집단치료의 특수성

개인적 장애 조건에는 개인적 자유에 대한 특정한 제약과 장애가 있으므로 광범위한 목표를 집단치료에 맞게 설정하여야 한다. 이때 치료의 목표는 필연적으로 음악이 제공할 수 있는 구체적인 이득이 무엇인가에 따라 결정된다.

7. 2. 4 치료과정

① 음악적 즉흥연주활동에서 상호간의 우호적인 인간관계를 형성하기 위해서 환자들은 서로가 서로를 보고 관찰할 수 있도록 원형으로 둘러앉는다(이때 참가 인원은 5~7 명이 적당함).

② 치료사는 대인관계 / 사회생활에서 문제를 준비한 메모지에 여러 가지 단어로 표시해 놓는다(모든 참가 인원이 메모지를 받을수 있게 1인당 1장씩 준비한다).

③ 치료사는 즉흥연주활동에 참가한 모든 사람들의 관심을 자신에게 집중하게 한다.

④ 준비한 메모지를 환자들에게 나누어준다(관심과 흥미를 높이기 위해서 뽑기 형식을 하는 것도 좋으며, 참가자 모두가 내용을 하나씩 갖게 되었는지 확인한다).

⑤ 치료사의 신호에 따라서 참가자들은 각자 자발적으로 선택한 악기를 가지고 메모지에 적혀져 있는 내용을 즉흥적인 음악으로 표현하게 한다. 이때 즉흥연주는 불규칙적으로 한 사람씩 돌아가면서 연주한다. 단, 음악이 중단되거나 또는 어떤 한 사람 중심으로 연주가 진행되지 않도록 주의한다.

7. 3 즉흥연주를 통한 음악치료에 대한 분석 · 평가 방법

① 환자들에게 연주 가운데 누구의 연주가 본인에게 가장 마음에 들었는가 질문한다. 이때 음악은 메모지의 내용을 즉흥연주로서 표현한 것을 중심으로 이루어져야 한다. 환자 개인의 감정이나 취향에 의한 선택은 피해야 한다.

② 자기 스스로 자신의 연주(메모지 내용에 의한)에 대해서 어떻게 느꼈는지 설명하게 한다 (음악이 잘 알려진 느낌인가? 또는 전혀 새로운 느낌인가? 연주에 대한 자신의 감정(음악의 수용, 인식)은 어떠한가? 구성원 중에서 누가 음악을 내용에 맞게 잘 표현하였는가? 자기의 감정을 음악으로 표현하는데 시간, 공간, 분위기 등의 요소가 충분하였는가? 부족하였다면 무엇인가?).

③ 각자 주관적 판단으로 어떤 연주의 음악이 전혀 내용과 어울리지 못하였는가?

④ 능동적인 즉흥연주를 통한 음악심리치료활동은 치료대상자 개개인이 자신의 특이한 방법에 의한 연주를 통해서 다양한 정신적 질병, 스트레스, 심리적 상태 등을 인식하고 극복하게 되며, 아울러 단체의 구성원들과 서로 믿고 신뢰하게 되고, 음악에 대한 상호간의 대화를 통해서 여러 가지 심리적 갈등 및 질병을 대처하고 극복할 수 있는 능력을 발전시키게 된다.

7. 4 즉흥연주에서의 마음(감정)의 표현

우리는 어떤 음악연주에 깊은 감명을 받았을 경우 흔히 "마음(영혼)으로 연주하였다"라고 표현한다. 이것은 우리의 마음 깊은 곳에서 무의식적으로 음악에 감명을 받았다는 것을 표현하고 있다. 이것은 음악치료에서 즉흥연주가 애용되어질 수 있는 가장 중요한 이유 가운데 하나이기도 하다.

인간이 마음으로 무엇인가를 연주할 때, 즉 어떤 악기를 가지고 자유롭게 즉흥적으로 연주하고자 할 때 가장 깊은 감정표현이 나타난다. 우리의 능동적인 연주가 악기를 통해서 표현되어질 때 즉흥연주가 심리적 감정표현과 음악적 표현의 관계를 연결해주는 다리의 역할을 한다.

8. 대인관계장애와 음악적 표현

8. 1 소심증

타인에 대해서 지나치게 조심스럽고 소극적인 사람은 자유로운 즉흥연주활동에서도 '매우 조심스러움' 이 나타난다.

치료

즉흥연주에서 잘 알려지지 않은 미지의 음악적 표현과 매우 유동적인 감정표현은 이와 같은 심리적 장애를 극복하게 한다.

8. 2 가식증

대인관계장애를 가진 사람에게 나타나는 여러 가지 증상 중에는 지나치게 '자신을 미화하고 꾸미려는 행위' 가 나타난다. 이것은 자신의 용기에 대한 나약함, 무기력, 불안감, 나태함 등에 의한 불안한 감정을 감추려는 행위에서 나타난다. 이들은 대인관계에서 만족함을 얻지 못하고 자기와 동일한 질병, 증세를 나타내는 유사한 사람들과 접촉한다.

이와 같은 증상을 가진 사람은 즉흥연주 표현에서 음악을 매우 미화하거나 잘 연주하려는 경향을 나타낸다. 또한 이들은 자신이 매우 훌륭하게 연주함으로 다른 사람들이 자신의 연주를 따라하게 될 것이라고 믿고 있다. 그러나 그들의 즉흥연주는 매우 약하고 불안하며 다른 사람들에게 의존하려는 형태를 나타낸다.

치료

환자가 음악을 강하고 진실적이며 독립적인 연주를 하게 유도한다. 이와 같은 과정에서 환자는 즉흥연주를 통해서 자신이 가지고 있는 여러 가지 심리적 요인에 대한 불안감과 공포감을 극복함으로써 새로운 대인관계를 형성하여 심리적 안정을 취하게 된다.

주의

환자가 매우 활동적이며 적극적이고, 타인에 대한 높은 의존에서 탈피하여 독자적인 연주를 할 경우이더라도 치료사는 그가 다른 사람을 무시하거나 또는 다른 사람의 연주를 막을 경우에는 이에 대하여 제재나 중재를 해야 한다(이 때 환자는 구성원들을 매우 보잘것없고, 자기보다 낮은 부류의 사람이라고 인식하는 자만심을 나타내게 된다).

8. 3 대인관계 단절

이와 같은 퇴행성 증상을 나타내는 환자는 단체의 즉흥연주활동에서 혼자서 활동하거나 타인을 기피한다. 이때 환자는 주위환경과 사람들에 대해서 만족감을 얻지 못하여 혼자서 자기중심적인(일방통행적인) 연주를 한다. 언어표현에서도 자기 의사나 감정을 표현하지 못하고 자기 의사와는 관계없이 '예' 와 같은 단순히 긍정하는 표현만 되풀이하곤 한다.

즉흥연주에서도 이 환자는 우울한 감정 중심의 음악을 표현한다.

치료

가능한 밝은 감정과 긍정적인 감정 위주의 음악으로 이끌며, 공동의 연주를 통해서 타인을 수용하는 감정과 표현력을 증가시키도록한다.

8. 4 사회 · 대인 관계의 이탈 및 수축

위의 장애를 가진 환자의 경우 즉흥연주에서 또는 생활에서 매우 계획적인 형태로 나타난다. 이와 같은 환자들의 디플레이션 증상은 현실적인 대화를 회피하며, 대화의 주제가 통일성 또는 획일성(일관성)이 결여된다. 그러므로 대인관계 또는 다른 사람과의 대화에서 장소 및 주위환경

요인들에 적응하지 못한다. 음악치료에서 이들은 즉흥연주가 매우 추상적이며 자주 중단되어진다.

치료

자신이 가지고 있는 공포의 존재를 인식하게 하며, 다른 사람들과의 연주에서 연관성 또는 지속적인 연주를 할 수 있도록 이끈다(예; 스스로 소리를 만들게 한다 - 자신을 깨닫게 하고 주의를 인식하게 한다).

8. 5 지나친 순응·복종

이와 같은 장애를 나타내는 환자는 개인적 자발성이 발달하지 못하였으므로 즉흥연주 활동에서 다른 사람이나 다른 연주에 대한 순응이나 복종하는 스타일의 연주에서 탈피시켜 발전되고 변화되어진 형태로서 집단에 합류하게 이끌어야 한다.

치료

자신의 노출이나 표현을 거부함으로써, 자기 나름대로 리듬, 멜로디, 음악적 표현 등에서 발전, 변형되는 형태를 유지하도록 지도한다.

제2장 음악치료의 학문적 기초

음악치료는 한 가지 학문 분야에 국한된 단순한 치료법이 아니라, 이와 관련된 많은 학문들과 밀접한 관계를 유지하면서 광범위하고 다양한 내용을 수용하는 매우 복합적인 이론으로 구축된 학문이다. 이러한 음악치료의 학문적 기초는 음악치료가 치료 대상자와 치료방법에 따라 관련되는 내용과 그 깊이가 다양하게 적용되어야 하는 특성 때문이라고 볼 수 있다. 따라서 음악치료의 학문적 기초를 어떤 단일한 학문 영역에 국한시켜 정의 내리기가 불가능하다.

앞에서 설명한 바와 같이 음악치료는 음악이 질병을 낫게 하는 것이 아니라, 음악치료 · 치료과정을 통하여 환자 스스로가 질병을 인식 · 극복하게 하여 치유하게 하는 것이다. 이와 같은 과정에서 음악에 대한 환자의 반응 또한 매우 개인적이고 주관적일 수밖에 없다. 그러므로 소위 일반 의학의 약물이나 처방처럼 어떤 음악을 들으면 무슨 현상이 나타나고, 또 어떤 증세에는 이러한 음악을 들으라는 식의 음악치료에 대한 접근은 매우 잘못된 것일 뿐만 아니라 음악치료에 대한 커다란 오해를 불러 일으키는 문제를 많이 내포하고 있다.

음악치료가 병원에서 발달하였고 또 적용양식은 정신의학에 모델을 두고 있지만, 오늘날 음악치료의 임상활동은 행동심리과학에 기초하여 형성, 발전하고 있다. 행동심리과학으로서의 음악치료란 치료과정을 통해서 치료대상자의 행동 · 심리를 변화시키는 데 치료의 초점을 맞추는 것을 의미한다. 그리고 여기에서의 행동 · 심리 변화란 자신감, 사회성, 대인관계능력, 운동능력, 학습능력, 정서발달 등과 같이 우리의 사회생활과 깊이 관련된 다양한 행동 · 심리를 의미한다. 이러한 이유로 오늘날 음악치료는 다양한 학문의 내용들을 광범위하게 수용한다.

1. 음악치료학

다양한 학문들과 밀접한 관계에서 형성된 음악치료학은 음악과 치료라는 중요한 두 가지 영역에서 상호 역동적인 관계를 구축한다. 이와 관련하여 살펴보면 다음과 같이 나타난다.

1. 1 음악과 치료에 관련된 학문

1. 1. 1 음악과 관련된 학문

① 음악심리학(Psychology of Music)

② 음악사회학(Sociology of Music)

③ 음악인류학(Anthropology of Music)

④ 음악철학(Philosophy of Music)

⑤ 민족음악학(Ethnomusicology)

⑥ 음악생태학(Biology of Music)

⑦ 음악생리학(Physiology of Music)

⑧ 음악교육학(Music Education)

⑨ 음향학 · 음향심리학(Acoustics and Psychoacoustics)

⑩ 음악연주 · 작곡(Music Performance and Composition)

⑪ 음악이론 · 음악역사(Music Theory and History)

⑫ 미술(Art), 무용(Dance), 연극(Drama), 시(Poetry) 문학(Literature) 등

1. 1. 2 치료와 관련된 학문

① 심리학(Psychology)

② 정신치료(Psycho Therapy), 상담(Counselling)

③ 정신 의학(Psychiatry), 생리학(Physiology)

④ 신경 병리학(Neurology), 의학(Medicine)

⑤ 사회사업(Social Work),

⑥ 레크리에이션치료학(Therapeutic Recreation)

⑦ 작업 · 물리치료(Occupational and Physical Therapies)

⑧ 언어 · 의사소통치료(Speech · Communication Therapy)

⑨ 교육 · 특수교육(Education · Special Education)

⑩ 창의적 예술치료(Creative Arts Therapies)

1. 2 음악과 관련된 학문의 구분

음악치료가 매우 광범위한 영역에서 학문적 기반을 구축하고 있지만, 치료대상자와 치료방법에 따라 관련되는 학문의 내용과 깊이가 다양하게 적용된다. 따라서 음악치료에 대한 학문적 근거를 어떤 한 학문에 국한시켜 단정하기가 매우 어렵다고 이미 앞에서 밝혔다. 그러나 굳이 음악치료에 대해서 학문적으로 구분하고자 한다면, 우선 서로 다른 학문 영역에서 과연 공통적으로 추구하고자 하는 것이 무엇인가에 따라 분류되어져야 한다고 본다. 그 대표적인 예로서는 음악치료와 음악교육의 공통점과 차이점, 사회 심리적인 관점에서 심리치료와 음악치료가 가지는 공통점과 특수성 그리고 음악치료활동의 적용에 따른 영역별 구분 등을 들 수 있다.

우선 음악치료(음악심리치료요법)의 활용과 관련하여 살펴보면, 음악치료활동에는 약물치료나 물리치료보다 심리치료나 심리상담의 역할이 매우 커다란 비중을 차지하고 있으며, 또 매우 중요한 역할을 담당하고 있다. 그러므로 음악치료는 음악심리학의 음악이 가지고 있는 기능을 질병의 치료와 예방에 응용하는 응용음악의 한 분야라고 표현할 수 있다. 즉, 음악치료란 일반 의학적 치료나 투약과 같은 대중적인 방법을 사용하지 않고 음악을 치료의 매개체로 하여 언어로 접근할 수 없는 개인의 문제를 음악적 체험[35]을 통하여 해결하고자 노력하는 것이다.

---

35) 음악적 체험이란 음악치료에서 치료자에게 알맞은 적절한 음악 및 기법을 선택하여 치료하는 과정에서 치료자가 음악의 자극을 받아 나타내는 일련의 반응들을 의미한다.

또한 다른 한편으로 음악치료는 교육활동 및 행위와 매우 밀접한 관계를 유지함과 동시에 각자의 독자성을 갖는다. 그러나 음악치료와 음악교육의 활동과 행위에 대한 구분은 매우 복잡하고 어려우며, 다만 음악활동의 중심내용이 교육적 부분에 치우쳤나 또는 심리치료적 부분에 치우쳤나에 따라 구분할 수밖에 없다. 음악치료가 심리치료의 일환으로서 매우 다양한 측면에서 이용되고 있는데, 예를 들면, 치료와 교정교육으로서의 음악치료, 신체적 정신적 장애인을 위한 음악치료와 음악교육활동, 음악치료[36]와 치료적 목적으로서의 음악교육, 음악특수교육[37], 음악-사회치료 등을 말할 수 있다.

1. 3 목적에 따른 영역별 구분

일반적으로 음악교육과 음악치료는 추구하고자 하는 목적과 교육과정의 내용에 의해서 구분된다. 그러나 이 두 학문분야는 궁극적으로 추구하는 목적을 위해서 음악이 사용되며, 교육과정 또한 음악적 진행 및 음악적 행위를 통해서 이루어진다는 공통점을 가지고 있다.

이 두 영역의 목적을 정의하면, 음악교육은 한 개인의 예술 및 미적 활동이나 태도를 통해 인간적인 행동양식을 발달시키는 것을 말하며, 음악치료는 "신체적, 정신적, 정동적 실조를 갖는 성인, 아동의 치료, 복귀 교육, 훈련에 관한 음악의 통제적 활용이라고"말할 수 있다[38]. 그리고 이 두 분야를 적용 대상자에 따라 구분하면, 음악치료의 대상은 행동이나 심리적 장애인과 정신적 질환을 가진 사람을 중심으로 이루어지며, 음악교육은 정신적으로 건강한 사람을 대상으로 행해진다고 볼 수 있다.

음악적 내용과 질적인 면에서 비교하면, 음악치료에 있어서는 음악 내용의 질과 그 음악적 수준의 높고 낮음은 음악교육에 비교해 중요하게 취급되지 않는다. 그러나 음악치료에 반해서 음악교육은 교육과정에서 음악의 내용이나 음악적 수준이 매우 중요하게 취급되어지며, 음악에 대

---

36) 스트레스 해소 및 마인드 컨트롤을 위한 음악명상에서부터 전문적 정신질환치료에 이르기까지 일반적인 음악치료를 말한다.
37) 음악 특수교육이란 보편적인 수준 이하의 정신적 사고 · 인식력을 가진 자를 대상으로 하여 음악적인 교육 행위를 통하여 그들을 일반적이고 보편적인 보통 사회생활을 할 수 있게 지도하는 것을 의미한다.
38) 임영숙; 간호중재로서의 음악치료, 현문사 2001, p. 21.

한 개개인의 인식 또한 교육 내용에서 매우 중요하게 다루어진다.

음악치료와 음악교육과정에서 공통적으로 가지고 있는 것은 교육 또는 치료대상자에 대한 심리적 고려와 관찰이 궁극적인 목적 성취를 위해서 매우 커다란 비중과 역할을 담당하고 있으며, 이와 함께 사회학적 관점, 대상자의 생활환경, 사회적 위치, 문화적 수용도 등과 같은 내용 또한 교육 및 치료의 계획 설정, 진행과정 설계, 목표 설정 등에 커다란 영향을 주게 된다.

음악치료 · 음악교육, 이 두 학문 분야는 결국 교육 · 치료대상자에 대한 교육 · 치료 내용의 설정에서부터 궁극적인 목적에 이르기까지, 이 모든 과정에서 대상자들에 대한 심리적 고려와 관찰은 교육과 치료의 결과를 극대화하기 위해서는 분리될 수 없는 관계를 구성하게 된다.

1. 4 음악교육 · 음악특수교육 · 음악치료[39)]

음악교육과 음악치료는 교육과정 및 대상자의 선정에 있어서 명확하게 구분된다. 그리고 음악특수교육은 이 두 분야 사이에서 존재하고 있으며, 음악교육의 내용 · 목적과 음악치료의 내용 · 목적을 모두 포함하는 특성을 가지고 있음을 알 수 있다. 그러나 이 세 학문 분야는 궁극적으로 음악을 교육과 치료의 소재 및 매개체로 활용하고 있으며, 학문적으로 서로 깊은 보조 · 보완 관계를 이루고 있음을 나타내고 있다.

39) 일반 학교 음악교육에서는 음악학습이 음악 기초 지식 · 이론이 음악적 문화를 통하여 교육된다. 음악수업은 또한 심리치료 및 문제 해결이라는 긍정적인 관점에서 수용되며, 특히 학생들의 음악수업은 중주, 실내악, 합창, 합주, 오페라 등과 같은 공동 작업을 통해서 학급 동료와 교사와의 연대 관계 및 사회 협동심을 배운다. 그러나 음악치료는 하나의 놀이와 같은 형태로서 진행되며, 이와 같은 행위는 연주라는 형태를 통하여 나타난다.

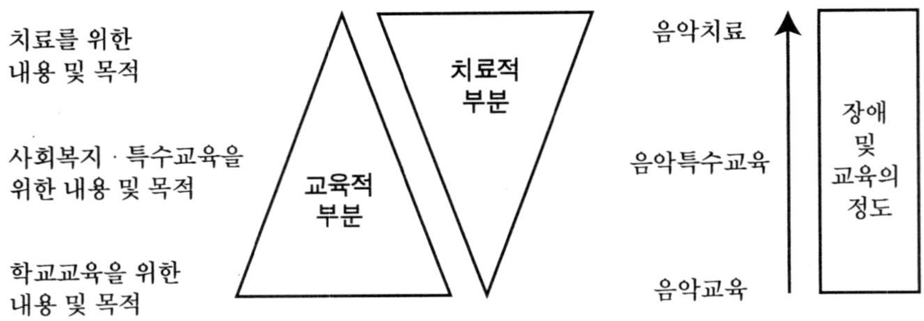

[그림 2-1] 음악교육 · 음악특수교육 · 음악치료의 목적에 따른 분류 그래프

1. 4. 1 음악교육

음악교육이란 사물에 대한 인식 및 숙련성이 중간 수준의 보편적인 사람들을 대상으로 하여 진행되며, 그들의 음악적 인식력과 숙련성을 교육 · 지도과정을 통하여 변화 · 개발함과 동시에 그들이 가지고 있는 음악적 재능을 개별적으로 개발하여 높은 수준으로 이끄는 행위를 말한다.

1. 4. 2 음악특수교육

음악특수교육은 오랜 기간 동안 정신적 · 신체적 장애를 가지고 있는 사람들을 대상으로 하여 진행되며, 교육 대상자들이 일반적인 사회생활을 유지할 수 있게끔 지도하고 도와주는 것을 교육의 목적으로 하여 행하는 것을 의미한다.

1. 4. 3 음악치료

음악치료는 사람의 신체 및 정신 상태가 질병 및 기타 여러 가지 원인 등으로 인하여 정상적인 활동을 하지 못하는 사람을 대상으로 하며, 이와 같이 질병이 든 사람들을 치유하여 건강하게 만드는 것을 그 목적으로 하고 있다.

1. 5 음악치료사 교육과정의 현황 및 특성

1. 5. 1 음악치료사 교육과정에 따른 미국 · 독일 · 한국의 교육 현황 및 내용 비교

미국

미국의 음악치료사 양성과정을 보면 교육 목적은 전문 음악치료인으로서 활용할 수 있는 음악적 능력과 치료사로서의 자질 향상에 두고 있으며, 미국 대학에서의 음악치료사 교육과정은 정규과정과 석사과정으로 구분되어 있다. 정규과정은 4년의 음악치료 교육과정과 6개월의 인턴십(Internship)과정으로 구성된다. 음악치료 석사과정에는 학부에서 음악치료를 전공한 자와 전공하지 않은 자로 구분하여 강의가 이루어지며 기간은 2년의 음악치료석사 교육과정과 6개월의 인턴십(Internship)과정으로 이루어져 있다.

* 인턴십(Internship)과정이란 4년 또는 2년의 음악치료 교육과정을 이수한 사람에 한해서 일정한 기간 동안 병원 또는 의료기관 그리고 여러 음악치료 현장에서 임상적인 실습을 하는 것을 말한다.

미국의 음악치료사 교육의 특성을 살펴보면, 학부과정은 음악 과목과 음악치료 과목으로서 내용적으로 밀접한 연관성을 지닌 가운데 인문학, 언어학, 사회과학 그리고 자연과학 부분으로 세분화되어 이루어진다.

교양 및 기초과정(2년)에서는 음악이론(기초음악이론, 즉흥연주, 작곡법 등), 음악역사, 악기의 기본적 연주방법 그리고 전공악기연주 등과 같은 기본적 음악교육 그리고 음악치료, 심리학 특수교육학 부분에서 음악치료와 연관된 교양과정 강의로 구성된다.

독일

독일의 음악치료에 대한 개념은 응용심리학 중에서 음악을 매개체로 한 하나의 전문 분야로서 인정되며 치료교육학, 의학 그리고 사회복지 차원에서 사용함을 목적으로 하고 있다.

독일의 음악치료사 양성과정은 정규교육과정으로서 음악치료사 디플롬(Diplom-Musiktherapeut)과정과 교육, 사회복지, 의학, 음악 등의 부분에서 디플롬 학위를 이수한 자 또는 일정 기간(기본 3년 이상) 이상 이 분야에서 활동한 또는 활동하고 있는 직업인을 대상으로 이루어지는 아우프바우스튜디움(Aufbaustudium-Musiktherapeut)과정으로 구성되어 있다.

음악치료사 디플롬과정은 총 8학기로 이루어져 있으며, 여기에는 1~3학기까지의 기초학부(Grundstudium)과정(여기에는 방학기간에 이루어지는 8주 기간의 실습과정(Praktikum)이 포함된다), 4~6학기의 본과(Haupt- studium)과정(여기에는 음악치료와 관련 현장에서의 프로젝트연구 및 논문과정(praktische Projektarbeit)이 포함된다), 그리고 7~8학기에는 인턴과정인 병원실습과정(Praktika)으로 구성되어 있다.

아우프바우스튜디움(Aufbaustudium)으로서의 음악치료사과정은 일정기간(3년) 이상 여러 교육 및 사회복지 그리고 병원 등의 현장에서 활동한 자 또는 활동하고 있는 자를 대상으로 음악치료사 교육이 이루어지며, 교육기간은 2년으로 주로 주말(금, 토요일)에 강의가 이루어진다.

독일의 음악치료사교육 특성은 미국과 비교하여 음악치료 관련 분야가 매우 세분화 및 전문화 되어있다는 점이다. 이와 관련하여 살펴보면, 음악치료사 교육과정이 병원이나 기타 치료기관에서 활동하기 위한 교육과정, 교육 분야에서 특수 학생 및 정신지체 아동들을 위한 음악치료사 교육과정, 사회복지분야에서 성인을 위한 생활복지 차원에서의 음악치료 교육과정 그리고 일반인의 스트레스 및 정신적 질환에 대한 치료를 목적으로 음악감상을 통한 음악명상치료 분야 등으로 구분되어져 있다.

한국

한국에서의 음악치료는 1990년 초부터 미국과 영국, 독일 등 외국에서 음악치료를 공부하고 돌아온 사람들과 국내에서 음악치료에 관심을 갖고 있던 사람들의 노력에 의해서 우리사회에 조금씩 알려지게 되었다.

국내 음악치료 교육기관으로서는 숙명여자대학교가 최초로 1997년 3월에 석사학위과정을 신설하게 되었고, 같은 해 8월에는 이화여자대학교가 교육대학원에 음악치료교육과를 신설하였다. 그리고 점차 대학들이 음악치료에 대한 관심이 높아지면서 명지대학교와 한세대학교 등 여러 대학에서 음악치료 학사 또는 석사과정을 신설하게 되었다.

그리고 이처럼 음악치료가 대학에서 조금씩 자리를 잡게 되면서 여러 음악치료학회가 국내에 신설되었다. 대표적인 음악치료학회로는 숙명여자대학교를 중심으로 활동하는 '한국음악치료학회' 와 이화여자대학교를 중심으로 하는 '대한음악치료학회' 가 있다. 그 밖에도 여러 예술치료학회와 음악치료사협회가 대학과 음악치료 임상현장을 중심으로 음악치료사 양성을 위한 교육과

국내 음악치료의 발전을 위해서 열심히 노력하고 있다.

1. 5. 2 음악치료사 양성과정

미국

미국의 음악치료사 교육과정의 교육내용 중에서 기초과정에는 기본적인 교양과목 및 음악교육을 중심으로 강의가 이루어진다. 전공 및 부전공 수업 (기타 그리고 다른 관 · 현악기 가운데서 하나를 선택하여 전공악기 레슨이 이루어지며, 시간 배당은 전공, 부전공: 각각 주1시간), 음악치료의 원리, 음악이론, 건반화성학 I, II, 음악연주, 가창, 전자음악, 기초심리학(심리학개론), 작곡 등의 목차로 구성되어 있다.

미국에서는 이와 같이 1, 2학년 과정은 전반적으로 기본적인 음악적 소양을 양성하는데 교육의 주요 목적으로 두고 교육 내용이 구성되어 있다. 그리고 3, 4학년 과정에는 음악치료와 관련하여 보다 전문적인 학과 내용이 설정되어 있으며 그 세부 내용은 다음과 같이 요약 정리할 수 있다.

음악치료에서 임상관찰 및 치료요법, 음악치료에서 음악의 관리, 음악심리학, 장애아동을 위한 음악치료, 치료로서의 음악, 음악사회학, 음악치료학, 아동을 위한 음악치료, 관 · 현악연주, 지휘법, 합창, 음악이론(청음, 화성학, 건반화성학, 20세기 음악기법연구, 음악사, 행동과학(일반심리학/병리심리학), 청소년과 성인을 위한 심리학 등이 있다.

독일

독일의 디플롬 음악치료사(Diplom-Musiktherapeut/-in)의 교육과정에서 교육내용 및 강의 목차를 살펴보면 앞에서 말한 바와 같이 크게 기초과정, 본과과정, 실습과정의 세 과정으로 구분된다.

기초과정(Grundstudium)

이 과정에서는 음악 실습과목(기악수업(피아노 및 관 · 현악기 레슨)청음, 화성학, 건반화성학, 가창, 작곡, 합창, 합주, 지휘법, 등과 같이 음악에서 실습과 관련된 과목들을 전반에 걸쳐 다루어졌다), 음악치료법 및 치료방법, 음악치료학, 음악치료학의 역사, 악기제작방법(음악치료에 사용되는 여러 악기의 제작 및 사용방법), 심리학 개론, 사회(보건)의학, 음악치료의 관리 및 방법론, 음악치료실습 등의 과목과 관련하여 기초적인 개론 및 포괄적인 이론을 강의 내용으로 하여서 강좌 및 세미나가 이루어진다.

본과과정(Hauptstudium)

이 과정에서는 기초과정에서 다루어 졌던 내용들이 더욱더 전문적으로 깊게 다루며, 그리고 음악치료와 관련 전문적인 학과목이 개설되어진다. 여기에는 음악치료법 사례와 지도방법론, 음악치료법적 진단법 (문헌조사, 사례분석, 개인적 경험, 특수 상황에 따른 음악치료법), 음악치료 임상실습(여기에서는 병리, 임상실습과 관련하여 3개의 세미나와 2개의 프로세미나를 이수해야 한다) 등이 있다.

실습과정(Praktika)

음악치료와 관련하여 이루어지는 임상실습과정에서는 치료교육학, 의학적, 심리학적 그리고 사회학적 또는 사회복지 차원에서 여러 가지 현장 경험을 축적하게 한다. 이것은 하나의 인턴과정으로 이루어지며, 여기에서 학생들은 음악치료과정을 관찰하면서 두 개 이상의 임상실습 세미나를 이수해야만 한다.

이와 같은 세 단계의 독일의 음악치료사 양성 교육시스템을 다시 학문분야 별로 구분 분리하면 다음과 같이 요약 정리할 수 있다.

- 음악치료학 : 음악치료학사, 음악치료의 영역과 역할, 음악치료 방법론, 음악치료의 이론적 배경, 악기 제작법, 음악치료의 적용・진단・문헌자료, 임상실습 세미나, 음악치료에 대한 연구 등
- 음악학 : 음악형식론(대중음악, 전통음악, 세계 각 나라의 민속음악), 음악심리학, 음악사회학, 음향학, 음향심리학, 전자음악 등
- 음악이론 및 실습 : 청음, 합창지휘 및 지도, 화성학, 건반화성학, 반주법, 관현악론, 가창, 성악, 그룹연주(합창, 합주, 밴드, 실내악) 등
- 심리학 / 의학 : 심리학개론, 병리심리학, 심리분석, 사회심리학, 사회의학(보건의학), 치료교육학론(심리치료법, 사회심리치료법), 면담방법론 등
- 기타 교양과목 : 통계학, 경영관리, 사회복지, 법률관리 기타 등등

한국

현재 우리나라의 음악치료사 교육은 대학과 학회 그리고 협회 등에서 이루어지고 있으며 보다 나은 음악치료사 교육을 위해서 서로 협력하고 있다. 국내 음악치료사 교육과정은 아직 완전히 자리를 잡지 못하여 각 대학과 학회, 협회마다 조금씩 차이가 있다. 그러나 대학의 교과내용은 보편적으로 음악치료학 관련 교과목들과 심리학 관련 교과목들을 중심으로 이루어지고 있다. 예를 들어 숙명여자대학교 음악치료대학원은 다음과 같은 교과목을 중심으로 음악치료 교과가 이루어지고 있다.

선수과정 : 음악치료학 개론, 음악심리학 개론

1학기 : 음악치료기술, 특수아동심리학, 음악치료연구법

2학기 : 이상심리학, 즉흥연주기술 음악분석 개론 및 감상, 음악치료 실습 Ⅰ

3학기 : 음악과 인간행동, 음악심리치료, 음악과 심상, 음악치료실습 Ⅱ

4학기 : 음악치료 철학, 신경재활 음악치료, 음악치료실습 Ⅲ

5학기 : 음악치료 인턴십, 논문

앞에서 설명한 바와 같이 음악치료사 양성 및 교육과정에 따른 미국, 독일, 한국의 교육 현황 및 교육 내용을 비교 조사한 결과 우리나라의 경우 아직 음악치료사 양성과정이 초기 단계로서 어떤 제도적 규정이나 체계가 성립되지 못한 상태이므로 여기에서는 거론을 피하고자 한다. 그러므로 미국과 독일 두 나라의 음악치료사교육 현황을 비교해 보면 미흡하나마 다음과 같이 요약 정리된다.

미국의 음악치료사 양성과정에서 내용적인 측면을 살펴보면, 음악의 이론이나 실기가 기초과정에서 필수적 요인으로 나타나 있으며, 본과과정에서는 음악 심리와 병리심리학 관련 강좌가 음악치료와 연관하여 개설되어 있다. 그리고 미국의 음악치료사의 양성 목적이 주로 병원이나 기타 의료 관련 기관 및 단체를 중점으로 교육 내용이 구성되어 있음이 나타나 있다.

독일의 음악치료사 양성과정은 음악치료의 여러 분야에 알맞게 세분화되어져 있다. 이와 같은 상황에서 음악치료사 양성 목적이 병원 및 의료 기관에서 활동을 위한 음악치료사 교육뿐만 아니라 사회복지 차원에서 장애인복지 및 여러 사회복지 관련 기관인 청소년 및 장 · 노년층의 복지를 위한 음악치료사 교육 그리고 교육기관, 일반 학교나 특수학교에서 학생들을 대상으로 음

악치료를 할 수 있는 음악교육 및 음악특수교육 중점의 음악치료사를 양성하는 데 교육의 목적을 두고 있음이 나타난다.

1. 5. 3 음악치료사 임상지도

음악치료사의 교육은 임상적 경험뿐만 아니라 음악적 기술, 행동과학, 정신의학 및 심리치료 이론을 포함하는 여러 전문분야의 연구를 필요로 하고 있다. 따라서 여러 나라에서는 대학교 또는 대학의 부설 연구기관으로서 음악치료학과가 개설되어있으며, 이들 학과에서는 개인의 능력에 따라 교과과정을 계획하고 있다. 그리고 이러한 교과과정은 음악치료의 실제 현장에서 필수적으로 고려되는 다음과 같은 영역들에 기초를 두고 구성되어 있다.

음악기초

음악이론과 음악사

작곡과 편곡

연주(피아노, 악기, 성악)

여러 특수악기(민속악기, 특수음향기기, 물건악기 등)

즉흥연주(기악, 성악)

합창, 합주 및 지휘법

음악적 표현활동(음악적 자극에 대한 반응과 행동)

임상적 기초

비정상적인 행동의 특성에 대한 이해와 전문임상용어에 대한 이해

치료의 역동성

치료적 관계

음악치료

기초와 원리

내담자의 진단과 평가

치료계획 수립

치료의 이해

치료에 대한 평가

치료적 활동 간의 협력

지도와 관리

치료의 종결

치료에 대한 협의

1. 6 사회복지와 음악치료사의 역할

1. 6. 1 사회복지와 음악치료사

사회복지와 음악치료의 기본 개념에는 뚜렷한 공통점을 가지고 있음이 나타난다. 이것은 한편으로는 인간의 행복과 건강은 떨어질 수 없는 매우 밀접한 관계를 이루고 있다는 것이며, 다른 한편으로는 인간이 건강하다는 것은 인간이 신체적으로나 정신적으로 온전한 상태를 유지함으로써 사회생활함에 만족한 상태가 되어야 한다는 것을 의미한다. 이와 같은 개념에서 사회복지란 궁극적으로 인간의 행복을 추구하기 위한 사회적 노력과 활동을 말하는 것으로, 이것은 단적으로 누구나 행복[40)]을 누릴 권리와 존엄성이 있다는 이상을 추구하는 실천적 행위인 것이다. 실질적으로 오늘날 많은 음악치료사들이 노인들을 위한 양로원, 노인 질환자들을 위한 노인 복지관, 청소년 복지관, 여성 복지관, 심신발달장애인들을 위한 재활원 그리고 사회 및 학교 부적응자들을 보호하고 있는 감호소 또는 특수학교 등에서 활동하고 있다.

그 국가의 미래의 발전은 국가의 사회적 환경적 발전과 더불어 정부가 국민들의 사회 복지에 얼마만큼 관심과 열정을 가지고 투자하는가에 따라 결정된다 할 수 있다. 전통적으로 사회복지 활동은 일상생활에서 부적응의 문제를 가지고 있는 사람들, 즉 사회적으로 낙오되고 이웃과 타인의 도움을 필요로 하는 사람들을 대상으로 그들의 삶이 보다 개선되고 향상된 수준에서 이루

40) 여기에서 행복은 비단 물질적인 풍요만을 뜻하는 것이 아니라 신체적 · 지적 · 정신적 발달의 기회를 누구나 가질 수 있는 상태도 함께 의미한다.

어질 수 있도록 돕는 것에 중점을 두어왔다. 이와 같은 사회복지활동의 목적을 효과적으로 달성하기 위한 방법의 일환으로서 음악치료는 사람들의 정신적 육체적인 질환들을 음악이 가지고 있는 기능을 치료의 매개체로 하여 심신의 질병 치료와 예방 그리고 사회에 부적응하는 사람들을 바람직하게 치료 · 변화시키는 것을 그 목적으로 하고 있다.

1. 6. 2 사회복지에서의 음악치료사의 역할

음악치료활동에서 치료사의 역할은 치료대상자와의 긍정적인 인간관계를 형성하여 연속적이며 단계적인 치료과정을 과학적으로 관리하여 치료목적을 달성하는 것이다. 이를 위해서 음악치료사는 음악, 치료 그리고 음악치료와 관련된 여러 학문들에 대한 전문적인 지식과 임상적인 훈련이 필요하다. 또한 이뿐만 아니라 음악치료과정에 필요한 치료대상자를 한 사람의 인간으로 존중하는 전문인으로서의 윤리를 인식해야만 한다. 음악치료사는 치료과정에서 치료대상자의 부모나 선생님 같은 보호자의 역할에서부터 친구, 동생, 부부, 연인 등에 이르기까지 대상자의 치료 상황에 따라 매우 다양한 역할을 소화해야 한다. 특히 이를 위해서 음악치료사는 치료대상자의 연령, 성별 그리고 기타 개인의 특성 등과 같은 대상자에 대한 다양한 자료와 정보 그리고 이에 대한 정확한 이해가 필요하다.

무엇보다 사회복지 음악치료사로서 가져야 할 기본적인 자세는 자신의 일에 대한 자긍심과 자발적인 참여의식이다. 특히 사회복지 분야에서 음악치료사의 활동은 일상생활에서 부적응의 문제를 가지고 있는 사람들, 즉 사회적으로 낙오되고 이웃과 타인의 도움을 필요로 하는 사람들을 대상으로 하고 있기 때문에 자신의 일에 대한 자긍심과 자발적인 참여의식 그리고 이들에게 깊은 사랑을 가지고 동등한 인격으로 대할 때 비로소 음악치료는 가장 효과적으로 이루어지게 된다.

성공적인 음악치료를 위해서 음악치료사는 무엇보다도 음악이 인간 생활에 있어 직접 · 간접적으로 커다란 영향을 주고 있으며, 음악이 치료사와 치료대상자 간의 중요한 커뮤니케이션 역할과 치료의 매개체 및 도구로서 사용된다는 데 강한 확신을 가져야 한다. 이와 같은 신념과 확신을 바탕으로 모든 치료대상자에게는 건강하게 되고자 하는 욕구가 있으며 또한 이 욕구를 채우기 위해 도움을 청할 권리가 있다는 것을 인식하고 음악이 이들에게 가장 안전하며 부담스럽지 않은 효율적인 치료라는 믿음이 있어야 한다.

1. 7 세계 여러 나라의 음악치료

일반적으로 음악치료는 우리 인간의 몸과 마음의 건강이 심리적인 원인에 의해서 지배된다는 것을 바탕으로 하여 음악의 여러 소재 및 방법을 통하여 인간의 심리적 변화를 유도하여 손실된 건강을 회복시키거나 또는 건강의 증진을 이끄는 일종의 응용 임상심리학의 한 분야로서 개념하고 있다.

이와 같은 관점에서 음악치료는 현재 세계 30여 개의 나라에서 행해지고 있으며, 사람들을 정신적 · 육체적 질병으로부터 예방하고 치유하기 위해서 많은 노력을 하고 있다. 그러나 이 나라들은 각 나라의 문화적 · 사회적 특성에 따라 음악치료를 조금씩 다르게 정의하고 있다. 이들 중 대표적인 나라들을 예로 들면 다음과 같다.

1. 7. 1 미국음악치료협회(NAMT: National Association for Music Therapy)

음악치료에 대해서 미국음악치료협회는 음악치료는 음악을 치료목적으로 사용하는 것이다. 즉 몸과 마음의 건강을 회복시키고 유지하기 위해서 음악을 사용하는 것을 말한다. 음악치료는 음악치료사가 음악을 과학적이고 단계적으로 사용하여 치료대상자의 심리 상태를 바람직한 상태로 변화 · 유도함으로서 환자가 자신의 존재에 대해서 그리고 자신의 주변 사회환경에 대해서 깊이 이해함으로써 보다더 사회환경에 잘 적응할 수 있도록 도와주는 것을 말한다.[41]

1. 7. 2 독일음악치료협회(DGMT: Deutsche Gesellschaft für Musiktherapie)

독일음악치료협회는 음악치료에 대한 개념을 다음과 같이 정의하고 있다: 음악치료(Musiktherapie)는 치료목적으로 음악이나 음악적 소재를 사용하는 것으로 인간의 정신적 · 신체적 건강을 치유, 유지 및 향상시키기 위한 치료방법의 일환으로서, 궁극적으로는 환자나 치료대상자가 음악치료를 통하여 그의 정신과 신체가 온전하고 자유롭게 됨으로써 자신의 생활과 사회환경을 보다더 잘 이해하고 긍정적으로 수용하게 된다. 즉, 음악치료를 통하여 환자나 치료대상

41) National Association for Music Therapy, 1994.

자는 즐겁고 행복한 생활을 누리고 유지할 수 있는 기회를 부여받게 된다.[42]

1. 7. 3 캐나다음악치료협회(CAMT: Canadian Association for Music Therapy)

캐나다음악치료협회에 의하면 음악치료란 개인의 심리적, 신체적, 정서적 통합을 위해서 음악을 사용하고 또 질병이나 심신장애를 치료하기 위하여 음악을 사용하는 것을 말한다. 그리고 음악치료는 다양한 치료환경 속에서 모든 연령 집단이 적용되어 지며, 음악은 비언어적인 특성을 가지고 있으나 언어적이고 음성적인 표현을 할 수 있도록 다양한 기회를 제공한다.[43]고 정의하고 있다.

앞의 내용들을 요약 정리하면, 음악치료는 각 나라별로 조금씩 다르게 정의하고 있지만 모든 나라들이 음악치료는 치료목적을 가진다는 의미에서 동일한 개념을 가지고 있는 것으로 나타난다. 즉, 모든 나라들은 음악치료는 인간의 정신과 신체의 건강을 예방 · 치유 · 향상시킴으로써 행복한 삶을 유지하게 하는 데 그 목적을 두고 있는 것이다.

그 국가의 미래의 발전은 국가의 사회적 환경적 발전과 더불어 정부가 국민들의 사회적 복지에 얼마만큼 관심과 열정을 가지고 투자하는가에 따라 결정된다 할 수 있다. 전통적으로 사회복지활동은 일상생활에서 부적응의 문제를 가지고 있는 사람들, 즉 사회적으로 낙오되고 이웃과 타인의 도움을 필요로 하는 사람들을 대상으로 그들의 삶이 보다 개선되고 향상된 수준에서 이루어질 수 있도록 돕는 것에 중점을 두어왔다. 이와 같은 사회복지 활동의 목적을 효과적으로 달성하기 위한 방법의 일환으로서 음악치료는 사람들의 정신적 육체적인 질환들을 음악이 가지고 있는 기능을 치료의 매개체로 하여 심신의 질병치료와 예방 그리고 사회에 부적응하는 사람들을 바람직하게 치료 · 변화시키는 것을 그 목적으로 하고 있다.

42) Herbert Bruhn; Musiktherapie. Geschichte – Theorien – Methoden, Goettingen 1999.
43) Canadian Association for Music Therapy, 1992.

2. 음악치료와 프로이드 정신분석법

2. 1 프로이드 정신분석법(정신 역동법[44])에 대한 이해

Sigmund Freud의 정신분석 이론은 인간행동에 대한 최초의 체계적인 심리접근이라 할 수 있다. 19세기 중엽 심리학이 구체화될 때 일반 심리학자들은 인간의 의식적 측면, 즉, 인간이 인식할 수 있는 사고와 감정 중심의 연구에 초점을 맞춘 데 비해 프로이드는 이와 같은 인간 의식 중심의 분석에서 탈피하여 인간이 인식하지 못하는 모든 관념, 사고, 감정 등을 강조하는 무의식적 사고를 인간의 정신분석에 포함하는 무의식 측면의 정신분석을 강조하였다.

프로이드 정신분석 이론이 갖는 기초적인 개념을 요약하면, 인간의 성격은 기본적으로 정신 에너지와 유아기의 본능적 경험을 통해서 결정된다. 인간의 정신적 행동은 자신의 내부에 존재하고 있는 무의식적 동기와 갈등에 의해서 현재의 행동이 결정되며, 비합리적이며 본능적인 성욕과 공격적 충동에 의해 인간은 정신적인 행동을 하게 된다. 특히, 프로이드는 인간의 정상적인 성격 발달은 성공적인 결정과 발달 단계에서의 정신적 행동의 기본 구조인 원욕(id), 자아(ego), 초자아(superego) 성격의 통합에 기초하고 있다. 그러므로 그에게 있어서 잘못된 성격의 발달은 어떤 특수한 단계에서의 부적절한 결정의 결과로 간주하였다. 인간에게 있어서 불안감은 기본 갈등을 억압한 결과이며 불안감을 통제하기 자아 방어가 발달된다.

이와 같은 프로이드의 정신 분석법은 기본적으로 정신 결정론(psychic determinism)의 원리를 중심으로 형성되었다. 이것은 인간의 정신적 행동이 우연히 또는 되는 대로 나타나는 것이 아니라 무의식적으로 계획되고 결정되어 나타난다는 이론이다. 전혀 관계가 없고 우연히 일어나 것처럼 보이는 행위라 하더라도 그것은 단지 그렇게 보이는 것일 뿐 실제로는 반드시 과거의 어떤 일과 연관되어 발생한다는 것이다. 즉, 이것은 과거의 어떤 일이 현재의 정신적 행동을 결정하게

44) 정신 역동법이란 어떤 한 사람을 이해한다는 것은 그 사람을 원래의 그 사람과 분리시킨 숨어있는 심리적 힘을 이해함으로서 이루어진다고 간주하는 것을 의미한다.

된다고 보는 것이다. 만약 무엇을 잃어버린 경우, 일반적인 개념에서는 우연히 일어난 것이라고 보지만 프로이드의 이론에서는 이것은 개인의 소망이나 의도에 따라서 무의식적으로 일어난다고 본다. 예를 들어, 운전 중 잠시 한눈을 팔다가 파란 신호등에 멈춰 있는 것도 목적지에 가고 싶지 않은 운전자의 무의식적 본능에 의해서 나타난 것이다.

프로이드는 인간행동의 기초가 되는 정신적 행동의 구조를 크게 세 가지 유형으로 분류, 구분하였다. 프로이드의 정신행동의 세 가지 유형은 첫째, 현재 느끼거나 알 수 있는 모든 경험과 감각을 의미하는 의식(conscious)상태, 둘째, 의식 속의 자료들이 저장되어 있는 영역으로 현재는 의식되지 않지만 주의를 집중하면 쉽게 의식될 수 있는 전의식(pre-conscious) 그리고 세 번째로는 의식되지 못하는 무의식(nonconscious) 영역으로서, 여기에는 사고, 감정, 본능, 욕구, 동기, 갈등 등의 인간의 마음을 구성하는 대부분의 자료들이 저장되어 있으며, 이들 자료들은 억압(repression)이라는 기제를 통해 무의식 속에 저장된다. 특히 프로이드는 무의식적 행동의 증거로 말실수, 망각, 꿈의 존재 등을 들었으며, 그는 무의식에 이르는 가장 지름길로는 '꿈' 이며, 그는 꿈의 해석을 통해 무의식의 자료들을 알 수 있다고 하였다.

2. 2 원욕, 자아, 초자아

프로이드는 인간의 성격(인성)은 무의식적으로 잠재되어있는 기억을 기초로 하여 발달되며, 여기에는 인성을 구성하는 세 가지 요소, 즉 원욕(id), 자아(ego), 초자아(superego) 등이 상호작용하여 인간의 성격 및 행동을 결정하게 된다고 하였다. 프로이드가 주장하는 세 가지 인성은 다음과 같다.

2. 2. 1 원욕(id)

원욕은 인간의 성격 가운데 가장 원시적인 부분으로서 타고난 것이며, 자아와 초자아는 원욕에서 파생된다. 원욕에는 음식, 물, 배설, 보온 그리고 성적 쾌락과 같은 기본적인 생물적 충동을 내포하고 있다. 원욕(id) 안에는 인간으로 하여금 긴장을 느껴 긴장 해소를 위해 무엇인가 행동하게 하는 역동(drives)들이 저장되어 있으며, 이 원욕은 외부 세계와 상관없으며 어떠한 법칙이나 논리가 통하지 않는 맹목적이기 때문에 매우 노골적이고 동물적이며 비조직적으로서 시간이 경과하고 경험이 많이 축적되어도 변화되지 않는 특징을 가지고 있다. 원욕이 추구하는 유일한 법칙은 맹목적인 쾌락(pleasure) 추구이다. 원욕의 맹목적인 추구는 두 가지 특성을 가지고 있는데, 그 하나는 단순한 일차적인 사고과정(primary thought process)에서 일어나며, 또 다른 하나는 쾌락원칙(pleasure principle)에 의해 지배된다는 것이다.

일차적 사고과정(primary thought process)

신체적 긴장을 완화시키는데 필요한 대상을 기억 표상으로 만드는 과정으로 예를 들어, 목이 마를 때 물을 마시는 상상을 하는 것과 같이 공상이라는 원시적 사고로서 욕구를 충족시키려고 하는 행위이다.

쾌락원칙(pleasure principle)

여건이 어떻든 그리고 어떤 대가를 치르든 지금 당장 욕구를 충족하고자 하는 속성으로서 자아와 외계, 환상과 현실, 소망과 소유간의 아무런 구분도 알지 못하고 즉각적인 만족을 추구하려는 행위이다.

[표 2-1] 원욕에서의 쾌락원칙의 적용

단 계	쾌락원칙의 적용
1	내부 · 외부 자극
2	원욕(id)에서의 불편 증가
3	원욕(id)에서의 불쾌감
4	일차적인 사고와 행위로서 불쾌감에서 벗어남
5	원욕(id)에서의 쾌락을 느낌

2. 2. 2 자아(ego)

자아는 원욕(id)의 충동을 지연시키고 현실적 상황을 고려하는 합리적 사고의 역할을 한다. 즉, 자아(ego)는 인간 성격에서의 합리적인 요소로서 현실적 원리에 따라 작용하고 본능에 대한 욕구를 만족시키기 위해 현실적인 방법을 모색하며 쾌락 본능적인 원욕의 비합리적 사고를 저지하는 역할을 한다. 예를 들어, 원욕에서는 목이 마를 때 물을 마시는 환상을 하지만, 자아는 현실적으로 물을 먹을 수 있는 실제 세계와 타협하게 된다. 즉, 목이 마르더라도 현실적으로 물을 구할 수 있을 때까지 기다린다.[45] 요약하면, 자아는 외적 현실을 고려하여 원욕을 지배 · 통제하는 기능을 한다.

[표 2-2] 자아의 현실적 합리원칙의 적용

단 계	합리원칙의 적용
1	외부 및 내부적인 자극
2	원욕(id)에서의 불편 증가
3	원욕에서의 불쾌감
4	자아(ego)의 합리적 사고 · 통제
5	현실 원리로 원욕의 욕구를 해결
6	원욕(id)에서의 쾌락을 느낌

2. 2. 3 초자아(superego)

정신적 발달 단계에서 원욕(id)과 자아(ego)만으로 형성된 성격은 이기적인 성향만을 나타내게 된다. 즉, 이 단계에서는 자신의 욕구에 대해서 효과적으로 행동하겠지만 비사회적이다. 완전한 인간의 행동은 현실뿐만 아니라 동시에 도덕적 개념의 지배를 받게 된다. 이것은 인간이 부모, 가족 그리고 사회와의 상호 작용을 통해서 발달시킨 도덕적 기준에 의해서 지배된다. 프로이드는 이러한 도덕적인 자아를 '초자아(superego)' 라고 표현하였다.

프로이드는 인간에게 있어 내재화된 도덕적 기준과 이상적 자아를 형성하는 인성의 요소를 초자아(superego)라고 불렀다. 초자아는 인간의 자아 형성에서 가장 마지막에 발달하는 부분으로 아이가 부모의 사회적 가치와 이상을 동일시함으로써 발달되어진다. 또한 프로이드에 의하면, 초자아는 완벽을 향한 자아이상(ego ideal)과 자아의 행동을 비교하고, 그에 따라 자아에게 보상

45) 자아는 본능적 욕구가 현실적으로 가능해질 때까지 만족을 지연함으로써 원욕을 지배하지만 결론적으로는 본능적인 기본욕구를 만족시키기 위해서 그 역할을 수행한다.

을 주거나 처벌하기도 한다. 프로이드는 인간행동에서 원욕, 자아 그리고 초자아가 조화를 이루며 작용할 때 가장 이상적인 상태라 하였다. 다르게 표현하면, 자아는 원욕의 요구를 초자아에 의해 승인되는 합리적이고 도덕적인 방식으로 만족시키게 된다. 이것은 인간에 있어서 원욕이 지배적일 경우 인간은 본능을 억제할 수 없으며 자기 자신과 사회에 위협적인 존재가 되기 쉽다. 그리고 인간에게 초자아가 지배적일 때는 행동이 너무 엄격하게 되어 정상적인 생활을 즐길 수 없게 된다.

2. 3 프로이드의 정신분석치료

프로이드의 이론에 의하면 심리적 질병의 원천은 매우 다양하게 나타났다. 이 가운데 몇 가지 예를 들면, 첫째, 자아가 효과적으로 대처하기 어려워 억압과 같은 방어기제[46]를 사용해야만 되는 어린 시절의 상처가 무의식적인 자극으로 작용하며 문제를 야기하게 된다. 둘째, 해결되지 못한 성적 갈등이 다양한 성적 문제를 야기할 수 있으며, 셋째, 성장발달 단계에서 고착이 바람직하지 못한 성격발달을 야기하여 문제를 만들 수 있다. 그리고 마지막으로 불안과 이를 극복하려는 병적인 방어기제가 건강한 성격발달을 저해하여 심리적 문제를 나타내게 된다.

따라서 프로이드 정신분석의 목표는 문제를 일으키는 무의식 속의 정서를 의식 속에서 표현하게 하여 정신적인 통찰력을 갖게 하는 것이다. 이러한 과정을 통해 환자는 의식 속에서 표현하게 하여 통찰력을 갖도록 하는 것이다. 이러한 과정을 통해 의식 속에 억압된 감정을 행동을 통해서 발산함으로써 정신의 균형과 안정을 회복하게 된다. 이와 같은 목적을 위한 프로이드의 정신분석치료방법을 정리하면 다음과 같다.

2. 3. 1 자유 연상(free association)

환자의 머릿속에 떠오르는 것들을 아무런 방어 없이 자유롭게 연상하게 함으로써 무의식 속의

46) 방어기제란 자아가 원욕와 초자아의 요구 그리고 과거의 기억과 외부 세계의 요구 등으로부터 스스로를 보호하기 위해서 무의식적으로 행하는 심리적 행동으로서 갈등의 원천을 왜곡, 대체, 차단하는 행위를 말한다.

고통스런 자료들을 의식으로 떠오르게 한다. 분석가는 이렇게 연상된 자료들의 연관성을 해석해 줌으로써 환자가 통찰력을 가질 수 있도록 돕는다.

2. 3. 2 꿈의 해석(dream analysis)

환자가 꿈을 꾸는 동안 무의식의 자료들이 상징을 통해 의식으로 나타나기 때문에 꿈을 해석하기 위해 꿈의 자료들에 대해 자유 연상을 하게 하고 꿈을 꾸는 환자의 개인적 정신세계와 연결하여 꿈이 가지는 상징적 의미를 해석하여 준다.

2. 3. 3 전이(transference)

정신분석치료에서 분석가는 중립적이고 비간섭적인 태도를 취하여 환자가 분석가에게 자신의 중요한 인물에 대한 감정과 사고를 전이시키도록 한다. 분석가는 자신에게 전이한 환자의 어린 시절 중요한 인물에 대한 감정과 사고를 깨닫고 이를 환자에게 해석해 주며 스스로 통찰력을 갖도록 돕는다.

2. 4 프로이드의 정신분석 모델

프로이드의 정신분석 모델(psychoanalytic model)은 정신 질병의 원인을 두 가지 관점에서 설명하고 있다. 그 중 첫 번째는 성격의 구조적 측면에서 원욕(id), 자아(ego) 그리고 초자아(superego) 사이에 불균형이 초래될 때 정신 질병이 발생된다고 하였다. 즉, 자아가 원욕과 초자아를 조절할 수 있는 힘을 지니고 있을 때는 정상적인 정신행동이 이루어질 수 있으나, 원욕과 초자아가 자아의 조절기능 이상으로 지나치게 강할 때는 정신 질병이 발생될 수 있다는 것이다.

만약 원욕이 지나치게 강하다면 충동적 공격성이나 성적 행동이 유발될 것이며, 반대로 초자아가 지나치게 강할 때는 죄책감에 의해 괴로움을 당하는 행동들이 나타나게 된다. 그러므로 바람직한 적응을 할 수 있는 사람은 이 세 가지 정신 체계들 사이의 역동 관계가 균형을 이루면서 승화된 방식으로 욕구를 충족시킬 수 있다. 그러나 원욕과 초자아의 금지 사이에 갈등이 켜져 자아가 적절하게 조절하지 못하거나 자아의 방어기능이 잘 유지 될 수 없을 때는 원욕(id), 자아(ego), 초자아(superego) 사이의 역동적 균형 관계가 무너지면서 부적응이 나타나게 된다.

두 번째 프로이드의 정신분석 모델은 심리성적 발달단계(psychosexual development)의 측면에서 접근으로서 고착(fixation)이다. 고착은 아동이 구강기, 항문기, 남근기의 심리성적 발달 단계를 거쳐 가는 동안 어떤 한 단계에서의 성적 만족이 지나치게 부족하거나 과도할 때 일어나게 된다. 고착(fixation)은 정상적인 발달 현상이기도 하지만, 특정한 단계에 대한 과도한 고착은 심리적 장애의 기초가 될 뿐만 아니라 정신적 발달을 방해하게 된다.

프로이드는 정신발달과정에서 어려움이 발생될 때, 특정한 단계에 고착된 개인들은 그것을 해결하기보다는 과도하게 고착된 단계로 쉽게 퇴행(regression)한다. 여기에서 퇴행이란 개인의 정신발달과정에서 이전의 욕구충족 방식이나 욕구충족 대상으로 후퇴하는 것을 의미한다. 이와 같은 상태에서 고착이 강하면 강할수록 고착된 단계로의 퇴행은 더 쉽게 이루어진다.

프로이드는 그의 정신분석 모델에서 아동이 심리적 성격 발달의 어느 단계에 고착되었느냐에 따라 정신 질환의 종류와 그것의 심각한 정도가 달라진다고 주장하고 있다. 일반적으로 고착이 심리적 성격 단계의 초기에 일어나면 일어날수록 정신 질환의 심각성은 커진다. 예를 들어, 구강기에 고착된 아동이 항문기에 고착된 아동보다 더 심각한 정신적 장애를 갖는다.

프로이드는 이와 같은 정신장애를 치료하기 위하여 자유연상(free association)기법을 개발하였으며, 그의 자유연상기법은 이후의 심리치료와 상담기법의 개발을 위한 초석이 되었다. 프로이드는 아이가 태어난 후 초기 6년 동안의 심리성적 발달 단계로부터 성인기의 정신적 질환의 증후들이 초래된다고 간주하여, 건강한 정신적 발달을 위한 필수 요인은 인생 초기의 어머니의 적절한 보살핌이라고 강조하였다.

요약하면 프로이드의 정신분석 모델은 정신 질환의 증상에 관심을 갖기보다, 증상을 형성하게 된 심리적 구조나 갈등에 더 많은 관심을 가졌다. 특히, 그는 원욕과 자아 사이의 갈등의 원인이 무엇이고 그것들이 어떻게 타협해져 가는가를 파악함으로써 정신치료방법이 마련될 수 있다고 강조하였다.

프로이드의 정신분석기법은 개인 및 그룹치료에 광범위하게 활용할 수 있다. 그러나 자기중심적이거나 충동적인 대상자 그리고 심한 정신장애를 가지고 있는 정신병 환자 등에게 권해서는 안 된다.

2. 5 프로이드 정신분석기법을 통한 음악치료

앞에서 설명한 바와 같이 프로이드의 정신분석치료에서 환자의 비정상적 행동은 환자의 성격 속에 숨겨진 정신적 갈등에 의해서 나타나게 되며, 이 정신적 갈등은 환자의 과거 경험과 현재의 정신적 상태의 관계에서 발생하는 무의식적 갈등과 욕구에 의해서 형성된다고 보고 있다. 그러므로 치료사는 환자에게 정직한 자기 인식을 통해서 자신의 문제를 현실적 방법으로 해결할 수 있도록 도와주어야 하며, 또한 치료사는 문제의 요인을 분석하여 환자가 치료과정에서 발생되는 불안감, 충동적 · 비이성적 행동을 조절할 수 있도록 도와주어야 한다.

프로이드의 정신분석기법을 통한 음악치료는 음악과 음악적 행위에서 느끼는 즐거움 그리고 예술이란 범주에서 인간과 음악의 관계를 정신치료로 승화시킨 것이라 할 수 있다. 이것은 인간의 성적이고 본능적인 욕구를 음악을 통해서 세련되고 수용적인 성격으로 전환하는 것을 의미한다. 즉, 정신분석기법을 통한 음악치료란 거칠고 조절되지 않은 환자의 감정 및 정신적 행위를 음악작품, 음악적 행위, 즉흥연주 등을 통해서 정신적 강화 및 감동을 유발하여 수용적이고 조절되게 변화시키는 것이다. 그밖에도 음악은 프로이드의 정신분석기법인 자유 연상(free association)을 쉽게 도와주는 역할을 하기도 한다.

2. 6 정신분석 음악치료기법

2. 6. 1 리듬 – 음악치료

리듬 – 음악치료란 음악의 리듬을 통해서 환자의 정신적 치료와 발달을 꾀하고자 하는 목적으로 리듬활동(음악, 놀이, 창의성)을 환자의 정신적 발달에 활용하는 치료법이다.

2. 6. 2 음악

음악이 인간의 감정과 정서(정신적 활동)에 주는 효능에 대해서는 많은 경험을 통해서 이미 널리 알려져 있다. 음악의 멜로디, 화음, 리듬은 청각 신경을 통해 곧바로 우리의 정서와 감정 세계에 자극을 줌과 동시에 변화를 일깨워준다. 환자는 리듬－음악치료의 음악과 율동을 통해서 자신의 이름 및 신체 각 부분의 기능을 배우면서 치료 · 발달시키게 되며, 소리의 변화를 인식하는 과정에서 생활과 사물을 구분하는 능력을 발달시킨다.

2. 6. 3 놀이

리듬－음악치료는 음악과 리듬을 통한 놀이에서 환자 또는 장애인에게 정상적인 일상생활을 인식하게 한다. 이와 같은 놀이를 통해서 환자 또는 장애인은 일상생활의 여러 가지 내용들을 인식하고 배우게 됨과 아울러 개개인의 신체적 · 정신적 능력을 발달시키게 된다. 놀이에 참가한 사람들은 놀이의 리듬을 통해서 놀이에 대한 관심을 증대시키게 된다. 또한 리듬－음악치료에서는 명확한 규칙 아래에 진행되며 참가자들은 리듬이 갖는 규칙-특성을 통해서 사회적 활동의 규칙을 학습하게 된다. 그밖에도 리듬－음악치료가 갖는 특성은 환자가 커다란 거부감이나 어려움 없이 즐거움을 만끽하면서 치료를 받게 된다.

2. 6. 4 창의성

신체 · 정신 · 마음, 이 세 가지의 공동적인 역할 없이는 인간의 창의적 사고나 행동은 불가능하며, 곧 창의성은 창조적인 활동을 의미한다.

창의성은 개개인의 심리적, 정신적, 감정적 활동에서 나타나며, 또한 창의성은 개인의 능력을 발달시켜 대인관계 및 사회생활을 학습하게 하여 단체생활과 공동체에서의 활동을 가능하게 한다.

리듬－음악치료에서 창의성 발달이란 치료과정에서 학습이란 존재를 느끼며 즐거움을 발견하고 새로운 변화에 대한 심신의 즉흥적인 대응을 익히게 하는 것이다. 즉, 이것은 음악치료에서 환자가 수동적 · 능동적 행동을 통해서 자신과 파트너의 관계를 인식하게 됨으로써 사회생활 및 일상생활을 인식하게 한다.

2. 6. 5 리듬그룹음악치료

환자들을 둥글게 둘러앉게 하여 치료사가 제시한 내용(단어, 문장, 가사 등)을 말하게 한다.

방법 1 그룹별 치료

리듬-음악치료	치료에 따른 율동 · 행동
랄 - 랄 - 랄, 생쥐의 집에는 먹을 것이 하나도 없어요, 랄 - 랄 - 랄	자리에서 일어나서 나온다.
랄 - 랄 - 랄, 생쥐의 집에는 먹을 것이 하나도 없어요, 랄 - 랄 - 랄	가사의 박자(템포)에 맞추어 주위를 돈다.
어디에 먹을 것이 있을까. 지붕 위를, 담 위를 달려보자	주위를 돌면서 냄새를 맡는 행동을 한다.
생쥐가 선반 위에 있는 빵(사과, 바나나, 치즈)을 찾았네, 살금 - 살금 - 살금 …	양손으로 빵(사과, 바나나, 치즈) 모양의 시늉을 한다.
이제는 배도 부르고, 피곤하네. 생쥐는 자기 집으로 돌아갑니다 …	배가 부른 것처럼 배 위를 쓰다듬으면서 자기 자리로 돌아간다.

리듬그룹음악치료 방법 1에서 나타나는 두뇌활동

왼쪽 뇌	오른쪽 뇌
언어, 의도적인 행동, 단어 기억력	언어리듬, 언어멜로디, 학습, 자동적인 행동(연속적인 행동), 비단어적인 기억력(제한 공간에서의 행동), 공간인식, 상황판단, 감정변화

방법 2

치료사는 환자들을 둥글게 둘러앉게 하고, 제시한 가사를 말하면서 다음과 같은 행동을 하게 한다(응용; 생쥐를 오른손, 왼손 바꾸어 가면서 진행한다).

리듬-음악치료	치료에 따른 율동·행동
랄 - 랄 - 랄, 생쥐의 집에는 먹을 것이 하나도 없어요, 랄 - 랄 - 랄	왼손을 왼쪽 무릎 위에 놓는다. 오른손의 둘째, 셋째 손가락(생쥐)을 왼손(생쥐집) 아래에 넣는다.
랄 - 랄 - 랄, 생쥐의 집에는 먹을 것이 하나도 없어요, 랄 - 랄 - 랄	생쥐의 집에서 생쥐가 빠르게 달려나온다(손가락을 왼팔 위로 빠르게 움직인다).
어디에 먹을 것이 있을까. 지붕 위를, 담 위를 달려보자	주위를 돌면서 냄새를 맡는 행동을 한다.
생쥐가 선반 위에 있는 빵(사과, 바나나, 치즈)을 찾았네, 살금 - 살금 - 살금	오른손 손가락으로 왼쪽 어깨를 짚는다(생쥐가 먹이를 잡는 것처럼).
이제는 배도 부르고, 피곤하네. 생쥐는 자기 집으로 돌아갑니다	오른손 손가락을 천천히 왼손 아래로 돌아간다(생쥐가 집으로 돌아간다).

리듬그룹음악치료 방법 2에서 나타나는 두뇌활동

왼쪽 뇌	오른쪽 뇌
언어, 의도적인 행동, 단어 기억력	언어리듬, 언어멜로디, 학습, 자동적인 행동(연속적인 행동), 비단어적인 기억력(제한 공간에서의 행동), 공간인식, 상황판단, 감정변화

3. 자폐스펙트럼장애를 위한 음악치료

3. 1 자폐스펙트럼장애에 대한 기초

오늘날 자폐증에 대한 정의[47]는 특정한 정신적인 질환으로 간주하기보다는 발달적인 장애, 즉 아동이 정상적인 발달속도를 따르지 못하거나 또는 아동의 특정기능들의 발달이 중단되어 나타나는 증후군을 말한다.

3. 1. 1 자폐스펙트럼장애[48](autistic spectrum disorder)의 의미

1990년대 중반기 이후부터 사용된 자폐스펙트럼장애라는 용어는 과거 자폐스펙트럼장애에 속하지 못하였던 기타 전반적인 발달장애나 비전형자폐증 그리고 아스퍼거장애들도 자폐증 장애에 포함시키는 의미를 갖는다.

스펙트럼이란 연속적인 빛의 변화를 가리키는 말로서, 자폐증이라는 하나의 이름으로 모인 아동들에게 빛의 스펙트럼과 같이 자폐증의 장애증상 또한 다양하게 분류되어질 수 있다는 뜻으로 수용된다.

3. 1. 2 자폐증을 자폐스펙트럼장애로 정의하게 된 이유[49]

자폐증 아동의 증상적 특성과 기능의 수준이 개인의 독특성을 갖고 있다. 따라서 아동을 위한 치료와 교육 또한 일괄적으로 설정해서는 안 되고 개개인의 특성에 맞추어 개별적으로 설정되어야만 한다. 즉, 아동의 특성, 기능수준, 인식능력에 가장 적합한 지료 교육 프로그램과 커리큘럼(IEP)을 개별적으로 만들어야 한다.

---

47) 1994년 미국정신의학협회(American Psychiatric Association)에서 편찬한 DSM-IV(진단과 통계 편람 - 제4판(개정판))에서 자폐성 장애(autistic disorder)라는 용어를 사용하기 시작하였다.
48) 자폐스펙트럼장애는 생후 3년 이내에 전반적인 기술 영역에서 발달적인 지체나 장애가 관찰되는 스펙트럼장애이다. 이러한 장애는 사회적 상호 작용이나 의사소통을 담당하는 뇌의 기능이 그 발달에 부정적인 영향을 끼치는 신경학적인 부조에서 주된 원인을 찾아 볼 수 있다.
49) 자폐스펙트럼장애아동들 사이에는 내용이 전적으로 일치된 내용의 커리큘럼(IEP)이 존재해서는 안 된다.

3. 1. 3 일반적인 자폐적 특성의 원인

발달적인 지체를 가지면서 부수적으로 나타나게 되며 아동이 갖고 있는 기질의 정도가 한쪽에 치우쳐서 나타나게 된다.

예, 1) 자폐아동이 변화를 거부하고 같은 패턴을 고집하는 특성을 갖는 원인은 발달적인 지체로 인하여 환경에 대한 이해부족과 미성숙의 결과로 느끼는 불안감 때문이기도 하지만, 아동의 고집스러운 기질적 성향 또한 그 원인으로 작용한다.

예, 2) 자폐아동이 나타내는 타인과의 상호 작용 부재 역시 아동이 사회성 기술에 대한 지식을 얻지 못한 발달적인 지체와 미성숙이 원인이기도 하지만 극도로 내성적인 기질이 동반되어 원인으로 작용할 수 있다.

자폐스펙트럼장애아동이 나타내는 장애 특성은 자폐적 특성보다는 오히려 발달지체에 있다고 볼 수 있다. 따라서 이러한 아동을 치료 교육할 때에 발달지체에 초점을 맞추어 프로그램을 구안하여 실행한다면 더욱 효과적인 결과를 얻을 수 있다.[50] 왜냐하면 앞에서 설명한 장애의 원인뿐만 아니라 자폐스펙트럼장애의 발생은 어느 순간까지는 정상적으로 발달하다가 갑자기 발병하는 정신적 증후군이라기보다는 태생 초기부터 발달적인 지체를 보이면서 그에 부수되는 문제점을 동반하는 증후군이기 때문이다.[51]

3. 2 자폐스펙트럼장애의 유형

일반적으로 자폐스펙트럼장애의 특성별 유형은 아동의 지적 수준, 기술 수준, 기능 수준, 언어 수준, 의료적 특성, 생리학적 특성 등으로 분류할 수 있다.[52] 그러나 절대적인 분류라고 할 수는

50) 자폐적 특성의 원인에서 기질적인 면은 쉽게 고칠 수 없다. 따라서 기질을 바꾸려고 노력하는 것 보다 발달지체로 인해 지체된 인지 기술영역에 중점을 두고 치료 교육을 추구해야 한다.
51) 발달지체를 보이는 자폐스펙트럼장애아동의 발달속도가 정상아동에 비교해 크게 떨어지지만 그 역시 정해진 속도로 발달하고 있다.
52) 자폐아동은 대체로 의사소통(communication), 사회적 상호 작용(social interaction), 적절한 행동패턴(appropriate behavior pattern), 여가와 놀이기술(leisure or play skills) 등의 네 가지 영역에서 발달의 특이성과 어려움을 보이는 성향을 공유한다.

없지만 지금까지 알려진 유형 가운데 가장 설득력 있고 합리적인 분류기준은 미국 스탠포드 의과대학의 시겔(Siegel)박사가 발표한 네 가지 유형의 장애 분류라고 볼 수 있다.

3. 2. 1 반향어성 자폐스펙트럼장애(Echolalic autistic spectrum disorder)

마치 메아리치는 것과 같이 의미 없는 말을 반복하는 유형을 말한다. 이러한 장애를 갖는 대부분의 아동은 언어능력이 지체되었으며, 이러한 매너리즘은 언어적 성향에만 국한되지 않고 무의미한 반복적인 신체의 움직임도 같이 동반하는 경향을 나타낸다.

3. 2. 2 원천적인 자폐스펙트럼장애(Primitive autism spectrum disorder)

지적능력과 인지능력이 크게 뒤떨어지며 자발어가 거의 나오지 않는 유형의 아동이 여기에 속한다. 외부에 대해 전혀 반응하지 않고 자극이 부족하여 끊임없는 자기자극 행동을 보이며, 전반적인 감각적 자극에 대해서는 대체로 부적절한 반응을 보인다. 다른 유형들의 자폐아동보다도 주의를 끌기가 매우 어려우며 기능적인 상호 작용이 가장 어려운 유형이다.

3. 2. 3 후유적 상태 자폐스펙트럼장애(Residual state autism spectrum disorder)

아스퍼거증후군[53]이나 경계선 고기능 자폐스펙트럼장애를 가진 아동들이 여기에 속한다. 이러한 특성의 아동은 언어를 사용하거나 다른 사람들과 교제를 나누는 데 크게 뒤떨어지지는 않지만 약간의 특이성을 보이고 다른 사람들을 다소 기피는 경향을 나타낸다. 따라서 자폐성향이 반영된 자신의 특이한 언어습관과 사교적 특성 때문에 대인관계를 기피하거나 사람에 대한 반항적인 속성을 갖고 있다.

3. 2. 4 거절적 자폐스펙트럼장애(Negativistic autism spectrum disorder)

사회적 접촉을 통력하게 거부하는 속성을 가진 아동들이 여기에 속한다. 이는 원천적인 자폐

53) 아스퍼거 증후군 아동은 정상수준의 인지능력을 보일뿐만 아니라 IQ도 정상적인 수치를 나타내며, 특정부분에서는 천재적인 재능을 보이는 경우도 있다. 그러나 협응능력과 근육운동능력에서 다소 지체를 보인다. 따라서 같은 내용의 이야기나 특정한 단어 혹은 어구, 문장을 반복하는 경향을 보이고, 말을 할지라도 음의 고저가 너무 단순하거

증 유형의 아동들에게서 보이는 소극적인 대인관계나 무관심한 특성보다는 오히려 다른 사람들의 접근을 거부하고 장소를 이탈할 정도의 반사회적인 특성으로 사람관계를 거절하는 유형이다.

3. 3 자폐스펙트럼장애의 증상적 정의

3. 3. 1 자폐증상의 진단기준

진단과 통계요람 −4판(DSM−IV; Diagnostic and Statistic Manual−IV)에 의한 자폐증상의 진단기준은 다음과 같다.

A. (1), (2), (3)에서 적어도 6개의 항목에 해당되어야 하는데, (1)에서는 적어도 2개 항목, (2), (3)에서는 적어도 각각 1개의 항목에 해당되어야 한다.

(1) 사교적 상호 관계에 있어서 질적 장애를 보인다.

① 눈 맞춤, 얼굴표정 짓기, 몸 제스처와 사회적 상호 작용을 조율하는 몸가짐과 같은 갖가지 비언어적 행동을 사용하는 데 현저한 장애를 보인다.

② 발달정도에 알맞은 또래와의 관계를 발전시키지 못한다.

③ 타인과 기쁨이나 관심 그리고 자신의 업적을 나누려는 자발적 노력이 부족하다(예; 관심 있는 사물을 보여주거나 가져온다든지 가리키지 않는다).

④ 사교적 혹은 감정의 교환이 부족하다.

(2) 의사소통에 있어서 질적 장애를 보인다.

① 말의 발달이 지체되거나 부재하다(이를 보충하기 위한 제스처나 몸짓과 같은 대체 의사소통방법을 사용하려는 의지도 부재).

② 말을 적절히 구사하더라도 타인에게 말을 걸거나 대화를 지속하는 능력에 현저한 장애를 보인다.

③ 언어를 반복적으로 혹은 상투적으로 사용하거나 색다르게 사용한다.

④ 발달정도에 알맞은 자발적인 여러 가지 변장 혹은 흉내내기 놀이 능력이 부족하다.

(3) 행동, 관심과 활동이 한정된 범위 안에서 반복적이고 상투적인 형태로 나타난다.

① 강도와 초점에 있어서 비정상적이며 하나 혹은 다양한 형태의 관심을 보이면서 강도 높은 집착을 보인다.

② 융통성이 부족하여 특정적이며 비기능적인 의례적 일과에 뚜렷한 집념을 보인다.

③ 상투적이며 반복적이고 타성적인 근육운동을 보인다(예; 손이나 손가락을 털거나 꼰다든지 혹은 복합적으로 상체를 움직이는 행동).

④ 사물의 일부분에 대해 끈질긴 집착을 보인다.

B. 3세 이전에 다음의 세 영역 중에서 적어도 한 가지 이상 지체되거나 비정상적인 기능을 보인다.

(1) 사회적 상호 관계

(2) 사교적 의사소통의 방법으로 언어를 사용

(3) 상징적 혹은 흉내내기 놀이

C. 렛장애(Rett Disorder)나 유아붕괴성장애(Child Disintegrative Disorder)와는 다른 특성을 가져야 한다.

3. 3. 2 자폐증의 행동적 증상

① 신체적, 사회적, 언어적 기술이 나타나는 발달 속도에 장애가 있다.

② 감각적인 자극에 비정상적으로 반응한다(다음 중에서 어느 하나 혹은 여러 가지에 복합적으로 장애를 보인다; 시각, 청각, 촉각, 균형감각, 후각, 미각, 통각에 대한 반응, 아동이 자신 혹은 자신의 신체를 지니는 방법).

③ 특정한 사고능력이 있어도 말이나 언어가 부재하거나 혹은 지체가 관찰된다.

④ 사람, 사물, 사건에 대하여 연관을 맺는 데 비정상적인 방법을 보인다.

3. 4 자폐아동을 위한 음악치료에서의 진단과 평가 그리고 치료계획

진단과 평가는 자폐아동을 위한 음악치료계획을 세우는 데 있어서 매우 중요한 역할을 담당한다. 더욱이 음악치료 성공의 여부는 치료아동에 대한 올바른 진단과 평가에서 좌우된다고 볼 수 있는데, 이것은 자폐아동을 위한 음악치료가 장기적인 치료목표를 가지고 오랜 시간동안 지속적으로 이루어져야 하는 장기적인 심리치료이기 때문이다.

3. 4. 1 진단과 평가 치료계획

자폐아동을 위한 음악치료의 진단과 평가를 계획하고자 할 때, 치료사는 자폐아동의 기능을 총체적으로 파악하고 장애의 정도(정상에서 이탈된 정도)를 이해하기 위해서는 필히 다음과 같은 내용을 고려하여야 한다.

① 문제 상태, 증상의 유무와 그 정도를 알아보기 위해 실시하는 여러 가지 심리검사

② 음악치료 현장에서 사용하고 있는 진단평가에 대한 다양한 접근

③ 적응적, 운동적, 의사소통적, 인지적, 정서적, 사회적 기능면에서의 정상적인 발달과 이상발달

④ 아동의 발달과 성숙의 단계에 맞는 음악적 특성

3. 4. 2 진단과 평가를 위한 치료사의 능력

음악치료의 진단과 평가를 위해 치료사가 갖추어야 할 능력은 다음과 같다.

① 음악치료에서 자폐아동에게 요구되는 진단평가를 판별해 내는 능력

② 음악을 통해 자폐아동의 장점과 문제점을 진단하기 위한 효과적인 방법을 선정/ 계획/ 보완하는 능력

③ 자폐아동의 음악적 선호와 기능 정도, 발달 수준을 측정하기 위한 효과적인 방법을 선정/ 계획/ 보완하는 능력

④ 진단평가과정에서 자폐아동의 반응을 정확하게 관찰하고 기록하는 능력

⑤ 수집된 평가 자료의 신뢰도와 타당도를 측정하는 능력

⑥ 여러 영역에서의 평가 결과를 해석하고 활용하는 능력

⑦ 자료의 분석과 해석을 통해 치료의 필요성을 규명하는 능력

3. 4. 3 진단과 평가의 규명

자폐아동을 위한 음악치료에 대한 진단과 평가는 다음과 같은 사실의 규명을 목적으로 한다.

① 발달상의 기술

② 기능상의 결함

③ 발달지연

④ 적응행동

⑤ 행동상의 문제

⑥ 정서 상태와 장애

⑦ 병리현상(정신적, 신체적, 심리적)

⑧ 음악과 비음악적인 측면에서의 장점/ 흥미/ 능력

3. 5 자폐아동을 위한 음악치료방법의 활용

아동의 자폐증을 치료한다는 것은 말처럼 결코 쉬운 일이 아니다. 지금까지 많은 분야에서 전문 아동심리치료사들이 자폐증의 치료에 대한 가능성을 배제시켜왔던 이유는 아동의 자폐증에 대한 문제의 근원을 분석하지 못하고 또 자폐의 요인과 증상을 구분하지 못했기 때문이라 볼 수 있다. 이것은 단순히 자폐아동들에게 나타나는 '외형적인 증상'[54]을 자폐 요인으로 생각하고 그 외형적인 증상만을 호전시키려고 노력했기 때문이다. 다른 한편으로는 자폐아동의 치료와 교육 효과에 대한 검증 역시 쉬운 일이 아니다. 왜냐하면 자폐아동의 치료나 교육은 매우 많은 시간과 노력을 요구하기 때문이다. 그리고 치료를 위해서 투자한 시간이나 노력만큼 그 결과나 효과를 얻기가 어렵기 때문이다.

54) 외형적인 증상이란 자폐아동에게 있어서는 언어장애, 정서장애, 사회결손, 정신지체 등의 여러 가지 문제들이 동시에 나타나는데 이와 같은 문제들로 인해서 발생되는 행동장애를 가리킨다.

오늘날 자폐아동의 치료에 대한 연구를 조사한 결과에 따르면 자폐아동에게 전형적으로 나타나는 언어결손은 근본적으로 정상아동과 다른 점이 없으며, 극단적인 사회태도와 문제 또한 정상아동들에 비교해 질적으로 세련되지 못할 뿐 근본적인 차이가 없다는 것을 알 수 있다. 그리고 자폐증으로 인한 아동의 인지, 언어, 사고, 정서 영역의 결손 문제에서 자폐아동과 정상아동간에 근본적인 차이가 없음에도 불구하고 자폐아동이 여러 영역에서 결손을 보이는 이유는 인지결손에 의한 원인으로 간주할 수 있다.

이와 같은 이론을 토대로 아동의 자폐증은 지각영역 간의 상호 작용의 결손으로 나타난다고 볼 수 있다. 왜냐하면 모든 지각영역들은 독립적으로 발달하지 않으며, 상호의존적 관계를 지니고 있기 때문이다. 그러므로 언어와 정서, 언어와 사회, 정서와 사회, 그리고 이러한 것을 총체적으로 연합하고 다루는 지각과의 상호 작용이 활성화 된다면 자폐아동의 언어와 정서 그리고 사회적응에 필요한 행동은 더욱더 섬세해지고 질적으로 발달할 것이다.

요약하면, 자폐증에서 나타나는 여러 결손은 지각의 인지영역 간의 상호 작용이 실패한 원인이며, 이로 인해 각 영역 간의 발달을 촉발하기 위한 인지활성화의 진행이 없었기 때문이라고 볼 수 있다. 이것은 아동자폐증치료에서 인지활성화를 촉진하기 위해 사회와 언어영역 간에 자극을 통해 활성화시킬 수 있다면, 사회영역과 언어영역에서 사회태도와 언어는 질적으로 향상될 것이다. 뿐만 아니라 사회태도에서도 적합한 언어를 구사할 수 있게 될 것이다. 따라서 음악치료를 통해서 자폐아동의 지각영역과의 인지활성화를 돕기 위한 이들 영역관계에서 인지구조를 구성하기 위해서 노력한다면, 현재 결손되어 있는 언어, 사회, 정서, 행동에 대한 인지반응이 역동적으로 일어나게 될 것이고 또 발달의 촉진을 기대할 수 있을 것이다.

3. 5. 1 자폐아동의 인지발달을 위한 음악치료[55)]

음악치료를 통해서 자폐아동의 인지발달을 이루기 위해서는 맨 먼저 자폐아동에게 인지결손을 가져오는 요인이 무엇인가 살펴보고, 그 해답을 찾기 위해 노력해야 할 것이다. 자폐아동은 사물을 지각하고 환경을 통찰하는 데 필요한 주의집중력이 극히 제한되어 있다. 즉, 자폐아동이

55) Smeijsters H.; Grundlagen der Musiktherapie, Theorie und Praxis der Behandlung psychischer Störungen und Behinderungen, Göttingen 1999.

주의결손을 가지고 있다는 의미이다. 주의란 자신이 사물과 환경을 지각하기 위한 인지활동 중의 하나로서, 주의발달은 사물에 대한 개념 형성과 인식력 발달에 대해서 깊은 관계를 가지고 있다.

환경을 인지할 때 주의의 모든 대상이 같은 정도로 지각되는 것이 아니다. 특정 대상이 선정되어 그것이 중심이 되어 집중적으로 인식된다. 이러한 인식 현상을 일컬어 주의라고 한다. 자폐아동은 자신의 주의를 자의적으로 통제하는 능력을 획득함으로써 그가 처해 있는 사회적 상황을 보다 융통성 있게, 더욱 적극적으로 주의를 분배할 수 있게 된다.

일반적으로 정상적인 인지, 행동발달을 나타내는 아동은 일시적인 주의 패턴에서 지속적이고 능동적인 주의패턴을 형성하기 위해 감각주의에서 인지주의로 발달된다. 이에 반하여 자폐아동은 주의 발달상에 장애를 타나내고 있다. 예를 들어, 정상아동은 많은 사물과 환경의 변화에 대해 즉각적이고 다양한 반응을 보인다. 그러나 자폐아동은 정상아동에 비교해서 자극이 매우 둔하며 자극에 대한 주의시간이 짧고 비교하는 횟수도 매우 적다.

그리고 자폐아동은 지속적인 주의를 할 수는 있지만, 특정한 부분에 편향되어 있다. 음악소리에 대한 반응에서도 자폐아동은 새롭고 예기치 못한 자극에 대해서 혐오반응을 일으킨다.

3. 5. 2 자폐아동의 사회발달을 위한 음악치료

자폐아동에게는 사회성 결손이 매우 두드러지게 나타난다. 이에 대한 여러 가지 요인 중의 하나가 사물이나 현상에 대해서 개념적으로 상징하는 기능이 제대로 이루어지지 않기 때문이다. 자폐아동은 사물에 대해서 의미를 부여하지 못할 뿐만 아니라 대상과 자신에게도 의미를 부여하는 데 실패한다. 그러나 자폐아동의 사회발달에 관한 연구가 집중적으로 진행되면서 자폐아동이 가지고 있는 사회성 결손은 적절한 치료와 학습환경을 제공함으로써 회복될 수 있다는 것이 밝혀졌다. 아동심리치료학자이며 정신과의사인 칼로프(Charlop)는 자폐아동의 뒤떨어진 인지기능은 모방 절차를 수행시킴으로서 감수성이 풍부한 언어기술을 가르칠 수 있다고 본다. 그의 이러한 이론은 자폐아동이 다른 사람들의 행동을 충분히 관찰함으로써 사회행동을 모방할 수 있다고 보기 때문이다. 그리고 자폐아동 또한 성인이나 같은 또래끼리의 활발한 사회적 상호 작용을 통해서 서로간의 관계 형성에 분명히 반응한다는 것이다.[56] 자폐아동은 다른 사람의 행동과 사회활

---

56) Lord, C. : Development of peer relations in childern with autism, 1984

동에 대한 모방이 가능하며, 이러한 모방행동에서 자폐아동은 행동유형을 예측할 수 있는 능력이 있다. 이것은 자폐아동의 사회성 결손이 적절한 중재를 통해 회복될 수 있음을 예시하고 있다.

사회적 상호 작용에서 필수적인 것은 타인과의 협응능력이다. 사회적 협응능력이란 다른 사람과 상호 작용을 할 때에 자신의 행동을 상대방에게 맞추려는 능력을 말한다. 예를 들어 다른 사람에게 말을 할 때에, 말을 하고 듣는 것을 번갈아 하는 것과 같다. 일반적으로 정상아동들은 자신의 많은 행동을 돌보는 사람이나 주위사람의 행동에 맞추어 가는 사회적 상호 작용의 특성을 나타낸다. 그러나 자폐아동은 대체적으로 타인에 대해 관심을 보이지 않는 것으로 나타난다. 그들은 가족 구성원이나 혹은 자신과 가장 가까운 어머니에게 조차 사회적 관심을 가지지 않는 경우가 매우 흔히 나타난다.

지금까지의 연구를 기초하여 정리하면, 자폐아동은 모든 사람에 대해서 관심과 애착행동을 거의 가지고 있지 않는 듯하다. 그러나 자폐아동 또한 정상아동의 경우와 마찬가지로 그들을 돌보는 대상에 대해 적절한 애착행동을 나타낸다. 이에 대한 근거를 들자면, 자폐아동이 다른 사람보다도 자신을 돌보는 대상에게 보다 많은 사회행동으로 주의를 돌린다는 것이다. 그리고 또한 자폐아동이 자신을 돌보는 사람으로부터 떨어지게 될 때 나타나는 불안감과 반발은 뚜렷이 밖으로 표현한다는 것이다.

3. 6 자폐아동을 위한 음악치료 결론

자폐아동을 위한 음악치료에서 치료사는 자폐아동의 정신적 · 행동적 장애를 찾기 위해 끊임없는 관찰과 노력을 해야 한다. 만약 음악치료사가 자폐아동에게 단순히 음악적 지식을 전달하거나 또는 아동의 결손 문제를 회복시키려는 노력에만 치중한다면 오히려 아동에게 많은 심리적 부담을 주게 되어 치료적 효과를 얻기 어렵다. 따라서 올바른 음악치료를 실행하기 위해서는 치료사는 음악치료 결과에 치중하지 말고, 치료과정을 정확하게 관찰하고 또 이것을 아동을 이해하는 측면에서 평가하고 해석할 수 있어야 한다. 왜냐하면 치료사의 정확한 관찰은 자폐아동의 치료과정에서 실패와 성공의 원인을 밝혀주기 때문이다. 따라서 음악치료에 대한 평가와 해석은 무엇보다도 자폐아동을 이해하는 측면에서 이루어져야 한다. 만약 이러한 기초가 이루진다면 자폐아동에 대한 보다 나은 음악치료를 기대할 수가 있을 것이다.

3. 7 센소모토릭을 통한 자폐아동의 인지와 사회행동 발달을 위한 음악치료방법과 임상실습방법의 개발

'센소모토릭(Sensomotorik, 감각과 율동)' 이란 말은 어원적으로 감각의 뜻을 가진 '센소(senso)' 와 율동의 의미를 갖는 '모토릭(Motorik)' 이라는 두 단어가 합성되어 만들어진 것이다. 이것은 인간의 몸이 가지고 있는 모든 감각들이 마치 거미줄과 같이 서로 연관되어 함께 작용하고 있음을 말하고 있다.

의식적이며 의도적인 인식과 지각이 없이는 그 어떤 율동이나 행동의 반응이 나타나지 않는다. 만약 음악치료에서 내가 어떤 리듬을 정확하게 인식하거나 지각하지 못하면 나는 그 리듬에 맞추어 율동이나 음악적 행위를 할 수 없게 될 것이다. 이러한 것은 인식력, 지각력, 주의력, 집중력이 떨어질 수 없는 깊은 연관관계에 있기 때문이다. 즉, 리듬활동에서의 감각과 집중력 훈련을 통해서 센소모토릭(감각과 율동)개발의 필요성이 요구되는 이유이다. 왜냐하면 인간의 감각이 한편으로는 능동적으로 또 다른 한편으로는 수동적으로 수용되고 이러한 감각운동은 자폐아동의 율동을 자극하면서 서로 떨어질 수 없는 깊은 관계를 구축하고 있기 때문이다.[57]

따라서 센소모토릭에 의한 음악치료방법의 개발은 음악치료에서 리듬활동과 율동(행동)이 강조되어야만 한다. 이러한 음악치료방법을 개발하기 위해서는 자폐아동의 다음과 같은 점을 기초하여 개발되고 발전되어야 한다.

① 집중력

② 신체에 대한 인식능력 - 운동감각

---

57) Smeijsters H.; Grundlagen der Musiktherapie, Theorie und Praxis der Behandlung psychischer Störungen und Behinderungen, Göttingen 1999.

③ 공간과 주의환경에 대한 인식력 – 시각

④ 청각적인 감수성

⑤ 음악적인 표현능력 – 정서발달

⑥ 율동(동작, 행동)능력 – 리듬운동감각, 평형감각

⑦ 사회적 능력 – 책임감에 대해서 느끼고 행동

⑧ 촉각과 감각에 대한 인식능력

⑨ 상상력과 창의성의 발달 – 관념과 연상능력의 발달

그리고 이와 같은 핵심요인들을 기초하여 센소모토릭에 의한 음악치료는 듣기–보기–만지기–느끼기의 과정으로 단계적으로 진행되어야 한다는 것에 주의하여야 한다.

3. 7. 1 센소모토릭 음악치료의 활용

① 리듬활동의 기초 – 율동의 종류

음악과 리듬을 통해 아동의 신체동작과 움직임(걷기, 달리기, 뛰기 등등)들을 치료 · 발달시키기 위한 리듬음악치료는 아동이 흥미를 가지고 자유롭게 참여할 수 있게 한다.

리듬활동에서의 기본동작 : 걷기, 달리기, 걷기(스텝을 밟으면서), 깡충깡충 뛰기, 행진하기

리듬활동에서의 응용동작 : 두 발을 사용한 율동, 옆으로 걷기(게걸음), 폴짝폴짝 뛰기, 몸을 흔들면서 걷기

* 두 발을 사용한 율동(동작)은 장애아동의 수용능력과 치료목표에 따라 기초 동작을 변형 또는 변화하여 활용이 가능하다.

치료효과 및 목표

음악놀이치료를 통한 율동은 장애아동의 개인의 특성과 전반적인 운동능력을 발달시킨다. 특히, 신체감각운동의 활용능력, 청각인식능력, 신체동작의 활용을 발달시킨다.

② 리듬음악치료활용 1

드럼모자 – 지각 · 인지 발달을 위한 리듬음악치료

① 아동들을 치료실에서 일정한 간격으로 서 있게 한다.

② 작은 드럼(또는 탬버린, 소북 등도 활용가능)을 모자처럼 머리 위에 쓴다.

③ 치료사는 리코더 또는 실로폰으로 아동의 율동과 동작(예; 걷기, 뛰기)에 맞추어 연주한다.

④ 아동들을 음악에 맞추어 움직이면서 머리 위의 드럼의 균형을 잡게 한다.

치료효과 및 목표

시각 / 청각 / 리듬 · 박자–운동감각 / 평형감각 / 집중력을 향상시킨다.

③ 리듬음악치료활용 2

균형막대 – 지각 · 인지 발달을 위한 리듬음악치료

① 치료실 바닥에 균형막대를 일정한 간격으로 놓는다.

② 치료사는 아동이 율동 · 동작(걷기, 뛰기, 큰 걸음 걷기)을 유도할 수 있는 음악이나 리듬을 리코더나 실로폰 또는 드럼으로 연주한다.

③ 아동을 음악 또는 리듬에 따라 움직이게 이끈다.

- 치료사가 연주하는 것을 아동에게 듣게 한다.
- 아동은 균형막대가 있는 곳으로 뛰게(아동의 동작이 가능한 한 빠르게) 한다.
- 손이나 손가락으로 균형막대의 균형을 잡게 한다.

치료효과 및 목표

아동은 리듬음악치료과정에서 율동, 신체의 움직임을 경험하게 될 뿐만 아니라 자신이 들은 음악에서 다음과 같은 음악적 구성요소와 언어적 표현 또한 경험하게 된다.

시각 / 청각 / 리듬 · 박자 – 운동감각 / 평형감각 / 자극에 대한 반응 / 집중력

리듬 · 박자 / 템포(빠르게, 느리게) / 강 · 약(크게, 작게) / 음절 · 악절(짧게, 길게)

3. 7. 2 리듬음악치료의 치료목적

리듬음악치료과정에서 어떤 동작이나 움직임에서 다른 동작이나 움직임으로 전환하게 될 때 아동은 다음과 같은 감각 인지 · 지각 능력이 발달하게 된다.

① 청각적 인지능력

② 시각적 인지능력

③ 집중력

④ 자극에 대한 반응능력

⑤ 신체 동작에서의 균형감각(평형감각, 운동감각)

⑥ 박자(리듬) – 운동감각적 신체인지능력

⑦ 외적자극과 내적반응에 대한 지각 · 인지능력

3. 8 자폐장애아동 사례 분석

5세 9개월 된 남자아동 '성찬' 이는 현재 유치원에 다니고 있다. 신체 발달은 또래 아이들과 비슷하게 정상적으로 이루어지는 것 같다. 그러나 성찬이는 말을 잘 하지 못하고 다른 사람의 말도 이해를 못하는 등 같은 또래에 비교해 수용 및 표현 언어의 발달이 부진하다.

현재 성찬이는 두 단어 이상 정도를 연결한 문장 수준으로 자신의 욕구나 정서 상태를 표현하기는 하지만, 간단한 단답형으로 말하고 발음이 부정확하며 억양 또한 부자연스러운 상태이다. 또한 다른 사람과의 의사소통은 앵무새 같은 반향 언어(echolalia) 표현으로 이루어진다. 성찬이는 다른 사람의 말을 따라하거나, 질문 내용과 상관없이 "네, 안해"라고 생각 없이 무조건 얘기하는 경향이 있다. 그리고 때와 장소를 가지지 못하고 생각나는 대로 얘기하는 경향도 있다. 예를 들면, 엘리베이터를 타고 가다가 중국집 배달원이 타면 "자장면"이라고 반복적으로 말하는 등 자신이 연상되는 단어들을 되풀이해서 말한다. 또 누가 말하고 있는데 자신이 알고 있는 이야기가 생각나면 무조건 끼어들어 자신이 연상되는 단어들을 되풀이해서 말한다. 이와 같이 성찬이는 다른 사람과의 상호 작용에서 많은 어려움을 나타낸다.

3. 8. 1 성찬이의 행동특성 관찰

- 몇 살이야? 라는 질문에 한참 후에 "몇 살이야? 일곱 살"이라고 큰 목소리로 과장되고 기계적인 억양의 부자연스러운 어투로 말하였다.
- 검사 도중에 "디지털 전자시계 줄래?"라는 말을 단조롭고 상투적인 어투로 반복적으로 이야기하기도 하였다.
- 초시계에 계속 관심을 보이면서 시간이 올라가는 것을 유심히 쳐다보고 100초, 101초, level

1과 같이 맥락이나 상황에 부적절한 말을 하기도 하였다.

• 자주 엉덩이를 들썩거리는 등 산만하고 부산한 행동을 보였다.
• 부적절한 질문을 많이 하였으며, 자신이 질문하고 자신이 답하고 또 검사자의 말과 행동을 똑같이 따라 말하는 반향행동과 언어를 보였다.
• 자기 자신에게 입 다물어, 눈 감고 기다리자 라고 갑자기 엄한 말투로 애기하며 눈물을 글썽이다가 스스로 뚝 하고는 금방 눈물을 닦고 갑자기 피식 웃기도 하였다.

3. 8. 2 심리분석

심리검사에서 성찬이의 지적 잠재력은 매우 낮은 반면, 동작성 지능은 매우 높게 나타났다. 이것은 성찬이의 실제 적응능력이라기보다는 정상 범위에서 일탈되는 특이한 인지적 특성을 반영하고 있다. 이러한 현상은 흔히 자폐적 장애에서 나타나는 특성이다. 따라서 성찬이의 지적 잠재력이나 능력을 평가함에 있어서 이러한 특성을 필히 고려하여야 한다.

성찬이의 지능검사에서 나타난 특성은 다음과 같은 4가지로 요약할 수 있다.

첫째 ; 성찬이의 제반 인지기능의 발달이 불균형적이며, 관심과 흥미 여부에 따른 수행의 차가 큰 것으로 나타난다. 이것은 아동의 두뇌의 기질적인 문제의 가능성과 동시에 언어 발달의 극심한 지체를 시사한다.

둘째 ; 언어능력의 발달 지체가 두드러진다. 즉, 성찬이의 언어 표현과 이해력은 극심한 지체가 있다고 볼 수 있다. 일상생활에서 쉽게 접할 수 있는 간단한 사물들에 대한 설명조차 불가능하며 간단한 어휘를 습득하지 못하고 있고, 두 어절 수준의 간단한 언어적 표현도 심한 정신지체 수준으로 지체되어 있다. 특히 검사자의 말을 그대로 따라하거나 평서문을 의문문 형태로 이야기하는 등 부적절한 언어 표현이 많이 나타난 것으로 비추어 수용언어와 표현언어가 모두 심하게 지체되고 일탈된 측면이 있어 다른 사람과의 의사소통에 심한 어려움이 있다.

셋째 ; 성찬이는 시공간적으로 제시되는 반복적이고 기계적인 자극에 대해서는 매우 우수하게 수행할 수 있으나, 스스로 문제해결 방략을 도출하여 수행하는 과제에서는 유연한 사고의 전환이 어려운 것으로 나타난다. 이러한 성찬이의 인지 수행특성은 전반적 발달장애아동이 나타내는 특성과 동일하다고 볼 수 있다. 즉, 언어가 개입되지 않고 시각적으로 제시되는 인지행동의 경우 우수한 수행능력을 나타낼 수 있으나, 부진한 언어 이해력과 작업 기억력의 문제로 인해 청각적으로 제시되는 인지행동의 경우 수행상의 결함을 나타낸다.

넷째 ; 사회적 인지능력에서 성찬이는 언어적 표현능력과 이해능력이 부족하여 타인과의 상호 호혜적인 상호작용에 어려움이 많고, 사회적 상황에 대한 시각적 예민성, 사회적 관계에서 전후관계를 파악하는 능력 또한 지체되어 있으며, 사회적 규범에 대한 습득이나 대처 능력이 지체되어 있다. 따라서 대인관계에서 타인의 의도를 파악하고, 적절한 관계를 맺는 것이 어렵다. 그리고 성찬이는 타인과 감정을 교류하거나 타인의 생각과 의도를 파악하는 공감인지 능력이 매우 지체되어 있고 집단활동보다는 자신이 관심 있는 분야나 물건에만 집착하는 경향이 있다. 이것은 성찬이가 같은 또래와의 관계 형성을 어렵게 만드는 요인이라고 볼 수 있다.

성찬이의 행동특성을 통한 심리분석을 정리하면, 성찬이는 사회적 상호 작용에 장애를 갖고 있고 언어적인 의사소통과 비언어적인 의사소통능력의 발달에서도 극심한 지체가 나타났다. 성찬이는 자기가 좋아하는 특정 영역에 집착하고 있는 등 상동증적인 관심이 두드러진다.

3. 8. 3 음악치료목표

사회성 개발과 인성발달

사회성이란 사회적 과제를 수행하는 데 요구되는 구체적인 행동과 적응능력을 말한다. 따라서 사회성이란 다양한 사회적 환경에서 효과적으로 상호 작용을 할 수 있도록 하는 목표 지향적이고 학습된 행동이라고 정의할 수 있다.

사회성을 치료영역별로 구분하면 대인관계행동, 자기관련행동, 학업관련행동, 자기주장행동, 또래수용, 의사소통 기술로 나눌 수 있다.

① **대인관계행동**(interpersonal behaviors) : 사회적 상호 작용에서 사용하는 기술들을 말한다.

예) 친구사귀기, 듣기, 인사하기, 유머감각 등

음악치료목표 : 다른 아동과 음악놀이, 음악표현을 통해 상호교감을 얻게 한다.

② **자기관련행동**(self-related behaviors) : 사회적 상황을 파악하고, 적절한 기술을 선택하고, 상황에 미칠 영향을 평가할 수 있는 자기조절행동을 말한다.

예) 스트레스를 처리하는 기술, 다른 사람의 감정을 이해하기, 분노 조절, 결과 받아들이기, 도덕적 행동, 감정표현, 자기에 대한 긍정적인 태도, 책임 있는 행동, 자기 돌보기 등

음악치료목표 : 소리내기, 소리조절하기, 리듬치기 등을 통해 아동의 비음악적 행동(장애행동)을 점차 음악적 행동으로 이끌면서 장애행동을 치료하고 감정조절과 긍정적인 태도, 책임감을 발달시킨다.

③ **학업관련행동**(academic-related skills) : 학교에서 학업 성취와 관련된 사회기술능력을 말한다.

예) 교사의 말에 귀기울이기, 열심히 공부하기, 학교 규칙지키기, 교사가 지시하는 일하기 등

음악치료목표 : 매 치료세션에서 음악활동의 과제와 임무를 수행하도록 한다.

④ **자기주장행동**(assertive behaviors) : 자기주장이 부족한 아동은 사회적으로 불안한 환경과 상태에서 공격적 행동이나 위축적인 행동을 나타낸다. 이러한 상황에서 아동은 적합한 사회적 과제수행을 행하지 못할 뿐만 아니라 사회성 개발에도 적지 않은 장애를 나타낸다.

음악치료목표 : 다양한 음악적 표현과 음악적 조화를 놀이를 통해 경험하면서 자기주장행동을 치료하게 한다.

⑤ **또래수용**(peer acceptance) : 또래수용은 아동의 사회성 개발에 중요한 기술로 인사하기, 물어보거나 가르쳐주기, 사회활동에 친구 참여시키기, 다른 사람의 감정 수용하기 등이 여기에 포함된다.

음악치료목표 : 음악놀이와 표현을 다른 아동들과 함께 하도록 하면서 다른 아동을 수용하는 감정을 발달시킨다.

⑥ **의사소통기술**(communication skills) : 사회적 유능성에 중대한 영향을 미치는 기술로서 각 연령대에 적절한 의사소통기술이 있다.

예) 듣는 태도, 적절한 대꾸, 대화유지능력, 말하는 사람에 대한 적절한 반응 등

음악치료목표 : 음악치료사와 인간적 신뢰감을 형성하게 하여 자연적이고 자발적인 의사표현을 발달시킨다.

음악치료 회기별 기록지 [58)]

20 년 월 일

음악적 발달		
음악활동	음악활동에 대한 적응	
	음악활동에 대한 관심	
	음악활동에 대한 참여정도	
음악적 반응	리듬과 멜로디에 대한 반응	
	리듬과 멜로디에 대한 이해	
	리듬과 멜로디에 대한 표현	
	새로운 리듬에 대한 적응	
사회성 발달		
눈 마주치기	시선접촉에 대한 반응	
참여하기	혼자서 참여하기	
사회적 수용성	친구들과 참여하기	
	친구들과 어울리기	
	친구를 도와주기	
	친구와 갈등 다루기	
사회적 반응	자기표현(질문에 답하기)	
	나쁜 감정 다루기	
	친구와 이야기하기	
음악치료활동에서 나타난 기타 사항		

58) 음악치료목표에 기초하여 음악치료 과정을 매회 진단 평가한다.

4. 정신발달장애인을 위한 음악치료

발달장애아동은 장애로 인한 부정적 사회경험과 실패경험으로 인하여 사회행동표현을 매우 두려워하며, 일상생활에서 대인관계를 회피하려는 모습을 강하게 나타낸다. 이러한 문제 요인들은 장애아동이 적정한 사회생활을 할 수 없게 할 뿐만 아니라 자기집착행동에 머물게 한다.

따라서 음악치료는 긍정적인 음악치료환경 속에서 발달장애아동의 행동을 바람직한 방향으로 변화 · 개선하기 위함을 그 목적으로 해야 한다. 음악과 음악체험을 통해서 장애아동은 자기 스스로를 인식하고 사람과 어우러질 수 있는 능력을 향상시키고 생활환경을 구체적으로 인식할 수 있도록 한다. 이러한 음악치료활동을 통해서 장애아동은 스스로 자신의 행동에 대한 자긍심을 갖게 된다. 그리고 이러한 치료과정을 통해서 장애아동의 의사표현과 감정표현을 발달되고 적극적인 사회행동이 향상됨으로써 자발적이고 능동적인 사회성을 갖게 된다.

음악치료는 정신적 장애나 질병을 발견하고 치료하는 데 매우 중요한 역할을 가질 뿐만 아니라 평생 장애를 지니고 생활하는 정신발달장애인을 위한 음악치료는 높은 가치를 평가받는다. 일정한 기간에 치료와 완치를 목적으로 하는 단기적인 음악치료와는 달리 정신발달장애인을 위한 음악치료는 장기적인 음악치료로서 평생 그들의 삶 속에서 이루어져야 하는 특성을 갖는다.

무엇보다도 정신발달장애인을 위한 음악치료는 경험과 체험 중심으로, 실습과 훈련 중심으로 이루어져야 한다.

정신발달장애인의 감정표현과 정서발달을 목표로 하는 음악치료는 우선적으로 경험과 체험 중심의 치료활동으로 이루어져야 한다. 이를 위한 음악치료는 노래하기와 악기 연주하기를 중심으로하며 그 목적은 이러한 음악활동을 통해서 정신발달장애인이 즐거운 시간을 경험할 수 있게 하기 위함이다. 음악치료에서 그들은 즐거운 경험의 반복체험을 통해 자신의 능력을 개발하고 사회적 행동을 학습 · 발달하게 된다.

즉흥적인 음악활동과 이를 통한 음악적 완성은 만족감을 창출하고 또 만족감은 커다란 정서적 안정감, 심리적 안정감, 현실 만족감, 사회적 자신감을 얻게 한다. 뿐만 아니라 여럿이 함께 노래하고 연주하는 과정에서 정신발달장애인의 사회적 격리감은 감소되고 만족감은 강화된다.

음악치료를 정신발달장애인의 심리적, 운동신경적, 사회적, 언어적 기능의 치료와 발달을 목표로 한다면, 음악치료는 실습과 훈련 중심으로 계획·실행하여야 한다. 즉흥적인 음악활동에서 음악은 학습과정을 강화시키는 역할을 할 뿐만 아니라 학습참여에 대한 능동성과 학습성취의 동기를 부여한다.

4. 1 정신발달장애인을 위한 개별음악치료

음악치료의 개별화란 장애인의 개별적 특성과 인지능력에 맞추어 치료사가 음악치료를 구조화하거나 또는 구조화된 프로그램을 통해 치료활동을 전개시키는 것이다. 개인의 능력에 따라 개별화된 음악치료는 장애인의 개인의 특성에 맞추어 인지적, 정의적, 사회적 성장을 촉진시키려는데 그 목적을 둔다.

일반적으로 정신발달장애인은 지식과 습득과 사회적 기능의 학습에서 많은 제한성을 갖고 있다. 따라서 이들에게는 직접치료와 개별화치료를 통해서 지식과 학습기능을 습득한 다음 그룹치료를 통해서 일반화해야만 보다 효율적인 치료효과를 얻을 수 있다.

4. 2 정신발달장애인을 위한 음악치료의 목표

정신발달장애인을 장애의 정도에 따라 적절한 치료와 교육이 이루어져야 한다. 음악치료는 장애인의 발달 가능성을 최대한으로 성취하게 하여 정신지체인의 자립생활을 영위할 수 있도록 하는 것을 치료의 기본목표로 한다.

이를 위해서는 다음과 같은 치료목표를 중점으로 치료가 이루어져야 한다.

- 정신적, 정서적 안정
- 신체기능 향상과 건강한 신체유지
- 명랑한 성격의 형성

• 자신의 행동과 일에 대한 만족감 형성

• 행동의 자제력 형성

• 의사소통능력 형성

• 적극적이고 긍정적인 생활태도 형성

• 사회생활 적응능력 형성

4. 3 행동발달

장애아동의 발달과 행동변화는 장애의 정도에 따라서 매우 커다란 차이가 나며 간단히 바뀌지 않을 수도 있다. 하지만 포기하지 말자! 긍정적 순환을 반복할 때마다 아동의 자아존중감이 그전보다 높아져 조금씩이라도 좋은 변화가 나타날 것이다.

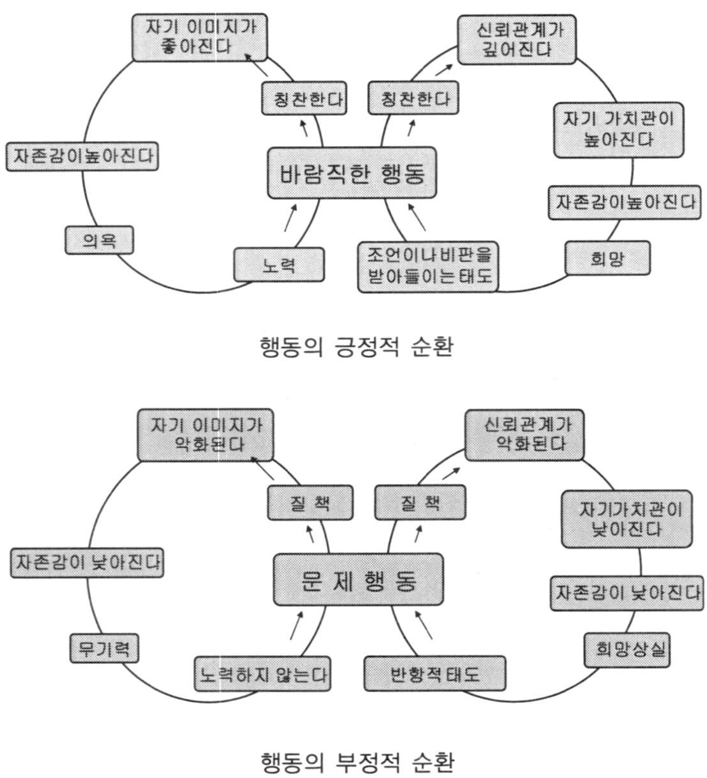

[그림 2-2] 장애아동의 행동변화

4. 4 정신발달장애인을 위한 개별음악치료에서 치료사의 역할

치료사의 역할은 장애인을 음악치료활동에 적극 참여시키면서, 장애인과 상호신뢰감을 형성하여 공감대를 형성하게 하여야 한다. 치료사는 주위의 다른 사람들(정상인)도 장애인과 동일하거나 유사한 지각과 관심을 갖는다는 것을 깨닫도록 적극적으로 도와주어야 한다.

이를 위해서 치료사는 무비판적이고 수용적인 자세로 치료환경을 갖추도록 노력해야 한다. 왜냐하면 무비판적이고 수용적인 치료환경은 정신발달장애인으로 하여금 개방적이고 능동적인 치료활동에 스스로 참여하게끔 이끌기 때문이다.

4. 5 치료의 진행과 치료적응에 대한 고려

정신발달장애인의 능동적인 참여와 보다 나은 치료효과를 얻기 위해서 치료사는 음악치료(리듬치료, 놀이치료)에서 장애인의 지속적인 참여를 이끌어야만 한다. 치료사는 치료에 활용되는 노래나 음악의 빠르기, 치료내용과 목표에 대한 진행과정을 언제나 주의 깊게 관찰하면서 치료의 강, 약을 조절하여야 한다.

치료의 강, 약 조절은 규칙적인 휴식을 의미하기도 하며, 어떤 음악적 행동(춤, 율동, 치료를 위한 동작)이나 악기의 도입을 의미하기도 한다. 그리고 노래하기에서 이미 알고 있는 부분이나 또는 일정한 부분을 반복하여 부르게 함으로써 장애인이 충분히 노래를 암기하게 하는 것도 치료의 강, 약 조절에 포함된다. 왜냐하면 장애인이 노래를 완전히 배우기 전에 치료사를 따라 노래를 하면서 악기를 연주하거나 다른 놀이행동을 병행하는 것은 매우 힘들고 어려운 것일 뿐만 아니라 적응하기에 어렵기 때문이다. 반면에 치료사가 음악치료를 너무 느리게 진행하면 흥미를 잃게 되는 경우가 발생된다.

치료사는 보다 효과적인 음악치료를 위해서 항상 진행에 주의를 갖고 조화롭게 이끌어야 한다.

4. 6 음악치료를 위한 악기의 활용

정신발달장애인을 위한 음악치료에서 치료사는 장애인의 인지능력과 장애 정도에 따라 악기와 치료 기자재를 활용해야 한다. 우리 생활에서 얻을 수 있는 단순한 소재와 도구를 이용한 악기와 치료 기자재는 장애인으로 하여금 생활환경과 주위환경에 대한 자발적인 참여를 이끌 뿐만 아니라 생활기능에 대한 인식을 발달시킨다. 악기와 치료 기자재는 장애인이 최소한의 동작이나 움직임으로도 사용할 수 있어야 한다.

4. 7 음악치료의 다양성

정신발달장애인을 위해서는 무엇보다도 다양한 치료적 접근이 필요하다. 음악치료가 노래하기, 악기연주하기, 율동하기(박수치기, 뛰뛰기, 흔들기)만을 의미하는 단순한 것이 아니라, 전반적인 측면에서 장애인의 사회적 능력 개발과 인지발달을 위해 다양한 행동을 고려해야 한다. 따라서 악기나 치료 기자재는 장애인이 여러 감각기관의 개발과 발달을 고려하여 활용되어야 하고 치료사는 장애인의 개별적 치료목표에 따라 다양한 방법으로서 음악치료와 자극을 유도하여야 한다.

정신지체는 지능측정뿐만 아니라 적응기능과 관련된 기술의 측정에 의하여 정의된다. 그러나 비록 인지적으로 지체된 유아와 아동에게 적절한 환경이 뒷받침된다면 자신의 잠재력을 충분히 발현할 수 있다.

적응행동측정

정신발달장애는 지능측정뿐만 아니라 적응기능과 관련된 기술의 측정에 의하여 정의된다. 비록 인지적으로 지체된 아동이지만 이들에게 적절한 치료환경이 뒷받침된다면 자신의 잠재력을 충분히 발현할 수 있게 된다.

[표 2-3] 정신발달장애인의 음악적 능력

정신발달장애의 정도	경증	보통	중증
라디오를 끄고 켤 수 있다.	87%	79%	61%
라디오 소리를 조절할 수 있다.	87%	62%	35%
음악연주 동안에 조용히 앉아 있을 수 있다.	53%	43%	23%
박수를 칠 수 있다.	83%	87%	81%
누구에게 상냥하게 대할 수 있다.	63%	43%	19%
노래를 크게 또는 작게 부를 수 있다.	58%	45%	27%
아는 멜로디를 부를 수 있다.	68%	45%	46%
스스로 박자 변화를 나타낼 수 있다.	55%	40%	19%
다른 사람과 함께 노래(제창)를 부를 수 있다.	70%	57%	27%
여러 성부의 합창을 할 수 있다.	60%	62%	42%
두 가지 동작을 동시에 할 수 있다.	60%	62%	42%
여러 가지 동작을 연속적으로 할 수 있다.	48%	47%	31%
연주했던 악곡에 맞추어 타악기를 칠 수 있다.	33%	32%	46%

[표 2-4] 정신발달장애인의 정신장애 · 관계변화 · 음악치료

일반적인 주의력	안정감/ 듣기, 보기/ 물건을 만지기, 잡기/ 머리 움직임에 대한 조정
단순한 운동능력	도움 없이 앉기/ 다리를 꼬고 앉기 이동하기/ 손, 발 움직임의 균형
세밀한 운동능력	물건을 조작하기 손, 손가락 움직임의 균형
사회적 능력	규정에 따라 앉기와 걷기 물건 교환하기와 바꾸기 주의 환경 및 물건에 대한 주의
언어력 · 대화력	느낌에 대한 개인적 표현가능성 이름 이해하기/ 단순한 구조에 대한 이해
인식력	신체에 대한 이해 언어, 색 이름, 계산, 상징에 대한 이해

4. 8 음악치료 사례

인적사항

이름 : 김 해 경(가명)　성별 : 남자　연령 : 7세 7개월

학력 : 초등학교 1학년　가족관계 : 부, 모, 여동생

양육과정

해경이는 자연분만으로 태어났으며 정상분만 하였다. 걷기는 12개월에 시작하였고, 엄마, 아빠가 양육을 정상적으로 시작했음에도 불구하고, 이후 언어발달이 지연되어 3세까지는 말을 하기보다는 끌어당겨서 표현하는 등의 모습을 보였다고 한다. 4세부터 유아원에 다녔는데, 이때부터 해경이가 주로 혼자 놀고 친구들과 어울리지 못한다는 평가를 받았다고 한다. 초등학교에 입학한 후부터 이해력이 없고 수학이 떨어지며 산만하고 갑자기 소리를 지르는 문제행동들이 더욱 뚜렷하게 관찰되었다고 한다. 언어상에서, 읽기의 경우에는 보통 수준이나 웅얼거리기 때문에 알아듣기 힘들 때가 있고, 받아쓰기는 30점 정도를 받는다고 하는 반면에 알림장은 잘 써온다고 하였다. 셈하기는 매우 부족한 상태로 사탕과 같이 실제 대상을 통한 수 개념형성은 가능하나 산수문제 등과 같은 추상적인 문제들은 풀지 못한다고 한다.

행동적으로는 가만히 있지 못하고 산만하고 돌아다니는 행동들을 자주 보였으며, 갑자기 소리를 지르거나 웃는 등의 충동적인 행동도 나타났다고 한다. 또한 TV 프로그램의 대사를 그대로 따라하거나 차에만 관심을 보여 외제차 이름까지 다 외울 정도였다고 하나 어느 날부터는 갑자기 로봇에만 관심을 보인다고 한다. 반드시 특정 반찬이 있어야만 밥을 먹으려고 하고 가게에 가더라도 꼭 500원을 주어야만 가는 등의 행동을 보이기도 하였다. 대인관계상에서는 친구가 없이 주로 혼자 다닌다고 하며, 최근에는 자위 행위를 하는 행동들이 관찰되었다고 한다.

행동 관찰

해경이는 치료사와의 기본적인 눈맞춤은 가능하였으나 안정적으로 유지하지 못하고 자주 눈접촉을 피하고 두리번거리는 모습을 보였다. 외부 자극에 의해서 쉽게 주의가 분산되는 경향들이 나타났으며, 갑작스럽게 소리를 지르기도 하였다. 또한 때때로 혼자서 소리내어 웃고, 아

니 뭐야, 나보고 뭐하는 거야, 대답해 봐, 등과 같이 이해하기 어려운 엉뚱한 이야기나 혹은 씨익, 뜨그시, 따니나, 따나 등과 같은 의미 없는 소리를 내기도 하였다. 전반적인 검사에 대한 흥미와 관심은 부족한 편이었으며, 치료사와의 관계형성도 기본적인 수준 이상으로는 진행되지 못하는 모습을 보였다.

5. 주의력결핍 및 과잉행동장애

5. 1 ADHD 개요

주의력결핍 및 과잉행동장애(Attention Deficit / Hyperactivity Disorder, ADHD)는 아동기에 가장 일반적으로 나타나는 장애로서 지속적인 주의력산만(Inattention) 및 과다활동(Hyperactivity), 충동성(Impulsivity)을 특징으로 한다.

ADHD의 원인에 대해서는 다양한 가설이 제기되어 왔으나 가장 근본적인 것은 신경 · 화학적 요인에 의한 것이라는 해석이 지배적이며, 기타 해부학적, 유전적, 환경적 요인들이 상호작용을 하는 복잡한 특성을 보인다.

대부분의 학자들은 주의력결핍이 선천적이며 신경 · 화학적 원인에 의해 생긴다고 본다. ADHD아동의 뇌의 기본 구조는 외관상 정상적으로 보이더라도, 뇌기능에 있어서는 미세한 기능장애가 있는 경우가 많다. 정상아의 경우 임신 중 그리고 생후 1년간 두뇌는 계속 발달하며 두뇌가 발달하는 과정에서 신경 세포들이 적절히 형성되고 연결된다. 그러나 임산부의 흡연, 음주, 약물복용 등 여러 가지 요인에 의해 이와 같은 두뇌 형성과 발달이 정상적으로 이루어지지 않는 경우도 있다. 평균적으로 ADHD아동들은 전두엽(前頭葉, Frontal lobe)이 정상 대조군에 비하여 10% 작고, 대뇌 전상부(anterior superior)와 전하부(anterior inferior)의 용적도 10% 작다.

사람의 뇌에서 학습, 자기통제, 동기부여 등을 관장하는 RAS (reticular activating system)이라는 부위가 있는데, RAS 내에 주의력을 관장하는 도파민(Dopamine) 및 노르에피네프린(Norepinephrine) 등의 신경전달 물질이 있다. 이들 물질의 부족 또는 이상이 있을 경우 ADHD가 유발되는 것으로 전문가들은 보고 있다.

주의력결핍 및 과잉행동장애(ADHD)[59]란 주의력결핍, 과잉행동 및 충동성이 부적절하게 나타나는 일종의 발달장애이다. DSM-Ⅳ-TR에 의하면 주의력결핍과 과잉행동 - 충동성이 그 아동

59) ADHD; Attention Deficit / Hyperactivity Disorder

의 연령에 비해 과도하고 오래 지속되어야 하고, 손상을 일으키는 과잉행동 – 충동성 및 주의력 결핍 증상이 7세 이전에 나타나야 하며, 이런 증상으로부터 나온 손상이 두개 이상의 장면(예: 학교, 집, 작업장)에서 나타나야 하고 발달상 적절한 학업, 사회, 작업기능이 방해받는 분명한 증거가 있을 경우에만 ADHD라고 진단한다. 그리고 전반적 발달장애, 정신분열증, 기타 정신장애와 함께 나타나지 않아야 하며, 이러한 증상들을 방치할 경우 아동기 내내 지속되고, 청소년기와 성인기에까지 증상이 남기 때문에 조기발견 및 중재가 필수적이다.

미국소아과학회(American Academy of Pediatrics)의 통계에 따르면 평균 학령기 소아에서의 ADHD의 유병률은 약 3~8% 정도라고 한다. 유병률은 성별에 따라 다르게 나타나는데, 남아들의 경우 여아보다 약 3배 정도 더 높아 평균 9.2% (5.8~13.6%)이고, 여아는 평균 2.9% (1.9~4.5%)이다. 서울과 대전 지역을 대상으로 한 국내 역학조사 결과에 따르면 유병률이 7.6%로 나타났다. 이런 유병률은 소아정신과 관련 질환 가운데 가장 높은 것이다.

일반적으로 소아기에 발병하는 ADHD가 청소년기 이후 성인기까지 지속되는 경우가 30%에서 많게는 70%에 이르는 경우도 있는 것으로 밝혀졌다. 유아 및 아동기에는 남아의 유병률이 여아의 경우보다 약 3배 정도 높은 반면, 성인기 ADHD의 유병률은 성별에 따른 차이가 별로 없다. 아동 ADHD환자의 유병률 3~8% 및 성인기까지 ADHD 지속 확률 30~70%를 감안하여 산출하면 성인 ADHD의 유병률은 약 0.9~5.6%로 추산할 수 있으며, 실제로 성인의 약 2% 정도가 ADHD환자인 것으로 보고 있다.

5. 2 ADHD 행동특성

5. 2. 1 주의력결핍

주의집중은 여러 기술이 요구되는 복잡한 과정으로 교실환경에 효과적으로 적응하기 위해서 아동들은 수많은 주의집중기술을 습득해야 한다. 교실환경 속에는 창밖의 풍경이나, 친구들의 말소리, 호기심을 끄는 물건 등 각종 자극이 수업 내용과 선생님 설명과 같은 적절한 자극들과 공존한다. 정상적인 아동의 경우는 대개 어떤 것에 주의를 기울여야 할지 알고 스스로를 억제할 수 있다. 그러나 ADHD아동들은 경쟁 자극을 물리치고 적절한 자극에 선택적으로 주의집중하기 어렵고, 아무리 지적을 해도 고쳐지지 않는다. 따라서 교사가 보기에 매우 산만한 아이로 비춰진다.

ADHD아동의 선택적 주의집중결함을 밝힌 한 연구[60]는 듣기 과제에서 내용을 상세히 설명하거나, 묘사를 많이 보태거나, 배경음이 있을 때는 듣기 이해가 떨어지는 것으로 보고하고 있다. 시험을 보더라도 문제를 끝까지 읽지 않아서 틀리는 경우가 많다. ADHD아동은 높은 수준의 주의집중, 기억력을 요하는 과제에서는 일반아동이나 학습장애아보다 수행능력이 떨어진다.

5. 2. 2 과잉행동

ADHD아동은 허락없이 자리에서 이탈하고, 뛰어다니고, 팔과 다리를 끊임없이 움직이는 등 활동 수준이 높다. 장시간 가만히 앉아 있어야 하는 상황에서는 신체 통제에 어려움을 느끼며, 손가락이나 다리를 끊임없이 움직이고, 이상한 소리를 내기도 한다. 이런 과도한 움직임은 가정, 학교, 병원 등 상황에 관계없이 일어나고, 혼자 있을 때, 부모와 같이 있을 때, 놀이시간과 수업시간 모두에서 나타난다. ADHD아동은 분노, 좌절, 슬픔, 기쁨 등의 정서적인 반응도 일반 아동들보다 더 빈번하고 강하게 표출한다.

5. 2. 3 충동성

우선 ADHD아동은 여러 가지 행동 가운데 어떤 행동이 적절한 것인지를 판단하지 못하는 경우가 많으며, 이런 현상은 아동의 충동성이 인지적 측면으로 반영된 것이라 볼 수 있다. 행동적 측면에서 볼 때 ADHD아동은 자기억제능력 부족으로 본인이 원치 않는 말이나 행동이 튀어나온다. 규율을 이해하고 알고 있는 경우에도 급하게 행동하려는 욕구가 자기억제능력을 압도하여 충동적으로 행동하는 것이다.

일반아동은 부적절한 행동에 대해 부모나 교사로부터 3~4번 꾸지람이나 벌을 받으면 충동적 행동이 고쳐지지만, ADHD아동은 벌을 주어도 계속 규율을 어기는 경우가 많은데, 이는 고의적인 반항으로 인한 것이 아니라 내재적인 충동성 때문이다. 이런 충동성은 학업 환경에서도 그대

---

60) Shroyer & Zentall

로 반영된다. 문제를 풀 때 지시문을 끝까지 읽지 않는다든가 선택답안을 모두 읽지 않고 답을 선택하는 것이다. 또한 앞의 장애물을 보지 못하고 뛰어가다가 넘어지거나 위험한 차도를 잘 살피지 않고 뛰어들어 교통사고를 당하는 위험도 높다.

5. 2. 4 공격성

ADHD아동의 충동성이 사회적인 문제와 공격성을 야기하기도 하는데 충동적인 아동은 줄서기나 게임에서 자기의 차례를 기다리지 못하는가 하면, 분노를 통제하지 못하고 부적절한 행동을 그대로 표출한다. 놀이집단에서 또래들보다 3배나 공격적이고, 10배나 부정적인 말을 많이 하여 또래들로부터 거부당하는 것으로 밝혀지고 있다. 타인에게 공손한 말을 사용하지 않으며, 타인의 입장에서 생각하는 것을 배우지 못해 자신의 행동이 타인을 방해하거나 자신의 대인관계에 영향을 미친다는 것을 의식하지 못한다.

5. 2. 5 상호 적응력 결손

일부 전문가들은 ADHD아동을 확인할 수 있는 가장 간편하고 타당한 방법 중의 하나가 친구관계를 살펴보는 것이라고 한다. 특히 정신건강 관련 종사자들은 아동이 친구를 만들고 우정을 유지하는 것이 건전한 정신건강의 중요한 요소라고 생각하고 있으며 사회성 기술과 우정의 발달에 흥미를 기울여 왔다.

대개의 아동들은 유아기에서부터 놀이를 통해 사회성을 발달시키는 데 비해 ADHD아동은 주의집중결함이나 충동성 때문에 이런 상호작용의 기회를 상실하게 되고 이로 인해 사회성에 결함을 나타내게 된다.

조사에 따르면 일반아동은 부모 중 10%만이 자신의 아동이 또래들과 놀 때 심각한 문제를 안고 있다고 보고한 반면, ADHD아동의 부모는 80% 이상이 그렇다고 보고했다. ADHD아동은 일반아동 못지않게 또래들과 상호 작용을 많이 하지만, 문제는 그런 활동이 주로 싸우기, 방해하기, 못살게 굴기 등 부정적인 행동에 치우쳐 있고, 이로 인해 또래에게 더 많은 따돌림을 당한다는 점이다.

부주의, 충동성, 과잉행동 등은 ADHD아동들의 공통적인 문제점이다. 그러나 ADHD아동은 이러한 문제 외에 사회, 인지, 학업, 정서, 신체 등 여러 발달 영역에도 많은 문제가 야기된다. 모든 ADHD아동들이 이러한 모든 문제를 가지는 것은 아니지만 정상 아동들보다 더 많이 나타나는 것으로 보고 되고 있다.

[표 2-5] 발달 영역별로 나타낸 ADHD아동들의 여러가지 문제점

	구 체 적 인　문 제
행동	짧은 주의집중 시간, 주의산만, 안절부절못함, 충동통제 결여, 파괴성
사회	또래관계 형성 어려움, 지시를 잘 따르지 못함. 공격성, 거짓말, 도벽, 호전성, 공손치 못한 말투, 사회적 문제해결능력 부족
인지	평균이하의 지능, 서툰 과제 수행 전략, 행동 결과에 대한 인식부족
언어	언어발달지체(특히 표현언어), 의사소통능력부족
학업	지능에 비해 학업부진, 학습장애
정서	우울, 낮은 자존감, 정서 조절 미숙, 쉽게 좌절, 예측 불가능한 기분변화
신체	미성숙한 신체크기 및 골격 발달, 유뇨증·유분증, 알레르기 빈도 증가, 중이염 빈도 증가, 틱장애, 짧은 수면주기, 둔한 운동신경

5. 3. ADHD 전개과정

5. 3. 1 유아기

ADHD의 전개과정은 그 어느 장애 영역보다 복잡한 양상을 지니고 있다.

유아기에는 이 장애의 징후가 뚜렷한 증상으로 드러나기 보다는 기질에 반영되어 특정한 행동을 보인다. 물론 이런 현상만을 가지고 ADHD를 예단하는 것은 위험하다. 단지, 학령기 나이가 되었을 때 ADHD 증상이 의심되는 경우, 과거 유아기의 행동을 참고하면 진단에 도움이 될 수 있다.

① 젖을 잘 빨지 못하거나 먹는 동안 칭얼거리고 소량씩 여러 번 나누어서 먹여야 한다.

② 잠을 아주 적게 자거나, 자더라도 자주 깨어난다.

③ 떼를 많이 쓰고 투정을 부리고 안절부절 못한다.

④ 과도하게 손가락을 빨거나 머리를 박고 몸을 앞뒤로 흔드는 행동을 한다.

⑤ 기어 다니기 시작하면 끊임없이 이리저리 헤집고 다닌다.

⑥ 수면 및 수유 등 일과가 매우 불규칙적이다.

⑦ 전반적으로 매우 활동적이다.

⑧ 용변훈련이 잘 되지 않는다.

5. 3. 2 학령전기(3세~5세)

3세에서 5세까지의 아동들은 매우 활동적이다. 집중력이 부족하고 상당히 충동적인 것이 일반적 현상이다. 따라서 이 시기의 발달 단계에 있는 ADHD아동을 일반아동과 구분하는 것은 어려운 일이다. 보통 초등학교 이전의 아동에서 ADHD 유무를 밝혀내기는 매우 어렵다. 유치원은 놀이를 위주로 하는 비교적 덜 구조화된 환경이기 때문에, 특별히 관찰을 하지 않으면 문제행동과 정상행동이 잘 구별이 되지 않기 때문이다. 단, 5~6세 정도가 되면 문제가 분명하게 눈에 띈다. 나중에 ADHD가 있는 것으로 드러난 아동들은 대체로 다음과 같은 행태를 보인다.

(단, 이와 같은 증상들은 때론 우울, 불안, 양극성 장애, 약물 남용, 정서장애 등으로 인해 나타나는 경우도 있음을 유의해야 한다)

① 또래 및 형제들과 싸움이 잦다.

② 때로 특별한 이유 없이 심한 분노 발작을 보이는 경향이 있다.

③ 일부 ADHD아동은 매우 공격적이다.

④ 색칠하기, 그리기, 게임과 같은 구조화되거나 목표가 정해진 활동을 완수하지 못한다.

⑤ 달리기와 같은 대근육운동기술은 정상적으로 발달하지만, 언어능력, 그림 그리기, 가위질 같은 미세운동 협응력이 요구되는 활동능력은 뒤떨어진다.

⑥ 유아기 수면문제(자다가 자주 깨기, 불규칙적인 수면)가 지속될 수도 있다.

⑦ 전반적으로 활동 수준이 높고 부모님과 선생님의 말을 잘 듣지 않는다.

⑧ 주의집중 시간이 다른 아동보다 짧고 쉽게 산만해진다.

⑨ 분별없이 무모한 행동이나 장난으로 다치기 쉽다.

⑩ 교사로부터 '다루기 힘들다' 거나 '행동에 문제가 있다' 는 말을 듣는다.

⑪ 장난감이나 놀이기구를 또래와 공동으로 사용하거나 순서를 기다리는 데 어려움이 있고, 종종 자기 마음대로 남의 물건들을 빼앗는다.

5. 3. 3 학령기(초등학교)

초등학교 입학 이후에는 유치원에서 허용되던 행동들이 더 이상 허용되지 않기 때문에 ADHD 아동의 문제가 극적으로 부각된다. 원래 없던 증상이 나타나는 것은 아니지만, 이전에 보호자나 유치원 교사들이 관심을 갖지 않고 있던 증상이 변화된 환경에서 눈에 확연히 띄이기 시작한다는 의미이다.

따라서 왜 이런 문제가 발생했는가를 이해하기 위해서 유아기 때로 돌아가 현재까지의 발달 상태를 고려하는 것이 중요하다. 지능이 높은 ADHD아동들은 3학년 정도까지는 큰 문제없이 지나는 경우도 있지만, 4학년부터는 교육 단계가 단순한 과제에서 높은 단계로 이행하기 때문에 어려움이 두드러지고, 학교생활의 어려움과 문제를 겪게 된다. ADHD아동들의 행동 특성은 다음과 같다.

① 체육 시간에 차례를 지키지 않거나 지시를 따르지 않고 주의가 산만하여 지적을 받는다.

② 교실에서 제자리에 가만히 앉아 있지 못하며, 수업시간에 일어나서 돌아다닌다.

③ 의자를 흔들거리다가 자리에서 떨어지기도 한다.

④ 주의집중 시간이 짧아서 학업에 집중하거나 과제를 주어진 시간에 끝을 맺지 못한다.

⑤ 스스로 정리정돈을 잘하지 못하고 지저분하다.

⑥ 자기 통제력의 결여로 인해(충동성) 각종 품행문제가 증가한다.

⑦ 언어적으로 충동적이며 쉬지 않고 떠들어댄다.

⑧ 스트레스를 받으면 더욱 더 자제력이 없어지고 과잉행동이 심해진다.

⑨ 이러한 증상들로 인해 자신감을 상실하기도 한다.

⑩ 교사로부터 게으르다, 공상을 많이 한다, 행동에 문제가 있다라는 말을 듣는다.

⑪ 질문에 대해 부적절한 시점에 대답하고 종종 불쑥불쑥 말한다.

⑫ 지도 · 감독 하에서도 문제를 일으킨다.

5. 3. 4 청소년기

말 안 듣는 ADHD청소년 자녀를 오랜 동안 양육을 하면서 부모들은 좌절과 분노를 반복적으로 경험하게 된다. 청소년기에는 자연히 더 많은 독립을 요구하기 때문에 부모들의 자녀 양육은 더욱 어려워진다. 교실 내에서도 ADHD학생들은 교사와의 관계가 악화되며, 친구들과도 정상적인 관계를 형성하기 어렵다.

특히, 과중한 학업 요구 및 일방적인 수업방식으로 인해 ADHD학생들은 쉽게 문제아로 낙인찍히고 본인 또한 자신의 역량을 충분히 발휘하지 않고 학업에 대한 흥미를 갖기 어렵다. 자존감이 낮아서 여러 가지 문제행동을 일으키고 사회적 고립감을 느끼게 된다.

① 오랜 환경 부적응 및 좌절로 인해 자존감이 낮다.

② 사회적 기술의 결핍으로 인해 친구 사귀기에 어려움을 겪는다.

③ 학업 내용이 매우 고도화되었으므로 학습에 적응하기 힘들고 성적이 낮다.

④ 학업 외의 상황에서도 문제해결 기술들이 부족하다.

⑤ 품행 문제들이 초등학교 시기보다 더 많이 발생한다.

⑥ 정리정돈을 잘하지 못하고 지저분하다.

⑦ 쉽게 싸움을 걸고 말다툼을 하며, 폭력성을 보이고 무단결석을 자주하는 경향을 보인다.

5. 3. 5 성인기

과거에는 ADHD가 나이가 먹으면서 자연히 없어지는 것으로 알았지만, 최근 연구에 따르면 30-70%의 경우 성인기까지 ADHD가 이어지는 것으로 밝혀졌다. 오랜 ADHD 증세로 인해 성인기에는 다음과 같은 문제를 경험하게 된다.

① 교육적 성취가 낮다.

② 사회적 기술(사회성)이 서투르다.

③ 자존감이 낮다.

④ 항상 불안해한다.

⑤ 침착하지 못하고 짧은 주의집중 시간과 관련된 문제가 계속된다.

⑥ 정신병적인 증세는 보이지 않는다.

⑦ 알코올, 약물 남용의 위험이 커진다.

⑧ ADHD성인의 30~40% 만이 적절하게 적응된 생활을 한다.

10대에 접어들면 ADHD아동의 25% 정도는 정상발달로 되돌아가지만, 75% 정도는 학교, 사회, 가정에서 지속적인 부적응 현상을 나타낸다. 특히, 가족 구성원으로서 책임감 회피 및 과제 불이행으로 인해 가족 구성원과의 갈등이 증폭되고, 30% 정도가 고등학교 진학에 실패하며, 대다수가 대학 진학에 실패한다. 그리고 ADHD성인 환자의 50% 가량이 불안, 우울 등의 정서적 문제, 반사회적, 취업상의 문제를 일으킨다. 또한 자살과 사고사의 비율이 일반인보다 높으며 직장을 가질 경우에도 일의 성과와 승진이 뒤쳐지는 것으로 알려져 있다.

5. 4 심리검사

심리검사는 개인의 성격적 · 기질적 특성, 정신 · 역동적 특성, 정서적 특성 또는 정신 병리를 점검하고, 뇌의 지적 영역, 인지적 영역, 좌우 뇌의 기능적 특성, 계획 · 조직능력 및 실행기능을 평가함으로써 치료의 기초 자료를 제공하고, 치료과정에서 재평가의 기준으로 쓰인다. 뿐만 아니라 적성, 학습능력, 집중력 검사 및 학습유형 선호도 검사 등을 통하여 개개인의 통합적 및 특별한 재능을 측정함으로써 가족들이 자신 및 자녀의 통합적 특성을 이해하는 데에 반드시 필요한 검사이다.

가장 일반적으로 쓰이는 진단 기준으로 미국정신의학회에서 정한 DSM-IV (Diagnostic and Statistical Manual of Mental Disorder, Fourth Edition) Criteria 기준이 있는데, 이는 소아의 ADHD 진단에서는 현재 알려진 가장 최선의 진단방법이다. 이 진단방법에 따르면, ADHD의 증상은 크게 두 가지로 유형화할 수 있고, 각각의 증상은 아래의 표와 같이 세부 증세로 나눠볼 수 있다. 또한 이런 두 가지 유형의 증상은 동시에 나타나기도 하고, 어떤 유형이 더 많이 나타나기도 한다. 단지, 청소년기를 거치면서 ADHD가 계속 남아 있는 경우에는, 과잉행동 및 충동성의 증상은 사라지고, 집중력 결핍의 증상만 남는 경우가 많은데, 이런 증상을 ADD (Attention

Deficit Disorder, 집중력장애)라고 한다. DSM-IV는 아래와 같다.

[표 2-6] ADD DSM-IV

	주의력 결핍 (Inattentive)	과잉행동/충동성 (Hyperactive-Impulsive)
1	부주의로 실수를 잘함	손발을 가만히 두지 못하고 앉은 자리에서 계속 꼼지락거림
2	집중을 오래 유지하지 못함	제자리에 있어야 할 때 마음대로 자리를 뜸
3	다른 사람 말을 경청하지 못함	안절부절못하거나 가만히 있지 못함
4	과제나 시킨 일을 끝까지 완수 못함	집중하지 못하거나 활동에 조용히 참여하지 못함
5	계획을 세워 체계적으로 하는 데 어려움	끊임없이 움직임, 마치 모터가 달린 것처럼 행동
6	지속적 정신집중으로 필요로 하는 공부, 숙제 등을 싫어하거나 회피하려 함	지나치게 말을 많이 함
7	필요한 물건을 자주 잃어버림	질문이 끝나기 전에 불쑥 대답함
8	외부자극에 의해 쉽게 정신을 빼앗김	차례를 못 기다림
9	일상적으로 해야 할 일을 자주 잊어버림	다른 사람의 활동에 끼어들거나 방해함
10	이상 9개 중 최소 6개 이상이어야 함	이상 9개 중 최소 6개 이상이어야 함

5. 5 진단기준

(1) 위의 두 가지 진단 기준(주의력 결핍 또는 과잉행동/충동성)에서, 증상 9가지 중 6가지 이상의 증상이 6개월 이상 지속되는 경우

(2) 7세 이전에 증상이 나타난 경우

(3) ADHD의 증상이 복수의 생활영역에 부정적 영향을 주는 경우 (예: 학교생활 및 가정생활에서 모두 ADHD 증세가 관찰됨)

(4) 사회활동, 학업, 업무수행에서의 심각한 장애를 초래하는 명백한 증거 보유

(5) 증상이 전반적 발달장애, 정신분열 또는 기타 정신증적 장애의 경과 중에만 발생하는 것이 아니고, 다른 정신장애(예: 기분장애, 불안장애, 해리장애, 성격장애)에 의해 더 잘 설명되지 않는다.

5. 6 ADHD 행동특성에 따른 사례

5. 6. 1 주의력결핍과잉행동장애, 주의력결핍우세형

환아는 초등학교 4학년 여자아동이다. 환아는 수업시간에 멍하니 있는다는 지적을 많이 받는다. 공부는 그럭저럭 잘했으나 4학년이 되면서부터 학습능력의 저하를 보인다. 환아는 의욕이 없어 보이고 집에 와서도 자기 방에서 멍하니 있는 경우가 많다. 알림장을 제대로 써오는 경우가 많지 않고 숙제가 없다고 거짓말을 하기도 한다. 시험을 보면 아는 문제를 틀리는 경우가 많아서 부모에게 야단을 맞는 경우가 많다.

5. 6. 2 주의력결핍과잉행동장애, 과잉행동장애-틱장애형

환아는 초등학교 5학년 남자아동이다. 어려서부터 산만하다는 이야기를 많이 들었다. 초등학교 저학년 때는 그 양상이 심했으나 학년이 올라가면서 과잉행동은 미세하지만 조금 호전된 양상이다. 하지만 여전히 알림장을 잘 써오지 못하고 학교와 집에서 야단맞는 경우가 많다. 최근 두 달 전부터 눈을 깜박거리는 증상이 시작되더니 한 달 전부터는 어깨를 들썩거리는 모습을 보인다. 또한 수업시간에 킁킁거리는 소리를 내서 교사에게 지적을 많이 당하고 아이들이 흉내 내면서 놀리는 일이 많다.

5. 6. 3 주의력결핍과잉행동장애, 과잉행동-충동성형

사례 1

환아는 초등학교 1학년 남자아동이다. 학교에 입학한 이후 수업시간에 문제 발생한다. 수업시

간에 제대로 앉아있지 못하고 벌떡벌떡 일어나서 돌아다니고 반 친구들을 주먹으로 건드리는 행동을 보인다. 교사가 주의를 줘도 듣지 않고 제지가 안 된다. 쉬는 시간에는 소리를 지르며 다른 반에도 들어가서 아이들과 주먹다짐을 벌이기도 한다. 벌을 받는 중에도 돌아다니고 결국 매를 맞았으며 조금 제지가 되는 것 같다가 다시 반복된다. 수업시간이 끝나지 않았음에도 집으로 와버리는 경우도 있다.

환아는 오락은 잘 한다. 밥도 안 먹을 정도로 두 시간이고 세 시간이고 열중해서 하는 모습을 보인다. 식사시간에는 자꾸 돌아다녀 어머니는 밥 먹이는 것이 고역이고 밥그릇을 들고 다녀야 될 정도이다. 동생과도 잘 지내지 못해서 툭하면 동생을 괴롭히고 울리는 일이 많다. 같이 외출을 하는 경우에는 부모는 온통 아이를 잡으러 다니다가 볼일을 다 본다고 한다. 이런 일로 아버지한테 심하게 맞은 적도 있으나 교정이 안 되었다.

환아는 시간이 지날수록 행동은 교정이 안 되고 더욱 난폭해지는 양상을 보인다. 어머니한테 욕을 하기도 하고 오락을 못하게 하면 밖으로 나가서 문방구에서 오락을 한다. 오락을 할 때도 굉장히 난폭한 언어를 사용하고 오락기가 부서질 듯이 하는 모습을 보인다. 친구는 없고 거의 모든 시간을 컴퓨터 앞에서 보낸다.

사례 2

환아는 초등학교 4학년 남자아동이다. 성급하고 충동적이어서 동생뿐만 아니라 주위 친구들과 자주 싸운다. 친구들과 잘 놀다가도 자기가 갖고 싶은 물건이 있으면 친구에게서 뺏고, 자기 차례를 기다리지 못하고 먼저 하려고 하며, 자기 뜻대로 안 되면 친구를 때리는 등의 공격성을 보인다. 이 때문에 아이들이 환아를 피하게 되고 환아는 친구가 없다. 환아에게 맞은 아동의 부모가 환아의 부모에게 말을 해 그 때마다 환아의 부모는 야단쳤으나 계속 친구들과 싸운다.

환아는 머리가 좋지만 주의가 산만하고 오랫동안 공부에 집중하지 못한다. 학교에서도 수업 중에 자주 떠들고 장난쳐서 교사께 자주 야단을 맞는다. 자신이 좋아하는 것에는 집중을 잘하는 편이다. 그러나 자신이 싫어하거나 어려운 문제를 만나게 되면 바로 포기해버린다. 따라서 학년이 올라갈수록 공부하기를 싫어하며 점차 성적도 나빠졌다. 부모는 환아에 대한 기대가 커서 엄마가 직접 숙제를 시키고 학습지를 시켰는데, 환아는 마지못해 대충 아무렇게나 해치우고 어떤 때는 숙제를 하지 않아서 교사에게서 전화가 오기도 한다.

5. 6. 4 주의력결핍과잉행동장애, 과잉행동-비행청소년형

환아는 중학교 2학년 남자이다. 초등학교 때부터 산만하다는 이야기를 들었다. 성적은 하위권이고 중학교에 입학해서는 불량청소년들과 어울려 술, 담배를 하더니 급기야는 몇 주씩 가출을 하기도 한다. 학교에서는 정학을 당하고 아이는 적응을 하지 못하고 있다. 다시는 안 그러겠다고 하다가도 다시 가출을 반복하는 모습을 보인다. 폭행사건에 연루되어 보호관찰소의 보호관찰을 받았다.

5. 7 ADHD 음악치료사례

초등학교 4학년 남자아동

장애유형 : 주의력결핍 과잉행동장애, 주의력결핍우세형

환아는 어려서부터 친구들과 전혀 어울리지 못하였는데, 농담과 진담을 구별하지 못하고 항상 진담으로 받아들여서 혼자 심각해지며 다른 아이들이 실수나 장난으로 건드리는 것도 때리는 것으로 생각하여 또래와 마찰을 일으켰다.

지금도 환아는 반 아이들이 놀리고 때리는 것에도 적절하게 대응을 하지 못하고, 주로 선생님에게 의지하면서 일일이 선생님께 확인을 받으려고 하는 경향이 많다.

환아는 어려서부터 컴퓨터 게임을 좋아했다. 게임에 몰두하면 잠을 자지 않고 밤새 게임을 하기도 하며, 그만 하라고 해도 3~4시간 이상은 더 하는 편이다. 컴퓨터 게임의 결말이 나지 않으면 10시간 이상이라도 해서 끝장을 봐야 직성이 풀린다. 특히 4학년이 되어서는 또래들과의 관계가 불만족스러우니까 더욱 게임을 많이 한다. 환아는 컴퓨터 게임을 하면 아이들이 괴롭히는 것에 대해 잊을 수 있을 것 같다고 말한다. 최근 들어서는 평소 게임 생각을 많이 하며 공부에 집중을 하지 못하고 있으며, 수업시간에도 게임에 나온 용어나 그림을 그리고 있다.

5. 7. 1 행동 특성

심리조사과정에서 환아는 가끔은 자신의 생각을 더듬거리면서 말하기도 하였다. 외부에서 들

리는 소리에 신경을 쓰거나 무슨 소리인지 묻기도 하였고, 힘들다는 소리를 자주 하였다.

그림을 그리는 과정에서도 "진짜 이상할 텐데.." 라고 하면서 "이런 것을 그려도 되는지"를 계속적으로 확인하였고, 그림에 대한 질문에는 자신의 상상력을 동원하여 묻지도 않은 것들에 대해서 장황하게 설명하는 경향을 나타냈다.

잘 모르는 문제나 물음에 대해서는 쉽게 포기하지 않고 "나중에 생각나면 대답할 테니까 빈칸으로 남겨두세요."라고 하는 등 성취 욕구가 높아 보였다. 그러나 시간 안에 다 하지 못하게 되자 아쉬운 듯한 표정을 지으면서 "틀릴 수도 있어요. 헷갈리니까..... 처음 하는 건데." 라고 하면서 스스로를 위로하기도 하였다.

5. 7. 2 심리 · 행동 검사와 분석

환아의 전체 지능지수는 114로 보통 상 수준에 해당되며, 우수 수준의 동작성 지능에 비해 언어성 지능은 보통수준으로 두 지능 간에 차이가 나타났다. 이것은 환아가 시공간 구성능력 및 시각적 조직화 능력이 매우 우수하게 발달되어 있는 반면, 주의력과 관련한 인지행동은 매우 저하된 수준의 행동을 보이기 때문이라고 생각되며, 사회적 이해력과 대처 능역의 발달도 낮게 나타났다. 이러한 자료를 기초하여 환아는 사회적 능력이 부진한 ADHD가 시사되며, 검사과정에서 과잉행동보다는 부주의 특성이 더 두드러지게 나타났다.

환아는 청각적 주의 폭이 매우 짧아 숫자를 듣고 바로 따라하는 수행이 부진할 뿐만 아니라 불러준 숫자를 머릿속에 유지한 채 정신적인 조작을 가하여 숫자를 거꾸로 따라 외우는 과제에서도 두 자리 숫자 이상을 수행하지 못할 정도로 작업 기억력에 어려움을 보이고 있다(이러한 작업 기억력은 높은 주의집중력을 요하는 것으로 ADHD 부주의형에서 자주 관찰되는 인지적 결함이라 할 수 있다).

환아는 수리적 연산능력에서도 매우 저하되어 있는데, 이것 역시 수행 문제를 정확히 듣지 못하고 재차 반복해서 물어보았으며, 오답 후에 다시 푸는 과정에서 정답을 말할 수 있었던 점을 고려할 때 문제수행능력의 부족 때문이라기보다는 주의집중력과 작업기억력의 문제 때문이라고 볼 수 있다.

환아는 충동적이고 과잉활동적인 면보다는 부주의하고 주의집중의 기복이 심한 것이 더 문제가 되는 것으로 보이며, 이러한 문제가 환아의 학업 성취를 방해하는 것으로 여겨진다.

환아는 반복적인 학습과 교육을 통해서 획득되는 일반 상식적 지식의 습득이 풍부하고 언어적 개념 형성능력이 매우 발달되어 있으며, 어휘력도 보통 수준을 유지하고 있어 보유하고 있는 기본적인 학습능력은 우수해 보이지만 앞에서 나타난 장애로 인하여 고학년으로 올라갈수록 학습 상황에서 자신의 잠재능력을 충분히 발휘하지 못할 것으로 예상된다.

앞의 검사를 통해 환아가 지속적인 주의집중이 어렵고, 부주의한 면과 더불어 지나치게 컴퓨터 게임에 몰두하고 있어 학습에 대한 관심과 동기가 감소되어 있는 점이 환아의 학업 성취를 더욱 어렵게 할 것으로 생각된다. 그러나 추상적 사고력과 시공간 구성능력, 부분을 통해 전체를 파악하여 시지각적 자극을 구성하는 능력이 매우 우수하고, 잘 하고자 하는 성취 욕구가 높은 점은 환아에게 장점으로 작용할 것으로 보인다. 따라서 치료를 통해서 주의집중력발달을 이끌어 준다면 아동의 잠재능력을 충분히 발휘할 수 있는 능력을 나타낼 수 있다고 본다.

5. 7. 3 심리평가와 치료목표

환아는 언어성 지능과 동작성 지능 간의 차이가 현격하게 나타난다. 따라서 사회적 이해력과 문제대처능력의 발달이 저조하다. 이러한 환아의 장애적 특성은 과잉행동보다는 부주의 특성이 더 많은 영향을 준다고 사료된다.

환아는 관습적인 규범을 이해하여 사회적 상황을 판단하고 적절히 대처하는 능력이 부진하여 또래와의 갈등 상황에서 충동적이고 공격적인 방식으로 대처하는 경우가 많이 나타난다. 환아의 이러한 행동적 특성으로 인해 또래들과 사소한 일로도 쉽게 마찰을 빚고, 이러한 갈등 상황을 적절하게 대처하지 못해 또래들로부터 거절당하여 마음의 상처를 받고 자존심이 저하되어, 또래들과의 관계를 회피하게 되어 더욱 컴퓨터 게임에 몰두하게 된 것으로 생각된다.

따라서 음악심리치료는 환아의 주의력결핍 문제를 인지-행동 조절과 발달을 통해 이끌어야 한다. 사회적 문제 해결 상황에 대해 적절히 대처할 수 있는 적응행동(자아탄력성)을 발달시킴으로서 사회적 수용능력을 발달시키는 것을 중점으로 지도하여야 한다. 즉, 환아의 심리치료의 궁극적인 목적은 환아의 관심과 흥미를 긍정적인 상호 작용으로 이끌어야 한다. 환아의 사회적 인지와 행동, 즉 자아탄력성이 발달되는 것과 같이하여 혼자서 컴퓨터 게임에 몰두하는 시간도 감소될 것이다.

5. 7. 4 ADHD 특징에 따른 음악치료활동

① 부주의에 대한 장애적 특징

- 세부적인 면에 대한 주의가 매우 낮다
- 주의력이 매우 낮다
- 지속적인 주의집중이 매우 떨어진다
- 자극수용이 낮다
- 자극을 인지하지 못한다
- 외부의 자극에 의해 쉽게 산만해진다
- 일상생활에 규칙적인 면이 많이 떨어진다

② 과잉행동에 대한 장애적 특징

- 손발을 가만히 두지 못한다
- 상황인식이 되지 못한다
- 부적절한 상황에서 지나치게 뛰어다니거나 기어오른다
- 조용히 활동하거나 놀지 못한다
- 행동이 끊임없이 이루어진다
- 지나치게 수다스럽게 말을 한다

③ 충동성 관련 장애의 특징

- 문제에 대해 성급히 반응한다
- 차례를 기다리지 못한다
- 다른 사람의 활동을 방해하고 간섭한다

제3장 음악치료기법

1. 치료와 의학으로서의 음악

현대 음악치료 유래는 사회과학적 관점을 기초로 발전되었다. 사회문화적 관점에서 음악치료의 가치가 개인적 · 사회적 역할에서 나타난다. 음악의 역할은 감정표현, 집단연합과 통합, 사회적구성의 생성과 조장, 교육적 목적을 갖고 사람들의 상호 작용 능력을 구조화한다. 종교적 믿음과 사회적 의식 혹은 정치적 관념을 전하고 시행한다. 사회적 학습의 향상, 신체적 학습의 지도 및 동기유발을 이끈다.

음악의 전문적인 치료역할은 1950년 중반에 형성되었다(현대음악치료). 음악을 치료라는 관념으로 받아들이게 된 것은 '음악이 정신과 신체에 치료 효과를 갖는다' 는 고대문화에 바탕을 두고 있다.

• 교육적, 감정적 카타르시스(정화작용), 종교적, 문화적, 사회과학적 관점에서 인과관계를 강조한다.

• 음악은 본질적으로 예술의 형태로서 인간의 음향감각에 근거한 패턴의 지각과정을 강조한다(음악은 근본적으로 주제, 패턴, 구조를 전달한다).

인간문화에서 음악적 전달은 학습된 연상을 통해 여러 가지 사회와 사람들의 인생에서 음악의 특정한 용도와 기능으로 매우 복잡한 음악적 의미를 갖게 한다. 신경과학적 관점에서 음악은 뇌에 생물학적 신경학적 기반으로 뇌와 행동기능을 형성하게 한다.

음악은 미학적 기반의 예술 형태로 간주된다. 미학이란 그리스어 'aisthesis' 로 감각과 관련된 뜻을 지니고 있다. 따라서 미학은 지각의 과정, 지각의 연구와 관계된다.

오늘날 인지신경과학의 출현으로 음악의 창조와 지각에 수반되는 뇌의 복잡한 과정을 과학으로 증명하고자 노력하고 있다. 음악이 복잡한 인지, 감정, 감각운동과정들을 생리학적으로 자극함으로써 뇌에 영향을 미치는 뚜렷한 증거를 제시하고자 한다.

음악치료는 이러한 인지신경과학의 발달과 이론을 수용함으로써 보다 구체적이고 과학적인 치료목표를 이끌어내고 효과를 증명할 수 있게 되었다.

음악치료는 음악의 문화적 사용과 기능에서 뇌와 행동기능을 형성하고 조절할 수 있는 복잡한 신경생리학적 뇌과정에 이르기까지 사회적 과학적 이론을 기반으로 하여 발전하고 있다.

오늘날 음악치료기법은 신경과학적 이론을 기초한 운동치료, 언어치료, 기억 및 주의집중력 훈련 등과 같이 특정한 분야에 집중적으로 활용될 수 있다. 예를 들면 정신장애뿐만 아니라, 뇌졸중, 파킨슨병, 외상성 뇌손상 등의 환자들의 회복을 위해 능동적이고 효율적인 치료를 할 수 있다는 것을 보여주고 있다. 또한 최근 많은 연구를 통해서 음악이 자폐증어린이의 지각과 행동발달에 보다 긍정적인 영향을 줄 수 있다는 것이 입증되었다.

오늘날 음악은 사회문화적 가치 운반자로서의 기능에서 인식과 감각운동기능의 신경생리학적 기반에 영향을 미치는 치료활동으로 전환되었다.

2. 음악치료의 철학적 기초와 목적

음악을 '어떻게', '왜' 활용하는가에 대한 질문을 답하기 위해서는 치료철학을 정립하고 이를 기초한 음악적 중재를 구성해야 한다.

음악치료란 음악이 가지고 있는 여러 기능과 특성들을 인간의 정신 및 육체의 질병치료와 예방을 위한 치료의 매개체 및 도구로서 사용하는 것을 말한다.

음악치료의 목적은 사람들이 사회적 변화에 긍정적으로 적응할 수 있게 함과 아울러 보다 행복한 미래의 삶을 준비할 수 있게 만드는 것을 목적으로 한다.

음악치료의 철학적 목적은 음악치료과정에서 발생하는 문제의 원인을 규명하고 효율적인 해결방법을 찾기 위함이다. 치료적 개입에 대한 합리적인 근거를 밝힌다.

음악치료는 결과중심과 과정중심으로 진행될 수 있다. 결과중심의 진행은 음악치료적 중재를 제공한 후 문제에 대한 변화가 설정된 목표에 대한 뚜렷한 결과로 나타나는 것을 기대하는 것을 말하며, 과정중심의 진행은 한 가지 행동적 변화보다는 음악적 환경에 대한 지속적인 반응과 표현을 중심으로 한 질적인 변화를 의미한다.

- 고대 그리스에서는 음악이 사고, 감정, 신체적 건강에 커다란 영향력을 준다고 여겼으며, 정신적 혼란을 일으키는 개개인에게 음악을 사용하였다.
- 피타고라스 – 건강은 마음과 육체의 조화에 달려있으며, 음악이 조화를 이끈다.
- 플라톤, 아리스토텔레스 – 음악을 통해서 마음과 육체의 건강한 상호 작용이 이루어지고 지적, 도덕적 균형을 얻는다.

3. 음악치료기법과 철학적 기초

음악치료기법과 철학적 근거는 의학적 기법, 행동주의적 기법, 정신역동적 기법, 인본주의적 기법으로 구분된다.

3. 1 의학적 기법

음악치료의 의학적 기법은 음악적 행동의 생물학적 모델에 기초를 두고 있다. 즉, 음악치료활동에서 나타나는 수용적, 표현적, 생리적 행동들을 이해하기 위해서 의학적(신경생리적)인 근거를 기초하여 실시하는 것이다.

의학적 접근은 내담자가 행동표현을 하기위해서 나타나는 신경생리적 활동의 과정을 규명하고자 한다(음악자극에 따른 반응과 행동 – 신경생리적인 구조와 과정이 음악자극에 반응).

3. 1. 1 음악의 치료적 요소

음악(소리)은 기본적으로 리듬, 멜로디, 화음의 세 가지 특성으로 구성되어 있다. 인간이 음악에 반응하기 이전에 뇌는 이러한 음악적 특성을 탐지한다. 그 이유는 인간의 청각 지각은 소리의 물리적 속성을 우선으로 탐지하기 때문이다.

[표 3-1] 음악적 중재와 약물의 비교

내용	약물	음악적 중재
성분 (ingredients)	약의 구성요소	음악적 요소(리듬, 멜로디, 음색; 음고, 음량, 음색)의 특성
조제량 (dosage)	복용량과 기간	자극의 양과 기간
지시사항 (indications)	식후30분, 취침 전 등	클라이언트의 선호도, 상황적 조건
효과 (effects)	진통제, 이완제 등	수면 유도, 이완, 격양
부작용 (side effects)	위장문제 등	부작용, 집중곤란, 부적 기억회상
금기사항 (contraindication)	알레르기, 심장장애 등	심장재활에서의 진정적 음악사용 신체재활에서의 자극적 음악사용 정신질환에서의 연상적 음악사용
복용방법 (ways of application)	물과 같이 혹은 음료수에 희석 등	이어폰, 스피커 사용 등

의학적 음악치료의 특징

음악을 치료적 자극으로 사용할 때 그 사용과 효과 에 대한 의학적인 이해와 설명의 방법이다.

첫째 ; 개개인이 음악의 소리를 수용하고 반응하는 신경생리적 구조를 갖고 있다.

둘째 ; 음악활동의 참여는 생리적인, 신경심리적인 과정들을 촉진시킨다.

셋째 ; 음악적으로 촉진된 신경생리적인 반응들은 관찰과 측정이 가능하며, 예측된다.

정신장애나 질환으로 언어소통에 어려움을 갖는 환자들이 있다. 이들은 부주의하고, 산만하며, 혼동되고, 우울하고, 환각증상이 있거나 심리적 불안한 상태이기 때문에 상호적 언어표현에 어려움을 갖는다. 이러한 환자들에게 음악은 매우 유용하다. 그 이유는 음악은 유기체 안으로 진입하기 위해서 대뇌에 의존하지 않으며, 모든 감정이나 감각을 연결하는 정거장인 간뇌 시상하부에 의해서 각성하기 때문이다.

3. 1. 2 음악과 운동체계

운동체계를 중심으로 한 음악치료기법 중에서 가장 대표적인 것은 신경학적 음악치료기법 (Neurological Music Therapy; NMT)이다.

신경학적 음악치료에서 가장 유의미한 음악요소는 리듬이다. 이는 인간의 내재된 신체리듬 혹은 항상성리듬을 조절해 주기 때문에 청각자극이 제공되는 동시에 인간은 주어진 청각적 자극에 동화됨은 물론 움직임이나 동작까지도 제시되는 음악의 리듬, 즉 소리의 시간적 배열에 맞추어 조절되려는 경향이 있다.

3. 2 행동주의적 기법

행동주의 음악치료는 행동주의 이론을 기초하여 음악환경의 조성과 개입을 설정하는 것을 말한다.

첫째 ; 모든 행동은 학습된다는 전제하에 정상행동이나 이상행동 모두 동일한 원리에 의하여 학습된다.

둘째 ; 모든 행동은 학습되기 때문에 이와 유사하게 새로운 행동이 형성, 유지, 제거되거나 설정되는 것은 환경자극에 따라서 조정될 수 있다.

셋째 ; 문제행동치료에서 과거보다는 현재를 중요시한다. 과거의 어떤 경험이나 자극이 문제행동의 원인이 되었다 하더라도, 과거요인을 지금 통제할 수 없다. 따라서 현실적으로 통제가 가능한 현재행동에 영향을 미치고 있는 요인을 규명하여 이에 대한 음악적 개입을 제시하는데 초점을 둔다.

넷째 ; 치료결과의 객관성을 중요시 한다.

관찰된 모든 것은 정량화되어야 하므로 관찰과 측정이 가능한 행동을 중심으로 연구된다. 관찰 가능한 행동을 대상으로 하기 때문에 수집된 자료는 객관성이 보장될 수 있다. 결과적으로 행동의 질적 차이보다는 측정 가능한 양적 차이에 초점을 둔다.

3. 2. 1 행동주의적 음악치료 접근

행동수정 원리에 따라 목표행동에 대한 치료개입이 이루어진다. 이때에 음악은 독립변인으로, 행동은 종속변인으로 규명한 후 치료적 개입을 설정한다.

첫째 ; 무엇이 부적응 혹은 문제행동인가? 어떠한 행동들이 증가 또는 감소되어야 하는가?

둘째 ; 현재 환아의 행동을 지지하는 환경적 강화요인(환아의 바람직하지 않은 행동을 유지하는 것, 또는 보다 긍정적인 반응의 수행을 감소시키는 양자 모두)은 무엇인가?

셋째 ; 환아의 행동을 대치하기 위한 강화자극인 환경적 변화들은 무엇인가?

이러한 상관관계를 통해서 음악이 하나의 자극으로서 어떠한 행동을 어떻게 조절할 수 있는지에 대한 구체적이며 객관적인 결과를 나타내야 한다.

3. 2. 2. 과제분석

과제(음악치료활동)분석은 복잡한 행동을 가장 작은 구성요소들로 분해해 놓은 과정을 말한다. 환아가 과제를 정확하게 완수할 수 있도록 선택된 활동의 세부적인 구성요소를 시간의 순서로 기입하고 단계적으로 나열하는 작업을 의미한다.

- 전제조건 ; 학습이란 단계적으로 일어나며 한 단계 행동의 학습은 그 하위수준의 행동이 먼저 학습된 후에야 가능하다(LeMay, Griffin).
- 환아가 다양한 발달장애를 가지고 있을 경우 과제를 한 번에 성공적으로 수행하기 어렵다. 인지기능이 낮은 대상은 행동의 결손을 나타낼 뿐만 아니라 정상발달에 비해서 학습능력이 매우 낮다. 따라서 정상발달 아동에게는 쉽고 간단한 과제라 하더라도 발달지체나 발달지연을 가진 대상에게는 상대적으로 어려운 과제가 될 수 있다.

보다 높은 치료효과를 얻기 위해서는 과제 분석에 기초한 점진적 접근이 필요하다. 이를 위해서는 정상발달의 순서에 따라 잘 배열된 발달과제에 기초하여 환아를 관찰함으로써 발달상의 결손을 발견하고, 이것을 구체적 행동의 문제로 정의하며 치료방향과 목표를 설정하여야 한다.

음악치료에 과제분석 기법을 적용한다면 환아의 어려움을 세부적이고 구체적으로 알 수 있다. 그러므로 하위단위로부터 세분화된 치료적 접근은 환아의 복잡하고 어려움 문제행동을 보다 쉽고 성공적인 발달로 이끌 수 있다.

3. 2. 3 음악적 자극과 치료적 역할

음악치료에서 음악의 역할은 매우 중요하다. 음악을 통해서 치료적 효과를 이끌기 위해서는 음악적 자극에 대한 치료적 근거가 명확하게 제시되어야 한다.

행동심리학적 접근에서 음악적 행동을 분석하면 행동주의적 관점에서는 문제행동의 진단에 따라 치료적 음악활동이 결정된다. 문제행동이나 부적응행동의 학습경위를 밝히고 행동 변화를 위한 구체적 방안을 제시하는 것을 의미한다. 행동진단은 문제행동을 유발하는 선행자극과 유발된 행동을 강화하는 후속자극을 직접 관찰하는 과정이다. 따라서 문제행동을 변화시키기 위하여 선행자극과 후속자극을 재배열하는 것이 치료적 접근이다. 이러한 치료적 접근은 이미 학습되어 나타나는 문제행동과 부적응행동을 감소시키거나 제거하기 위한 음악치료에 매우 효과적이다.

음악적 선행자극

적절한 반응과 행동을 유도(각 음악적 요소가 어떠한 기능을 하는지 구체적으로 서술해야 한다)한다.

치료활동에 사용된 음악이 특정 이미지나 주제와 연관 지어 선곡되는 경우, 멜로디는 연상을 자극함으로써 기억력을 촉진시키고, 자극된 기억은 시각적 · 공간적 경험을 끌어온다.

음악적 행동

음악적 행동이 실제 행동으로 나타나는 경우(음악적 행동을 수행할 때 환아의 문제행동이 감소되는 경우) 환아로 하여금 리듬패턴의 인지 리듬연주에 필요한 운동기능, 운동 범위의 증가(북의 수나 위치를 변경) 그리고 전 곡을 마칠 때 까지 연주에 몰입하게 하는 시간적 구조 등 음악적 행동에서 수정하고자 하는 행동을 설정하여 활동을 구성한다.

음악적 후속자극

행동을 증가시키는 요인, 행동에 따르는 반응, 새로운 반응의 발생가능성 증가 등의 요인을 말한다.

음악을 조건적 자극제로 제공했을 때 적응행동의 횟수와 강도가 증가한다. 특히 인지능력을 촉진시키는데, 아무 자극이 없는 상황보다 음악적 개입이 있는 상황이 대상자의 높은 참여와 자극을 유도한다.

3. 2. 4 구조와 전략

행동심리적 접근에서는 행동에 대한 음악자극을 포함한 환경적 자극의 중요성을 강조한다. 환경적 자극이란 음악의 내적 혹은 외적 자극을 말하며, 성공적인 행동을 학습시키고 유도하기 위해서 음악의 내적 및 외적 자극을 분석하고 최대한의 반응을 위해 구조화하는 것이다.

음악의 내적 구조

- 발달단계에 기준을 두고 음악활동을 발달단계에 따라 나열한 작업이다.
- 과제수행의 효율성을 높이기 위해서 과제를 단계적이고 체계적으로 이끈다.
- 동질성의 원리에 따라 행동과 감정발달을 구조화한다.

음악의 외적 구조

- 음악활동에 집중할 수 있도록 이끌기 위한 다양한 전략이 필요하다.
- 참여도를 높이기 위해 대상의 기능에 맞춰 시각적 공간적 조건을 고려해야 한다.

행동주의 철학을 가진 음악치료사들은 환아의 총체적인 삶의 상황을 다루기보다는 행동의 문제들을 해결하는 데 치료목적을 둔다. 그러나 모든 문제를 순전히 행동적인 문제로 추론해서는 안 된다. 왜냐하면 일상적 행동들을 다루는 문제는 환아의 성격구조와 그의 존재양식과 밀접한 관계가 있다. 따라서 행동의 완전한 변화를 이끌기 위해서는 환아의 총체적 삶의 상황에 초점을 맞추어야 하기 때문이다.

3. 3 정신역동적 기법

정신역동 음악치료는 다양한 심리학적 이론에 기초하고 있으며, 기본적으로 프로이드의 정신분석이론에 그 기초를 두고 있다. 정신역동이라는 것은 인간의 행동이 성격구조의 역동적 상호작용에 기인하며 이러한 역동들이 현재의 대인관계와 개인으로서의 기능에 영향을 미친다고 보고 있다.

정신역동 음악치료는 사회적 상호 관계와 음악 또는 음악적 환경을 연관 지어 치료를 유도하는 것이다. 따라서 치료과정에서는 음악과 환아 그리고 치료사의 역동적인 관계가 중요하다.

이러한 정신역동 음악치료의 기본원칙은 모든 인간은 무의식적 사고를 지니고 있으며 이러한 무의식은 영유아기 때부터 깊게 잠재되어 있다는 것을 강조한다. 무의식적인 욕구가 의식적 사고와 갈등 상태에 놓이게 되면 감정적 혹은 정서적 문제가 발생되는데, 의식과 무의식의 자각을 통해 환아의 성격구조를 수정하는 방법과 본능적 행동보다는 현실에 맞는 행동을 할 수 있도록 자아를 강화시키는 데 치료의 초점을 둔다(Corey, 1984).

정신역동 음악치료는 음악자극과 활동을 통해서 환아의 심리적 행동적 문제에 대한 근본적인 원인 규명과 자기이해 그리고 변화를 이끌어 내기 위해 노력한다.

음악에 대한 정신분석적 접근은 1910년 초 프로이드 학파의 출현과 함께 정신과 의사에 의해서 시작되었다. 그러나 음악적 현상을 객관적인 개념으로 설명하는 데 대한 어려움으로 거의 이루어지지 못했다.

1950년대에 이르러서는 많은 정신분석가와 심리학자들이 프로이드 정신분석이론에 기초한 음악적 개입을 제시하였다. 예를 들어, 음악을 통해 본능과 관련된 감정적 분출과 에너지 표출이 가능하고, 음악활동을 통한 자아를 충족시켜주고, 음악적 규칙과 구조와 형식에 관한 법칙들을 따르는 것이 초자아를 충족시켜주는 것 등이다.[61]

1960년대에 들어서 정신역동음악치료의 이론적 근거가 유럽과 미국에서 정립되기 시작하였다. 그리고 이시기에 지금까지 개인중심 심리학에서 집단 역동성을 강조하는 사회심리학이 나타남에 따라 음악치료에 정신역동이론의 활용이 높아졌다.

사회심리학은 개인의 사고와 행동에 미치는 영향에서 환경적인 요인을 중요시하는 것이다. 따라서 치료역시 다양한 형태의 집단역동성과 기능을 재경험하는 과정에 중점을 둔다. 개인중심 심리학(자아심리학; self-psychology)에서는 억압된 내적 문제와 이러한 문제들이 외부로 표출되는 심리적인 갈등을 중점으로 치료적 접근을 한다. 60년대 정신역동음악치료는 이러한 이론적 기초를 바탕으로 하여 억압된 내적 갈등을 탐색하고 성격구조에 대한 심리적 반응을 다룸으로써 내재된 문제에 대한 자기 통찰을 강화시키는 데 역점을 두었다.

61) Kohut, 1957; Kohut & Levarie, 1950

1970년대 들어서 Tyson의 정신질환자를 대상으로 한 정신역동음악치료의 접근을 통해서 전문성이 더욱 구체화되었다. 특이 Mary Priestley가 영국과 유럽전지역 그리고 북미에서 정신역동적 음악치료의 이론과 실제를 소개하였다. 그 밖에도 Pavlicevic, Wigram & De Backer, Handley, Pederson & Bgonde 등의 음악치료학자들에 의해서 정신역동음악치료에 대한 이론이 다양하고 깊게 발전하게 되었다.

정신역동음악치료의 심리학적 이론으로는 프로이드 이론, 대상관계, 자아심리학이 기초가 되었다. 프로이드 이론은 사람의 정신세계를 이해하기 위한 포괄적인 틀을 제공하였을 뿐만 아니라 의식세계에 대한 체계와 성격구조를 설명한다. 프로이드 이론을 기초한 정신치료는 인간의 문제 원인과 증상에 대한 이해를 얻음으로써 치료가 시작되고, 이에 대한 통찰력을 성장시킴으로써 건강한 정신과 기능을 유지할 수 있도록 하는 것이다.

대상관계이론에서 인간은 현실의 다양한 인물과 관계하는 과정에서 경험을 통해 대상들에 대한 내면화된 이미지를 만들어 내며, 내면화된 이미지가 이후 다른 관계에 투사된다. 대상관계이론에 기초한 정신역동음악치료는 대상관계를 형성하는 과정에서 내재된 본인의 이미지(내적대상)들이 어떠한 영향을 미치고 있는지, 그리고 이러한 패턴들이 지속되고 있는지에 대한 인식과 이해를 돕는다.

Heinz Kohutdl의 자기심리학은 자신감과 자기가치를 구성하는 데 미치는 외적관계의 영향들을 다루고 있다. 인간이 심리적 행복을 유지하기 위해서 다른 사람들로부터 받는 격려, 지지, 사랑과 같은 역할을 강조한다. 인간의 상호 작용패턴, 대인관계형성에서의 정신역동을 제시한다. 즉, 클라이언트의 문제를 다룰 때 고립된 실체로 문제를 분석하기보다는 개인이 가지고 있는 타인 혹은 환경과의 상호 작용에 대한 통찰력의 필요성에 대해서 설명하고 있다.

3. 3. 1 음악치료의 정신역동적 개념

개인의 내적 역동성

정신역동적 음악치료의 개념은 프로이드 정신분석과 대상관계 그리고 자아심리학 이론을 중심으로 되어 있다.

프로이드 정신분석은 욕구이론, 성격구조, 심리성적발달단계와 방어기제 이론을 중심으로 하고 있다. 이것은 성적 욕구인 리비도(libido)가 신체의 특정부위에 집중되면서 인간의 내적 정신 활동이 이루어지게 되고 성적욕구에 의한 정신활동이 성격구조인 '원욕, 자아, 초자아'에 의해 갈등을 겪게 되면서 개인의 성격이 형성된다는 이론이다.

정신역동적 음악치료는 이러한 프로이드 이론에 근거하여 음악을 본능의 음악, 자아의 음악, 초자아의 음악으로 구분하여 수용한다. 본능의 음악은 무의식을 자극하는 특징이 강하고, 자아의 음악은 인간의 자아를 유지하고 현실감을 강화시켜 준다. 그리고 초자아 음악은 도덕적 사고와 절제를 강화시키는 특징을 갖고 있다.

정신역동적 음악치료는 음악적 경험을 통해 얻게 되는 원초적 본능과 이성적 본능을 사회적 경험과 발달로 승화시키는 역할을 한다. 이때의 음악적 기능은 심리적으로 억압된 감정을 음악적 감정으로 표출시키는 카타르시스의 역할을 갖는다.

음악요소와 정신역동의 관계

- 리듬과 장단은 내재된 에너지(성적 욕구)를 분출시킨다.
- 안정적이며 지속적인 리듬은 본능적인 긴장을 완화시킨다.
- 멜로디는 본능과 자아 간에 대립되는 긴장에 균형을 유지시킨다.
- 화음은 정신적 만족감을 충족시키면서 내제된 에너지를 분출시킨다.

음악적 경험의 카타르시스 역할은 원초적인 성적 에너지 분출에 영향을 미치며 내재된 충동성을 해결해 준다.

자아로서의 음악은 성취감, 완성도 그리고 비구조에서 구조로 전개되는 과정에서 정서적 만족을 유도한다. 음악으로 완성되기 이전의 음악은 의미 없는 단순한 소리자극에 머물며 정서적으로 부정 정서를 유발시킨다. 단순한 소리자극이 음악이라는 형태(리듬, 멜로디, 선율, 형식)로 만들어지면서 자아는 성취감을 경험한다. 음악적 경험이 자아활동으로 될 수 있는 이유는 인간이 음악에 대한 개념, 이미지, 구조를 이해하려는 과정에서 긍정적인 경험을 추구하기 때문이다. 음악적 이해가 수용되면 긍정적인 경험이 될 수 있고, 이와 반대로 음악적 이해가 낮아 음악이 수용되지 않으면 혼란과 긴장이 유발되고 부정적인 경험으로 수용된다(음악활동 대상의 인지적 행동적 특성에 맞춰 음악적 내용이 구조화되어야 효과적인 경험을 유발시킬 수 있다).

초자아로서의 음악적 경험은 사회적(도덕적, 윤리적, 규율적 사고) 가치관이 음악적 수용에서 충족될 때 형성된다. 음악적 구조와 규율에 행동적 조절과 정서적 통제를 통해서 순응할 때 내재된 초자아적인 경험으로 수용된다. 음악의 심리적 경험은 음악적 초자아가 충족되면서 경험된다 (Kohut, 1999).

3. 3. 2 심리성적 발달단계

프로이드의 심리성적 발달단계

프로이드는 구강기적 고착 또는 항문기적 고착 등과 같은 신체 부위와 관련된 심리성적 발달단계를 제시하였다. 이것은 인간의 발달이 심리성적 발달을 따른다는 것인데, 본능과 관련된 욕구 충족과 욕구 불만은 고착의 형태로 성격에 지속적으로 영향을 주며, 고착행동 및 강박행동으로 남는다는 것이다.

① **구강기** (생후 약 1세, 영아기)

성적욕구가 구강에 집중되는 시기로 구강의 경험을 통해서 만족, 쾌감, 고통을 알게 된다. 이때 적절한 만족을 얻지 못하고 과소 충족되거나 과잉 충족되었을 경우 욕구불만이 된다. 이 시기에 구강기적 욕구가 해소되지 못하고 고착되면 성장하여 음식에 집착, 물어뜯기, 과음, 과도한 흡연, 신랄한 비평, 빈정거림 등의 구강기 성격을 나타낸다.

② **항문기** (1~3세, 초기유아기)

배설 경험을 통해서 욕구의 충족을 이루며 배변 훈련을 통해서 처음으로 자신의 욕구통제 훈련을 받는다. 적절한 배설통제 지도가 이루어지지 않을 때는, 성장 후 불안감이 강해지고 자신을 지나치게 억제하는 성격을 갖게 된다.

③ **남근기** (3~5세, 유아기)

성기에 성적욕구가 집중된다. 자기중심적인 성향이 강하고, 남아는 오이디푸스 콤플렉스와 거세불안을 느끼며 여아는 엘렉트라 콤플렉스와 남근선망을 경험한다. 이 시기에 부모에 대한 동일시 과정에서 성 역할 및 도덕적 태도, 가치관이 내면화되며 초자아가 형성되고 발달하게 된다.

④ **잠복기** (5/6세~11/12세, 아동기)

성에 대한 관심이 나타나지 않는 시기로 지적탐색이 활발해지고 친구와의 우정, 신체의 발육과 성장 등 지적인 활동에 에너지를 집중시킨다. 이 시기에 자아와 초자아가 강해지고 고착되면 성인이 되어서도 이성에 대한 정상적이 관심을 발달시키지 못하고 동성 간의 우정에 집착하게 된다.

⑤ **생식기** (11/12세 이후, 청년기)

성충동이 나타나며 이성에게로 관심이 증대된다. 이 시기를 순조롭게 성취한 경우는 타인에 대한 관심이 높고, 자기중심적인 것이 낮으며 객관적으로 세계를 바라볼 수 있게 된다. 그렇지 못한 경우는 이성에 대한 적응이 어려워진다.

3. 3. 3 에릭슨의 심리사회적 발달단계

에릭슨은 프로이드의 심리성적 발달의 기본 개념을 받아들이면서 인간의 발달이 심리사회적 측면에서 이루어진다고 설명한다. 특히 에릭슨은 성격발달이 개인이 극복하고 내면화해야 하는 일련의 위기들을 통해 이루어진다는 것을 강조하고 심리발달을 태어나면서 노년기까지 8단계로 나누었다.

① **제1단계 : 신뢰감 대 불신감** (출생~생후 1년, 영아기)

아기의 욕구가 부모나 주위환경으로부터 일관성있는 지지를 받게 되면 신뢰감을 형성하게 되지만, 주위의 보호가 부적절하면 불신감을 형성하게 된다.

② **제2단계 : 자율성 대 수치심과 회의감** (2~3세, 초기 유아기)

배변훈련과 관련하여 자기 자신을 통제할 수 있는 독립된 개체로서의 인식이 발달하고 자기효능감이 생기며 자율성을 형성한다. 특히 부모(어머니)나 주위의 분별력있는 도움과 격려는 아동의 자율성을 키우게 되지만, 과잉보호나 부적절한 도움은 수치 또는 회의가 생기게 된다.

③ **제3단계 : 주도성 대 죄책감** (4~5세, 아동기)

주변세계를 탐색할 수 있는 기회와 자유는 어린이의 주도성을 발달시키지만, 그렇지 않으면 자신의 행동에 죄책감을 갖는다.

④ **제4단계 : 근면성 대 열등감** (6~11세, 잠복기)

무엇을 성취하도록 기회를 부여받으면 그 결과 근면성을 갖게 되지만, 비난이나 좌절감을 경험하면 열등감을 갖게 된다.

⑤ **제5단계 : 자아정체감 대 역할혼미** (청년기, 생식기)

정서적 안정과 좋은 성역할의 모델이 있으면 자신에 대한 통찰과 자아정체감을 갖게 되지만, 그렇지 않으면 직업선택이나 성역할, 가치관의 확립에 있어 심한 갈등을 야기한다.

⑥ **제6단계 : 친밀감 대 고립감** (성인전기)

부모, 배우자, 동료 등과 좋은 인간관계를 발전시키면 친밀감을 갖게 되지만, 그렇지 못하면 타인에 대한 두려움과 고립감이 생긴다.

⑦ **제7단계 : 생산성 대 침체성** (성인중기)

자신에게 몰두하기보다는 자녀와 직업을 통해 생산적인 활동에 참여하는데, 만일 그렇지 못하면 사회 심리적으로 침체된다.

⑧ **제8단계 : 통합성 대 절망감** (성인후기 혹은 노년기)

지금까지의 인생에 만족하면 생의 유한성도 수용하지만, 그렇지 않으면 공허함과 초조함을 느끼며 절망감을 느낀다.

에릭슨은 성격발달이 전환기의 연속이며, 각 전환기는 바람직한 것과 그렇지 않은 것으로 나누어진다고 하였다. 각 단계에는 특유의 과제가 있으며 각 단계의 위기를 성공적으로 해결했을 때 성격발달이 제대로 이루어진다.

그는 자아의 중요성을 강조하였으며, 인간관계를 가족, 사회, 문화의 관련 속에서 보다 포괄적으로 설명하고 사회 문화적 영향을 강조하였기 때문에 그의 성격발달이론을 심리 사회적 발달이라고도 한다.

3. 3. 4 방어기제, 전이 및 역전이

방어기제(防禦機制)는 스트레스 및 불안의 위협에서 자신을 보호하기 위해 실제적인 욕망을 무의식적으로 속이면서 대체하는 양식이다. 무엇이 위협적인지 분명치 않은 상황이나 자아개념을 위협하는 심미적 갈등이 있을 때 방어기제가 일어난다.

방어기제는 성격발달의 수준이나 불안의 정도에 따라 여러 가지 형태로 나타나지만 두 가지 공통된 특성을 가지고 있다. 그 첫 번째로 방어기제는 사실을 거부하거나 왜곡시킨다는 점이며,

두 번째로 방어기제는 무의식적으로 작용한다는 점을 들 수 있다.

이성적이고 직접적인 방법으로 불안을 통제할 수 없을 때, 자아를 붕괴의 위험에서 보호하기 위해 무의식적으로 사용하는 사고 및 행동 수단인 방어기제에는 도피, 억압, 동일시, 보상, 투사 등이 있다.

억압

억압은 수용하기 어렵거나 두려운 내용을 의식으로 표출하지 않고 무의식의 세계에 머무르게 하려는 방어기제이다. 프로이드는 억압을 이차적 자아방어로 간주했는데, 이는 더 정교한 방어기제의 수단이 될 뿐만 아니라, 불안을 가장 직접적인 방법으로 회피하기 때문이다. 즉, 억압은 의식하기에는 너무나 고통스럽고 충격적이어서, 무의식적으로 억눌러버리는 것을 말한다.

억제

억압과 유사한 방어기제로서 억제가 있다. 억제는 의식적으로 생각과 느낌을 눌러버리는 것을 말한다. 즉, 욕구불만에 의해서 긴장을 해소하기 위하여 자기의 감정이나 또는 부당하다고 생각하고 있는 원망 등을 억제시켜 의식의 세계에서 말살하려고 하며, 생각조차 하지 않으려 하는 행동이다. 억제가 바탕이 된 극단적인 경우가 억압이다.

거부

가장 원시적인 방어기제로서 아동과 심한 정서장애자들이 주로 사용한다. 위협적인 현실에 눈을 감아 버림으로써 불안을 방어해 보려는 수단이다. 사람들은 불안을 일으키는 현실을 실제로 받아들이기를 거부한다. 예를 들면, 사랑하는 사람이 죽었을 때 그 죽음 자체를 부인한다든지, 전쟁의 공포를 없애기 위해 전쟁의 비참함에 눈을 감아 버리는 것 등이다.

투사

자신의 자아에 내재해 있으나 받아들일 수 없는 것들을 다른 사람의 특성으로 돌려 버리는 수단이다. 즉, 자신의 심리적 속성이 타인에게 있는 것처럼 생각하고 행동하는 것이다. 자기 자신이 화가 나 있는 것은 의식하지 못하고 상대방이 화를 냈다고 생각하는 것으로 그 예를 들 수 있다.

고착

성격발달의 단계 중 어느 한 단계에 머물러 다음 단계로 발달하지 않음으로써 다음 단계가 주는 불안에서 벗어나려 하는 방어기제이다. 즉, 독립적인 존재가 되기보다는 남에게 의지하고 싶어 하는 아동은 성숙한 인간이 마땅히 받아들여야 할 책임을 감당하는 것이 두려워 성장하기를 거절하고 유아기에 병적으로 집착하려는 것이다.

어른다운 행동과 사고를 해야 할 대학생이 되었음에도 불구하고 고등학교 수준의 행동 및 사고방식에 머물러 있는 경우를 그 예로 들 수 있다.

퇴행

비교적 단순한 초기의 발달단계로 후퇴하는 행동을 퇴행이라 한다. 즉, 욕구가 크지 않은 유아기의 단계로 되돌아가 안주하려는 방어수단이다. 예를 들면 동생을 본 아동이 나이에 어울리지 않게 응석을 부리거나 대소변을 잘 가리다가도 다시 못 가리는 경우이다.

퇴행은 고착과는 달리 이미 성장하여 그 성장단계를 지나왔음에도 불구하고 불안이 예상될 때는 무의식적으로 이미 지나온 과거의 단계로 다시 돌아감으로써 예상되는 불안에서 벗어나려는 방어수단이다.

합리화

실망을 주는 현실에서 도피하기 위해 그럴듯한 구실을 붙이는 것을 말한다. 즉, 상처 입은 자아에게 더 큰 상처를 입지 않으려고 설명하여 빠져나갈 합리적인 이유를 만들어 내는 일종의 자기기만의 방어기제이다. 예를 들면, 이솝 우화에서처럼 여우가 포도를 먹고 싶어 하지만 키가 모자라 딸 수 없어 먹을 수 없는 포도를 쳐다보면서 "저 포도는 아직 익지 않아서 시어서 안 먹어."라고 말하는 경우가 여기에 해당된다.

승화

승화란 개인이 사회적으로 용납될 수 없는 근본적인 충동을 사회적으로 용납된 생각이나 행동으로 표현함으로써 적절하게 전환시키는 자아기능이다. 즉, 승화는 자아로 하여금 충동의 표현을 억제하지 않고 충동의 목적이나 대상을 변화시키기 때문에 문제가 있는 충동을 유일하게 건전하고 건설적인 방법으로 다루는 기제라고 볼 수 있다. 자신의 공격적인 충동을 운동경기, 즉 권투경기를 통하여 발산하여 사회적으로 환영받는 위대한 권투선수가 되는 것을 그 예로 들 수 있다.

치환/전위

자신이 원했던 원래의 목표나 인물 대신 그것을 대치할 수 있는 다른 목표나 인물에게 에너지를 쏟아놓는 방어기제이다. 즉, 본능적인 충동의 표현을 재조정해서 위협을 많이 주는 사람이나 대상에서 덜 위협적인 대상으로 방향을 전환하는 것이다. 예를 들어, '프랑스에서 실업률이 최고에 달했을 때 고양이가 없었다.' 라는 말은 자신을 실직시킨 대상에게 화풀이할 수 없는 소시민들이 애꿎은 고양이에게 화풀이를 해서 살아남은 고양이가 없었다는 것이다.

반동 형성

자아는 때때로 반대행동을 함으로써 오히려 금지된 충동이 표출되는 것으로부터 자신을 조절하거나 방어하는데 이를 반동 형성이라고 한다. 반동 형성은 첫째, 받아들일 수 없는 충동을 억압하고 둘째, 그 반대적인 행동이 의식적 차원에서 표현되는 두 가지 단계를 거친다.

반동 형성은 사회적으로 허용된 것이나 강박적이고 과장되고 엄격한 특징을 가진 행동 중에서 잘 나타난다. 예를 들어, 흑인 여성에게 강한 성욕을 느끼는 백인 남성이 흑인 남성들은 성적으로 문란하고, 타락한 성생활을 한다고 비난하는 것이다.

음악치료활동에서 나타나는 방어기제는 음악적 상징에 대한 반응이라고 볼 수 있다. 음악활동과 음악적 상호 작용에서는 다양한 방어기제가 나타날 수 있는데 그 이유는 음악은 개인의 감성적인 측면을 다루기 때문이다. 치료사와 환아 간의 공유된 음악적 경험은 상호간의 음악적 욕구 충족으로 볼 수 있다.

정신역동적 음악치료는 전이적 또는 역전이적 현상과 반응에 중점을 두고 있다. 따라서 환아의 무의식을 탐색하고 규명하는 과정과 상호 관계 발전을 유도하고자 한다. 이러한 과정에서 음악적 경험의 공유는 치료사와 환아 사회심리적 욕구를 충족시킨다.

3. 3. 5 관계의 역동성

정신역동심리에서는 인간의 관계를 중요시하는 대상관계이론을 중심으로 문제해결을 찾고자 노력한다. 대상관계이론은 프로이드 이론에 근거를 두고 있으면서 대인관계의 구성요소에 초점을 맞추고 있다. 따라서 치료적 초점은 환아의 관계적 문제를 다루는 것이라 볼 수 있다. 즉, 환아가 양육과정에서 내면화된 부모(주 양육자)의 표상에 초점을 두고 있다. 양육과정에서 부모와의 관계에서 비롯된 대상에 대한 이미지는 환아의 마음속에 내재화되어 타인과의 대인관계 영역에서 다시 나타나게 된다. 내재화된 대상은 환아의 주관적인 지각과 환상에 근거해서 발달과정 중에 형성되며, 이렇게 이루어진 대상이 다시 지각, 사고, 전이, 환상 및 현재의 대상관계에 영향을 미치는 상호 반응을 보이게 된다. 따라서 내재화된 대상이란 개인의 마음속에서 끊임없이 무의식적으로 상호 반응하는 존재의 근원이라 볼 수 있다.

음악은 대상관계에서 중간대상으로서의 역할을 갖는다. 중간대상이란 어머니로부터의 분리경험을 해결하기 위해 유아가 선택하게 되는 대처방안으로 주로 불안을 극복하기 위한 방어책으로 사용된다. 예를 들어 유아에게 자장가를 불러 주어 유아가 어머니로부터의 분리경험으로 인한 불안을 잊게 하였을 때, 자장가는 중간대상으로서의 역할을 하게 된다. 이때 자장가는 불안을 극복하기 위한 방어책으로서 사용될 뿐만 아니라 어머니와 유아의 사이를 연결해 주는 역할도 수행하게 된다.

대상관계에서 치료사의 역할은 환아가 경험한 초기 관계 형성과정을 이해하고, 부정적 대상에 대한 전이가 어떻게 계속적으로 발전되었는지에 대한 이해를 돕는 것이다. 치료를 통해서 환아는 대리-모성과 긍정적인 좋은 관계를 다시 경험함으로써 환아가 갖고 있는 관계에 대한 부정적 시각을 새로운 긍정적 시각으로 대처할 수 있도록 한다.

인간이 초기성장과정에서 부모로부터 자기대상의 욕구가 충족되지 않으면 자아 형성과 발달에 문제를 야기한다. 유아기에서 부모는 심리적으로 자기대상 욕구를 충족시켜 주는 역할을 수행한다. 자기대상 욕구란 긍정적이며 가치 있는 존재로 인정받고 싶은 욕구, 이상화하려는 욕구, 다른 사람들과 공통점과 유사점을 느끼고 싶은 욕구를 가리킨다. 이러한 유아기적 욕구 경험은 성장과정에서 다양한 형태로 지속된다. 만약 이러한 유아기적 욕구가 충족되지 못할 경우 낮은 자아감과 병리적 현상을 보이게 된다.

3. 3. 6 정신역동적 음악치료

정신역동적 음악치료는 치료사, 환아 그리고 음악과의 상호 관계를 강조하고 있다. 치료사의 중요한 과제 중 하나는 환아와 치료사, 환아와 음악 그리고 환아와 환아 사이에서 일어나는 역동의 유형과 패턴을 관찰하고 분석함으로써 존재하는 행동을 규명하는 것이다.

정신역동적 음악치료에서 치료사와 환아의 관계 형성은 다음과 같다.

첫째, 치료사는 가능한 긍정적인 전이를 형성하고 부정적인 전이를 피하도록 한다. 환아와 치료사의 관계는 라포 형성, 만남, 한계탐색, 신뢰감의 획득, 역할 정의, 갈등 해결 그리고 분리의 과정으로 정의된다.

둘째, 치료사는 환아의 문제 해결을 통해 환아의 정서적인 성장과 성숙을 유도할 때 분석가에서 지지자로 변환해야 한다. 치료사는 환아의 내적자아가 표현하고자 하는 것을 환아 스스로 발견하고 발전할 수 있도록 돕는 역할을 갖는다.

셋째, 환아의 대인관계적 행동과 음악적 행동을 파악하여야 한다. 즉, 환아가 치료사를 유의미한 대상으로서 받아들일 수 있도록 신뢰가 구축되어야 한다.

정신역동적 음악치료에서, 음악은 승화의 수단으로 제공되는데, 이는 음악을 통해서 사회적 욕구와 충동을 조율하고 해소하기 때문이다. 음악은 미해결된 갈등을 해소하기 위한 카타르시스적 기회를 제공한다. 음악은 적절하고 안전하게 환아의 자아구조의 힘을 전반적으로 육성시킨다. 환아는 음악을 통해서 문제를 감당하는 힘과 통찰력을 갖게 된다. 음악은 감성적 매개체로써 무의식과 직접적으로 접촉하기 때문에 의식하지 못했던 내재된 갈등과 감정적 문제에 대해서 새로운 인식을 갖게 한다.

정신역동적 음악치료의 목적은 현재의 기능을 방해하는 무의식적 사고와 감정을 의식수준으로 규명하여 숨겨진 갈등에 대한 이해를 얻고 치료사와 소통할 수 있도록 하는 데 있다. 따라서 음악치료사는 환아의 무의식에 대한 지속적인 탐색을 해야하며 이에 대한 통찰력을 길러야 한다.

3. 4 인본주의적 기법

인본주의심리학은 인간의 가치관과 이를 다루는 다른 심리학적 접근을 존중하며 인간 행동에 대한 새로운 탐색에 의미를 두었는데, 이러한 타접근에 대한 존중은 다른 심리학 분야의 개념 공유를 가능케 하였다. 또한 인본주의 심리학의 성장은 여러 면에서 과학적인 심리학 분야의 엄격한 실험적 절차에서 분리하여 발전 하였는데, 그 이유는 실험적 설계나 행동주의적 접근이 인간

현상의 다양성을 설명하고 이해시키는 데 큰 한계가 있고, 과학적 접근이 인간을 대상으로 한 연구 방법으로 매우 부적절하다는 것 때문이다.

인본주의적 심리학은 인간의 주체성과 전체성에 기초한 인간의 잠재적 가능성을 존중하면서 인간의 아름다운 본성을 추구하고 이해하며 자기실현을 꾀하고 인간의 성장을 중점으로 하는 심리학으로, Maslow는 이러한 인본주의적 심리학 이론의 기초를 확립하였다.

3. 4. 1 인본주의 철학과 인간관

인본주의 철학의 기원은 중세까지 거슬러 올라가며 인본주의 심리학은 현 세기의 실존주의적 그리고 현상학적 사고에 깊은 영향을 받았다.

음악치료학이 인간을 대상으로 하는 학문과 실제인 만큼 치료의 과정에서 어떠한 인간관을 중심으로 음악을 활용하여 하는지에 대한 이해는 필수적이다. 인본주의(humanistic)란 단어에서 알 수 있듯이 인간 자체는 물론, 인간에 대한 전체적인 이해와 총체적인 시각을 포괄하는 인본주의적 인간관은 다음과 같다.

첫째, 인본주의에서는 인간을 단일 유기체로 보기보다는 다른 창조물과 구별되는 독특한 속성과 능력을 가진 존재로 본다. 따라서 인간에 대한 일반화는 개인의 중요한 특징인 독창성을 없애는 일이므로 일반화될만한 이론을 발전시키기 보다는 개인별로 이해하고 관심을 갖는 것이 중요하다.

둘째, 인본주의에서는 인간의 존엄과 가치를 높이 고려하며, 모든 사람에게 있는 타고난 잠재력을 발달시키는 데 중점을 둔다. 인본주의 심리학은 모든 인간행동을 하나의 인간적 맥락에서 보고 인간의 가치, 선택력, 창의성, 자기실현을 강조한다.

셋째, 인본주의에서는 인간의 의식(awareness)에 초점을 둔다. 인간의 의식이란 감각적이며, 개인적이고 상황에 따라 연속적으로 변화한다. 이러한 의식의 경험은 발생하는 사건에 대한 신체적, 정서적 혹은 정신적인 반응과 이해의 총체로 정의된다.

넷째, 인간은 의도(intention)가 바탕이 된 선택을 행사한다. 인간은 의식하기 때문에 선택을 할 수 있고 선택된 경험에 참여하게 된다. 이러한 능력은 인간의 초월적인 잠재력을 실현시킬 수 있으며 자기-시도나 변화에 대한 의지를 추동할 수 있다. 또한 선택은 내재된 의도를 암시해 준다.

다섯째, 인본주의에서의 인간은 변화한다고 본다. 인간은 변화를 지향하려고 하는 성향과 안정된 상태를 유지하려고 하는 성향 모두를 가지고 있다(Ruud, 1978). 이는 동질정체의 원리와 변화를 추구하는 이질정체의 원리로 설명할 수 있다. 즉, 인간은 보수와 변화 양자를 모두 지향하며, 휴식을 갈망하지만 동시에 변화와 불균형도 갈망하는 것이다. 실존주의에서는 개인이 표상하는 모든 것은 고정되고 정적인 것이 아니라 지속적으로 변화하는 과정임을 강조한다. 따라서 개인은 끊임없이 변화하는 과정에 있으며, 존재 상태는 매 순간마다 달라진다고 할 수 있다.

여섯째, 인본주의적 심리학에서는 인간이 세상을 보고, 경험하고 있는 지금-여기(here and now)에서의 사상들이나 현상을 이해하는 데 초점을 둔다. 이는 개인이 주관적으로 가지고 있는 개인적 관점이나 사고 그리고 경험하는 세계관을 가장 중요하게 생각하기 때문이다. 인간은 문제를 해결함에서 내재된 본능, 욕구 외적 자극에 대한 반응, 과거의 경험대신 현재의 의식적인 선택, 내면의 욕구에 대한 결정 그리고 현재 상황에서 가장 적합한 행동 양상들에 초점을 둔다.

3. 4. 2 인본주의적 음악치료

욕구 충족과 음악

인간은 항상 어떤 욕구를 가지고 있으며, 욕구와 목표가 필요 없을 정도로 완전한 만족 상태에 이르기란 거의 불가능하다고 하는 것이었다. 또한, 저차원의 욕구가 충족되면 보다 상위의 욕구가 부상하는 등 전생을 욕구 충족의 과정으로 보는 것이다. 후속하는 욕구를 충족시키려면 전 단계의 욕구부터 충족되어야 하며, 인간의 성장과정과 단계 특징적 욕구의 발현 형식은 병행하는 것이다. Maslow는 인간의 기본적 욕구 충족은 기본적인 정신건강을 유지하는데 중요하며, 그렇지 못할 경우 신경증과 같은 정신건강의 문제를 가져온다고 하였다. 그리고 이러한 욕구계층이론에서 음악은 하위 욕구보다는 상위 욕구 충족과 연관이 있으며 극히 정신적이고 심리적인 욕구를 충족시켜 준다.

음악을 매개로 한 다양한 치료적 활동은 이러한 상위 욕구를 다루어 주는 과정을 제공하는데, 수동적 혹은 능동적 수준의 음악적 경험은 내재된 욕구의 투사, 규명, 통찰 등의 기회를 제공한다.

음악과 절정 경험

사람은 일생 동안 행복하고 충만한 순간에 경험을 체험 할 수 있다. 심미적경험, 창조적 순간, 치료적 또는 지적통찰력, 영적인 경험, 자연에 대한 경험, 경기에서의 성취감, 사랑하는 사람과의 만남 등을 맛보는 순간이 있다. 이처럼 최상의 행복감과 완성감을 느끼는 순간에서 기본적으로 나타나는 인지적 현상들이 절정 경험이다. 절정 경험은 개인의 인생에서 깊은 몰입과 황홀함을 수반하는 고양된 만족과 환희의 체험을 의미한다. 절정 경험에서 인간은 전치된 의식 상태를 인정하게 되는 순간이다. 이러한 경험들은 자기실현을 가능케 하며, 자신을 받아들이고 사랑하고, 내면의 갈등이나 불안으로부터 자유로울 수 있고, 체내에 있는 유기적 에너지를 보다 생산적으로 이용할 수 있게 해준다. 또한 인간은 절정 경험에서 생산적인 에너지를 재충전 받으며, 자기 스스로가 결정하는 존재임을 재확인하고 자신에 대한 확신을 얻게 된다.

즉흥적 음악활동에서 이러한 절정 경험을 체험할 수 있다. 창의성을 발휘하여 자신의 소리를 만들고, 소리들이 모여 음악의 형태를 이루며, 음악의 시간적 진행을 통해 완성도를 경험하고, 이 과정에서 본인의 통제력과 결정력 그리고 완전히 기능함을 체험하게 된다.

자기실현과 음악적 창의성

자기실현은 잠재적 능력 및 가능성을 실현하는 것을 의미하는 것으로 개인의 본질이 가지고 있는 가능성을 완전히 발휘하는 것이다. 그리고 자아실현은 신경증 혹은 정신병과 같은 다양한 질병이나 인간능력의 상실 혹은 감퇴로 인해 오는 심리적 문제에서 회복되는 것이다. 유아는 환경과 지속적인 상호 작용을 하면서 경험적 잠재력을 확대시켜 나가는데, 이 과정에서 유의미한 대상과 상호 작용이 일어나며, 이러한 유기체적 경험의 일부가 자기 또는 자기개념으로 분화된다. 즉, 인간은 성장하면서 갖는 상호 작용을 통해 자기에 대한 인식을 얻는데, 이것이 곧 자기 경험의 일부가 된다. 이 과정에서 인간은 긍정적인 경험을 위해서 대상으로부터 관심과 반응을 얻으려고 노력한다.

인간의 가장 보편적인 성향 중 하나가 창조성이다. 그리고 창조성은 잠재되어 있으며, 환경에 따라 발휘된다. 창조적 작업을 통해 인간의 잠재력과 능력이 탐색되고 표현될 수 있는데, 바로 음악은 예술적 매개체로 창의성을 기본으로 하는 활동이다. 음악 만들기는 인간의 창의성을 촉진하고 실현케 하는 경험을 제공해주며 이 과정에서 독창적인 음악이 만들어질 수 있다. 즉흥 연주된 음악은 판단되지도 평가되지도 않는 클라이언트 고유의 음악이며 창작물이다. 음악치료에서 음악은 한 개인의 표현 그 자체라고 할 수 있다. 환경 내에서 음악을 받아들이는 방법, 표현하는 방법, 개인의 무의식에 내재된 욕구에 따라 한 개인은 음악과의 관계를 형성한다.

인본주의 심리학자들은 인간행동의 복잡성을 탐색하는 데 인본주의적 접근이 적합하다고 주장한다. 하지만 인본주의적 접근은 실험적이고 통제된 연구들이 결여되어 있으며 사례 중심의 연구만 가능하다는 비판도 있다. 정신분석주의 심리학자나 행동주의 심리학자는 인간을 있는 그대로 표현하려 하지만, 인본주의 심리학자들은 인간이 무엇으로 성장할 수 있느냐 하는 견지에서 현실에서의 기능뿐 아니라 그 가능성을 보고자 한다. 또한 인본주의 심리학자들은 인간을 능동적이며 선택에 대한 판단력과 책임질 수 있는 능력을 가진 유기체라고 본다.

제4장 노인을 위한 음악치료

우리나라는 1960년대 이후 급속한 경제성장에 따른 산업화 · 도시화로 생활환경과 가치관의 많은 사회적 변화를 가져왔다. 또한 과학문명의 발달은 생활수준의 향상뿐만 아니라 출산율 저하, 그리고 의술의 발달로 1991년 남녀 평균 수명이 약 5년 이상 증가하는 등 전체 인구 가운데 노인이 차지하는 비율이 갈수록 증가하고 있어 고령화된 사회(aged society)에서 노인문제가 사회문제로 대두될 것으로 보인다(통계청, 2005).

고령화 사회에서 가장 심각한 문제 중 하나는 각종 노인 퇴행성 질환을 비롯하여 치매질환 노인수가 증가한다는 것이다. 실제로 65세 이상 인구의 만성질환 유병률이 87%임을 감안하면 유병장수노인의 증가는 전반적인 사회문제로 인식되고 있다.

우리나라 치매 유병률에 대한 정확한 자료는 없다. 하지만 1997년 한국보건사회연구원이 발표한 「치매관리 매핑 개발연구」에 따르면 65세 노인인구의 약 8.3%인 약 28만 명 정도가 치매환자로 추정되며, 이 문제는 환자 자신과 가족은 물론 사회적 문제를 야기하고 있다(오병훈, 2002). 하지만 노인질환 중에서 가장 흔히 발생하는 이러한 치매의 경우 치료의 한계성과 보건복지시스템의 미비한 것이 우리의 현실이다. 그러므로 치매를 중심으로 노인성 질환자에 대한 체계적인 관리정책이 노인복지정책 차원에서 절실히 요구되고 있다.

치매는 점차 지적 기능이 현저하게 손상되어 일상적인 생활 적응에 심각한 문제를 초래하는 정신장애이다. 또한 정서조절 능력의 손상으로 부적절하고 충동적인 행동을 하며, 신체운동기능의 결함으로 일상적인 활동은 물론 가장 기본적인 자기관리마저도 불가능해진다. 때로는 환각이나 망상 같은 정신질환 증세가 나타나기도 한다. 그러므로 치매환자는 신체적응 능력이 현저히 저하되는 신체적인 노화와 더불어 노인성 정신질환과 언어 · 운동 · 감각 기관의 장애와 정서적 우울증에 걸릴 확률이 높다. 자립적으로 일상생활을 할 수 없는 이러한 치매질환은 장기화될수록 증세가 심각해지며 심지어는 거의 모든 심리적 기능이 저하되는 인격의 황폐화가 나타나기도 하는데 첫째, 치매노인의 인지기능장애로 자극을 수용하고 처리할 때 일어나는 인식지연작용은 노화가 진행될수록 더욱 심해진다. 이러한 현상은 시간과 장소에 대한 지남력과 기억력, 주의집중과 계산능력의 감소로 더욱 두드러지게 나타난다. 또한 인지기능의 쇠퇴는 언어와 시공간능력의 결손으로 이어지므로 심각한 문제를 초래한다.

둘째, 치매노인의 인지기능 저하는 가족관계, 사회관계 등 직접적인 삶에 영향을 끼친다. 시설에 수용되어 있는 치매노인들은 자립해서 생활하는 노인에 비해 정신질환에 걸릴 확률이 매우 높으며 많은 심리학적 문제를 가지고 있다. 그리고 노화가 차츰 진행됨으로써 치매노인을 부양하는 가족들이 겪는 스트레스 수준이 매우 높아지면서 심각한 가족문제를 불러일으킨다. 또한 치매노인은 스스로 자신의 느낌을 표현하는 것과 질병과 장애에 대한 두려움으로 자신들의 소중한 과거의 기억들을 잊어버리면서 정서적 불안으로 쉽게 우울증에 빠지는 경향이 매우 크다. 일반적인 우울증과 달리 노인의 우울은 기억력을 동반한 인지기능의 장애까지 같이 겪기 때문에 더욱더 심각한 문제라는 것이다. 이 같은 다양하고 독특한 증상으로 심각한 장애를 수반하는 치매노인의 증가는 치매노인의 진정한 인간적 삶에 대한 다각적인 사회적 관심으로 부각되고 있다.

셋째, 최근에는 치매노인의 인지적 · 정서적 · 신체적 문제인식의 중요성뿐만 아니라 치매노인의 뇌기능 손상에 대한 관심이 높아지고 있다. 특히 혈관성치매는 뇌단층 촬영을 통해 볼 때 대뇌피질과 피질하 영역에서 혈관장애가 발견되는 것이 일반적이다.

최근에는 이와 같은 손상된 뇌기능의 향상시키기 위한 과학적인 근거를 제시하는 뇌파측정기를 이용한 연구들이 활성화되고 있다. 이러한 노인성 치매만이 갖는 기능적 장애인 인지적 쇠퇴와 우울, 그리고 낮은 삶의 질로 인한 정서적 결손으로 인해 치매는 사회활동은 물론 대인관계에도 심한 지장을 초래하여 노년기를 참담하게 만드는 질병으로 알려지게 된 것이다.

현재 치매노인을 위한 치료 중재방법으로는 완전한 치료를 기대하기는 어렵기 때문에 치매노인을 위한 사회환경적 치료의 중요성이 부각되고 있다.

1. 치매노인과 인지

1. 1 치매란

치매(癡呆)는 어리석을 치(癡)와 어리석은 매(呆)의 한자처럼 어리석은 바보나 멍청이가 되는 질병을 의미한다. 치매를 뜻하는 dementia 역시 mentia의 합성어로 '바보가 되는 병' 이란 뜻을 가지고 있다. 과거에 '노망' 또는 '망녕' 이라고 불리기도 했던 치매는 현대사회에서 수명 연장과 노인 인구의 증가와 더불어 사회적 문제로 크게 주목받고 있다(김기태 외, 2002).

치매는 본래 정신박약이 아닌 사람이 점차 지적 기능이 현저하게 손상되어 일상생활의 적응에 심각한 문제를 초래하는 정신장애이다. 기억력과 언어기능의 저하로 시작하여 이해력과 판단력, 추상적 사고력, 문제해결능력이 점차 소멸되며 전반적으로 인지기능뿐 아니라 정서조절능력에도 손상이 나타나 부적절하고 충동적인 행동을 하게 된다. 또한 신체운동기능에도 결함이 나타나 일상활동은 물론 가장 기본적인 자기관리마저도 불가능해진다. 때로는 환각이나 망상 같은 정신병적 증상이 나타나 거의 모든 심리적 기능이 와해되고 인격이 황폐화되어 비참한 상태로 전락하게 되는 것이다. 이러한 치매는 대체로 인생의 후반기에 발병하며 85세 이상에서는 유병률이 급격이 증가한다. 따라서 치매를 주요한 노년기 정신장애로 간주하고 있다(권석만 · 민병배, 2000).

치매의 원인은 크게 뇌퇴행성 치매, 뇌혈관성 치매, 알코올성 치매, 기타 원인에 의한 치매로 구분한다. 뇌퇴행성 치매는 알츠하이머형 치매가 가장 대표적이며, 알츠하이머형의 경우 뇌신경세포가 정돈되어 있지 않아 매우 비정상적으로 보이며 뇌기능이 정지하게 된다(김기태 외, 2002). 뇌세포가 기능을 정지하면 기억력 조정, 논리적 사고, 판단능력 등이 상실된다. 그리고 뇌졸중, 뇌출혈, 뇌경색 등으로 분류하는 혈관성 치매는 고혈압, 당뇨병, 비만 등을 가진 사람들에게서 잘 생긴다. 특히 고혈압이 위험인자인데, 혈중 콜레스테롤 등에 의해 뇌혈관이 터지거나 막혀 산소와 영양분의 공급이 차단되면 뇌세포가 손상을 받아서 치매의 원인이 된다. 그 외에도 저혈당, 저산소증 등 대사성 질환이나 알코올성 치매를 유발하는 중독성 질환 등도 치매의 원인이 된다

(이대희, 2003).

원인 질환별로 치매를 살펴보면 퇴행성 치매(대부분 알츠하이머형 치매)가 약 50%, 혈관성 치매가 약 20%, 퇴행성 치매와 혈관성 치매의 혼합형이 10~20%, 나머지가 10~20% 정도 된다. 이러한 치매환자들의 공통점들은 기억장애, 실어증, 실행증, 실인증, 실행기능의 장애를 가지며, 이러한 장애는 인지적 장애와 우울과 그들의 삶의 질에 영향을 미치는 정서적 문제, 신체적 문제와 더불어 뇌의 활성화를 나타내는 뇌파의 안정도에 영향을 미치는 것으로 알려져 있다. 여기에서는 치매노인들의 공통적인 문제로 제기되는 인지장애, 우울과 삶의 질을 포함한 정서장애와 뇌파의 문제에 초점을 맞추어 다룰 것이다.

1. 2 치매의 원인과 분류

1. 2. 1 알츠하이머형 치매

뇌신경세포의 퇴행으로 오는 알츠하이머형 치매는 병변을 원상 복귀할 수 없고 후기단계까지 뚜렷한 신체적 증상없이 진행되는 전형적인 신경퇴행성 질병으로, 원인을 알 수 없는 뇌의 전반적인 위축과 특유의 조직학적 장애를 나타낸다. 또한 양쪽 대뇌 반구 모두에서 신경세포들이 변성되며 지능과 성격에서 전반적인 점진적 퇴행을 일으킨다(오진주, 1995).

초기에는 기억력장애 증세만 보이다가 무감동, 일관성 결여, 사회로부터의 은둔 등 미묘한 인격변화가 후기로 갈수록 행동과 성격이 영향을 받아 주의력 결핍, 지능 감퇴, 기억력과 판단력 및 추상적 사고의 장애를 보이게 된다. 특히 질병이 서서히 진행되며 그 원인이나 치료법 또한 아직까지 밝혀지지 않아 생존율은 발병 후 12년 정도로 보고 있다. 초기에는 경미한 기억장애나 단어의 어려움을 나타내다가 중기에 이르면 기억장애가 심해지면서 실어증, 실행증, 실인증 등이 동반된다. 중기에는 망상, 초조, 불안 같은 행동과 정서적 장애가 나타나며, 말기에는 모든 인지기능이 전반적으로 심하게 감퇴하면서 활동 범위가 아주 제한되며 대소변까지 가리지 못하게 된다.

알츠하이머형 치매는 연령과 함께 가족력을 가장 큰 위험 요인으로 보고 있으며, 남성보다는 여성, 두부 손상, 알루미늄량, 흡연, 고령의 산모 등도 위험 인자로 알려져 있다(오병훈, 2002). 다양한 측면에서 그 원인을 찾고 있지만, 아직까지는 유전자 이상인 쌍염색체 이상에 있다는 학설이 가장 신뢰를 얻고 있다(김영숙, 2000).

1. 2. 2 혈관성 치매

혈관성 치매란 뇌혈관 질환이 누적되어 나타나는 치매를 일컫는다. 정상적으로 혈관벽은 매우 탄력이 있고 또한 거의 투명하지만, 고혈압과 당뇨병 등이 오래 지속되면 혈관벽의 근육층이 두꺼워지거나 혈관 내벽에 죽종(atheroma)이 생겨서 혈관이 좁아지거나 막히게 된다. 큰 혈관이 막히면 반신불수와 언어장애 같은 눈에 띄는 장애가 나타난다. 하지만 매우 작은 혈관이 막히면 소량의 뇌세포가 손상되어 눈에 띄는 증상이 나타나지 않지만 이런 변화가 누적되면 결국 치매에 이르게 된다.

혈관성 치매는 서서히 진행되는 알츠하이머형 치매와 달리 갑자기 치매 현상을 보이거나 상당 기간에 걸쳐 호전과 악화의 경과를 보이거나 그리고 과거에 뇌졸중의 경력이나 국소 신경학적 이상 소견을 가지는 것이 보통이다. 증상은 알츠하이머형 치매 같은 퇴행성 치매의 증상과 구별하기 힘든 경우가 많다. 그러나 고혈압이 있거나 증상이 갑자기 발병하거나 보행장애, 시야장애 같은 국소 신경학적 증상 및 징후가 있는 경우 혈관성 치매로 의심해 볼 수 있다. 혈관성 치매는 조기 치료하면 더 이상의 진행을 막을 수 있고 호전될 수 있기 때문에 조기 발견이 무엇보다 중요하다(나덕렬 · 강연욱, 1997).

1. 2. 3 알코올성 치매

알코올성 치매는 알코올을 지속적으로 섭취할 경우 알코올이 기억의 중추인 해마와 판단기능을 담당하는 전두엽의 뇌세포를 파괴해 발생하는 것이다. 다시 말해 알코올 중독환자의 약 3%, 인지기능 장애 환자의 약 7%가 알코올성 치매로 전이된다. 남성보다 알코올 흡수력이 떨어지는 여성이 과음할 경우 발생 요인이 높고, 지속적인 음주를 하는 50대 이상의 장년층에서 발생하는 빈도가 높다. 알코올성 치매 또한 명확하게 원인이 규명되지 않았으나 현재까지는 티아민(thiamine)의 결핍을 가장 큰 원인으로 보고 있다(민성길 외, 1997).

1. 2. 4 기타 원인에 기인한 경우

위에서 언급한 것처럼 치매의 원인이 아직까지 명확하게 밝혀지지 않아 광범위하게 그 원인을 찾고 있다. 현재까지 의학계에 보고된 기타 원인을 정리하면 다음과 같다.

[표4-1] 기타 원인에 기인한 경우

질 환	원 인
파킨슨병	· 퇴행성으로 도파민 결핍이 주원인 · 주로 성인 후기에 발병 · 근육강직, 가면과 같은 표정, 연결운동의 장애, 환각, 망상, 치매 같은 정신운동 감퇴, 우울증 같은 증상
헌팅턴병	· 어깨나 얼굴을 찡그리는 불수의 운동으로부터 시작 · 기억력 감퇴, 치매 등의 증상 · 만성진행성의 형태 · 30대 이후 발병률이 높음
루이소채병	· 인지능력의 심한 변화와 의식장애, 환각 등이 나타남 · 좋아졌다가 나빠지는 과정을 계속 반복
중추신경계감염	· 신경 매독, 결핵, 바이러스성 뇌염, 후천성면역결핍증
독성대사 장애	· 악성빈혈, 엽산 결핍증, 갑상선기능저하증

자료출처: 민성길 외(1997), 『최신정신의학』(제4개정판)

그 외 다중원인에 기인한 치매로 알츠하이머와 혈관성 치매의 혼합형이 있으며, 전체 치매의 15~20% 정도가 다중원인에 기인한 치매이다. 두부외상과 관련된 치매로 개방성 두부외상과 뇌좌상 등으로 인해 치매가 유발되는 경우가 있다.

1. 3 치매와 인지기능장애

치매로 유발되는 가장 심각한 증상이 인지적 기능장애이다. 인간의 뇌는 사고, 기억, 감각, 지각 같은 고등정신과정들로 이루어져 있다(이수원, 1996). 그 과정에서 인지는 지식을 체계화하여 사용하는 과정이며, 원인과 결과 및 자신과 환경을 이해하는 것으로 뇌와 밀접한 관련이 있다(민성길 외, 1997). 모든 인간은 나이를 먹으며 자연적으로 노화과정을 거치면서 인지기능의 변화를 가져온다. 하지만 뇌의 퇴행으로 발병하는 치매에서 인지기능의 둔화는 당연한 결과이며, 그것은 치매노인의 일상생활에서 광범위한 영향을 미친다.

치매노인에게 가장 일반적으로 나타나는 현상이 기억력 · 언어기능 · 판단력 · 지남력 · 시공간 기능장애 등을 들 수 있으며, 치매의 정도나 특성에 따라 차이는 있겠지만 공통적으로 일상생활이 힘들 만큼 인지기능의 저하를 보인다. 사물을 기억하는 능력이 쇠퇴하면서 판단력과 추측능력을 필요로 하는 인지기능이 저하되고, 따라서 일상생활이 불안하거나 당황스러워지기 쉽고 적절한 의사소통도 힘들어진다. 치매노인에게 나타나는 이러한 인지기능의 장애를 보다 구체적으로 살펴보면 다음과 같다.

1. 3. 1 지남력장애

건강한 사람들은 자신의 위치, 시간의 흐름, 주변인물에 대해 자동적으로 파악하는 능력인 지남력을 갖고 있다. 하지만 치매노인은 치매의 진행에 따라 시간, 계절, 장소, 자신과 주위의 관계가 모호해진다. 비가 오거나 흐린 날은 저녁이라고 생각하거나 외출 후 집으로 돌아오는 길을 잃어버리기도 한다. 그 정도가 심해지면 집에서 자신의 방이나 화장실 등을 찾아가지 못하는 증상으로까지 발전할 수 있다. 이러한 증상은 신경인지기능검사를 통해 비교적 초기에도 미세한 변화를 발견할 수 있다(현외성, 2001).

1. 3. 2 기억력장애

치매노인의 가장 특징적인 증상인 기억력 장애는 치매 초기에 특징적으로 나타나는데, 장기기억보다는 최근에 있었던 단기기억의 상실이 현저하다. 기억력 장애의 치매노인은 의사소통에서 같은 말을 반복하며 익숙하지 않은 환경에서 방향이나 사람의 이름과 얼굴, 전화번호 등을 잊어버리고, 기억의 손실을 보충하기 위하여 없는 사실을 꾸며서 말하는 작화증(confabulation)을 나타내기도 한다(권중돈, 1999). 이러한 증상은 건강한 노인에게서 발생하는 건망증과 유사하기 때문에 전문적인 인지기능의 평가를 받지 않으면 감별이 쉽지 않다. 병이 진행되면서는 주위 사람들의 이름뿐만 아니라 자신의 이름, 생년월일, 태어난 곳과 현주소, 과거 직업 등 인적 사항을 파악하지 못하기도 한다.

1. 3. 3 언어장애

언어란 의사소통을 할 때 필요한 여러 가지 복잡한 상징적인 신호체계로서 대부분의 치매에서는 언어기능장애를 동반한다. 즉 모호하고 부정확한 언어를 사용하거나 똑같은 말을 반복하기도 하고 길게 얘기를 하기도 한다. 그리고 알츠하이머형 치매나 다른 피질성 치매의 경우에는 초기에 건망성실어증(anomia)과 착어증(paarahasias)으로 시작하지만, 치매가 진행됨에 따라 대화 가운데 의미 없는 문장을 만들어내고 자신이 읽은 것을 이해하지 못하고 대화의 내용을 이해하지 못하며 유머를 분별해 내지 못하고 완전한 문장을 만들어내지 못하는 증상을 보이기도 한다(권중돈, 1999).

1. 3. 4 판단력장애

치매의 중기 이후에 두드러지며, 이러한 증상을 보이면 직장에서 뿐만 아니라 가족과 친지들에게도 뚜렷한 이상이 있는 것으로 인식된다. 판단력 장애가 오면 일상생활은 물론 돈 관리를 제대로 못하게 되며 때로 불필요한 물건들을 사기도 한다. 또한 거친 말투와 부적절한 농담을 하고, 자신의 외모와 위생에 대해 무관심해지거나 성적인 이상행동을 하기도 한다. 그리고 더 나아가 판단력 장애로 인한 사고를 당하기도 한다.

이처럼 인지기능이 저하된 치매노인에게 김태윤(1998)은 인지기능을 향상시킬 수 있는 인지재활 프로그램이 절대적으로 필요하다고 했으며, 김동연(1998)은 치매노인이 다양한 인지 프로그램에 참여했을 때 치매의 진행률이 느려진다고 보고했다. 치매노인의 인지장애에 따른 증상을 분류하면 다음〈표 4-2〉와 같다.

[표 4-2] 인지장애에 따른 증상 분류

인지장애	증 상
기억력 감퇴	알츠하이머 같은 대뇌피질을 침범하는 치매에서 전형적으로 나타나는 초기 증상
지남력 상실	사람, 장소, 시간에 대한 인지력을 잃어버리는 증상
언어장애	언어가 모호해지고 상동증적이며 부정확하고 우회적으로 변하는 증상
실행증	운동능력과 감각기능이 온전하고 주어진 작업에 대해 이해했는데도 그 행위를 수행하지 못하는 증상
실인증	지각기능이 온전한데도 물체를 알아보거나 인지하지 못하는 증상
시공간 능력의 장애	공간적 지남력의 상실로 자신의 집, 방, 화장실 등을 찾지 못하는 증상

자료출처: 민성길 외(1997), 『최신정신의학』(제4개정판).

2. 치매노인과 정서

치매노인에게 인지기능과 신체기능의 저하는 정서적 문제를 야기한다. 정서장애 중에 특히 우울과 치매노인들이 경험하는 삶의 질이 문제가 된다(한국형 치매평가검사, 2003).

노환은 신체적 쇠퇴, 감각 및 신경학적 손상, 사회적 스트레스의 누적을 가져 온다. 따라서 노인은 다른 어떤 연령 집단보다 심리적 장애에 취약하다고 볼 수 있다. 그러나 노인은 인생을 살아오면서 축적한 경험과 대처방식, 삶의 지혜를 가지고 있다. 따라서 가정이나 사회적 환경이 적절히 조성된다면 노인은 젊은이들보다 정신적으로 더 건강한 삶을 영위할 수 있다(권석만, 외 2000).

2. 1 치매노인을 위한 음악치료의 필요성

치매는 암, AIDS와 함께 세계보건기구가 정한 21세기 3대 질환의 하나로, 인간의 독립적인 생활능력을 현저히 감퇴시켜 결국은 폐인에 이르게 하는 대표적인 만성 퇴행성 뇌정신질환이다(김기태 외, 2002). 치매는 연령과 깊은 상관관계를 맺고 있지만 정상적인 노화과정의 일부라고 할 수 없으며 치매에 걸린 노인은 시간의 흐름과 상관없이 인지적 능력이 쇠퇴하면서 인지적 · 지적 능력이 심각하게 손상되거나 완전히 잃게 되는 것이다.

이러한 특성으로 인해 치매노인들을 위한 활동 프로그램은 치매노인으로 하여금 심리사회적 기능을 향상시켜주어 문제행동이나 우울 및 인지기능의 손상을 줄여주는 동시에 독립성을 증가시켜 자존감의 회복을 가져온다는 점에서 매우 중요하다. 특히 주간보호나 단기보호, 요양원이나 그룹홈 등에서 개별 및 집단 프로그램이 유익하게 활용되고 있다. 치매는 진행성 질환이므로 계속적인 실수와 이상행동으로 인해 자존감이 저하됨으로써 결국 남아 있던 기능마저 잃게 된다. 특히 우리나라의 경우 치매노인을 위한 활동 프로그램 개발이 초기 단계에 머물러 있기 때문에 예술과 창의적 활동을 통해 치매노인의 집중력과 표현력을 높여 기억력을 향상시킨다면 근육

운동기능과 눈과 손의 협응력이 증진되어 자기정체감과 확신감까지 높여준다는 것이다(김기태 외, 2002). Hanser와 Thompson(1994)은 30명의 우울증을 진단받은 노인 개개인에게 8주 동안 음악치료사가 방문하여 음악감상, 스트레스 관리전략을 받게 한 후 실험군과 대조군의 우울, 스트레스, 정서, 자아존중감의 정도를 측정하였을 때 음악을 이용한 치료는 스트레스를 받는 노인이나 우울을 경험하는 노인에게 효과적인 치료법이라는 것이다. 이렇게 노인치매를 비롯한 심각한 노인성 질환 때문에 의학적 · 사회적 보살핌이 필요한 환자들에게 음악치료가 널리 적용되고 있음을 알 수 있다.

시설에 있는 치매노인들이나 주변 사람들 대부분은 자신들이 처한 환경을 죽기 전에 잠시 대기하는 마지막 장소로 생각해 극히 수동적인데, 이들에게 필요한 것은 자신들의 삶을 긍정적으로 정리하여 남은 시간 동안 삶의 질을 높이는 것이다. 그리고 정신적으로 신체적으로 급격히 쇠약해지는 상황에서 음악치료가 신체와 정신의 재활을 도와 각종 복합적인 질병을 예방하고 능동적으로 환경에 적응할 수 있도록 도와준다. 무력감과 절망감은 자신들이 여전히 새로운 창조적 기술을 배울 수 있다는 것을 알 때 자존감으로 바뀌고, 종종 음악적 경험에서 즐거웠던 시절의 회상의 경험들은 극단적으로 생기를 회복시켜주기도 한다. 요양소에 있는 회복기 노인들 대부분은 혼돈 속에 움츠러들어 있었지만 음악치료 모임에 활동적으로 참여하는 것으로 관찰되었다(최병철, 1999). 이렇게 음악을 연주하고, 작곡하고, 반주하고, 듣는 활동들은 나이 먹는 과정에서 육체적 노화와 자아개념의 약화에 노인의 신체적 · 정신적 능력을 강화하는 치료적 효과로 작용되고 있다.

2. 2 치매노인을 위한 음악치료적 접근방법

치매 노인 및 일반 노인에 대한 음악치료적 접근방법은 다양하다. 노인의 신체적 , 심리적 특성은 개인의 기능에 따라 차이가 나지만 구조화된 음악의 환경 속에 노인들은 참여 할 수 있다. 즉, 시간의 흐름에서 이루어지는 음악활동은 그것이 만들어내는 구조적 현실감, 순서, 예견성을 제공한다. 이것은 인지적 퇴행이 급격해지는 노년기에 중요하게 대두된다. 그 구조 속에서 쉽게 참여하고, 즐길 수 있는 안전한 환경을 제공하는 것이다. 또한 기능의 정도에 알맞은 활동으로 참여를 이끌어 낼 수 있어서, 참여시간을 개인의 상황에 맞게 적용하고, 치료적 목적을 성취할 수 있다. 많은 연구(Shively & Henkin, 1986; Geabler & Hemsley, 1991; Clair, 1996; Clair & Bernstein, 1996a; Brotons & Pickett, 1994)는 이러한 치료적 목적이 음악의 단순한 구조 속에서 성취되는 것을 시사하고 있다. 다시 말해 참여하는 구조는 단순하여 참여의 기대를 촉진 시키고, 그 활동 중에 다른 창의성을 이끌어 나갈 수 있다는 것이다. 그리고 노인의 잔존한 능력으로 삶의 질을 향상시키는 부분에 음악이 관여한다. Tomaino(1998)는 잔존한 기억, 즉 노인이 가지고 있는 장기기억력을 자극하여 아직 지니고 있는 기억에 대한 퇴행의 속도를 감소시키고, 뇌의 기능이 각 부분의 완전 독립의 개념이 아니라면서 장기기억을 자극하여 단기기억을 담당하는 뇌의 기능을 자극한다고 밝히고 있다. 한편 음악자극은 multi-sensory를 가져 각 개인의 잔존기술과 능력을 발견하고 발전시켜 나갈 수 있는 기회를 제공하는데, 이러한 음악자극이 뇌손상을 가진 뇌반구들 사이에서 기술들을 전이시켜 음악 외적인 정보를 제공한다(Thaut, 1990). 그리고 각 개인마다 가지고 있는 생체리듬이 외부에서 전해오는 리듬에 의해 반응을 일으키는 동조화(Entrainment)가 새로운 기술의 생성과 발전을 꾀할 수 있다(Thaut, 1991). 음악활동은 각 개인에게 정서의 변화를 일으킨다. 여러 연구자(Meyer, 1956; Mandler, 1984; Berlyne, 1971; Thaut, 1991)가 밝힌대로 음악에서의 활동은 감정의 경험과 표현을 촉발시키고, 다른 사람들에 대한 감정적 교류의 폭을 확대하여 치료적인 조건을 강화한다.

음악은 사랑하는 사람이나 직업적 정체성의 상실은 물론 지각이나 신체기능의 상실을 접한 치매노인들에게 활력과 생기를 가져다준다. 이처럼 자신들이 아직도 창조적이고 새로운 기술도 배울 수 있다는 것을 보여줄 때 그들의 무가치나 좌절은 자신감으로 변화된다. 한때 즐거웠던 시절을 상기시키는 음악체험의 참여는 치매노인들에게 큰 활력소가 될 수 있다(Bright, 1981; Clair, 1996; Hanser & Clair, 1995; Smith & Lipe, 1991). 음악치료는 그들을 위해 자유로운 환경을 제공하며 자신들의 선택에 따라 조정하고 다른 사람과 협동하면서 활동하는 경험을 함으로써 감정의 자유로운 표현뿐만 아니라 자신의 존재성과 자긍심을 회복하는 데도 크게 기여한다.

알츠하이머병에 의한 치매환자들도 음악치료과정에 적극적으로 참여할 수 있으며 심각한 지각장애를 앓고 있는 환자들 역시 실패 위험을 개의치 않고 순간순간의 현실 지향적 행동을 요구하는 음악을 통해 음악과제의 습득과 자기존중심의 향상을 함께 맛볼 수 있다(Brotons, Koger &

pickett-Cooper, 1997; Koger, Chapin & Brotons, 1999).

생의 마감기에서 음악치료는 죽음을 준비하는 과정에서 특별한 위치를 차지하고 있다. 죽음이 가까운 사람들은 듣거나 노래하거나 연주할 음악을 선택하고 음악치료사의 도움을 받아 곡을 만들어봄으로써 현재 자신이 느끼고 있는 바를 표현하는 길을 찾는다. 죽음을 가까이 둔 사람의 가족은 음악치료과정에 함께 참여함으로써 죽음의 직면이라는 힘든 시간을 자신들이 사랑한 사람이 창조적 활동과 일체화되는 모습을 경험하는 시간으로 변화된다(Lee, 1995; Mandel, 1993: Martin, 1991).

제5장 치매노인을 위한 음악치료 프로그램의 개발

임상경험에 따르면 음악치료는 치매노인에게 표현과 선택의 원리 위에 진행된다. 즉흥연주에서 개개인의 연주행동에 대해 Priestley(1994)는 즉흥연주 시 내담자의 악기 선택과 연주되는 악기의 음량, 음의 고저, 리듬이나 멜로디 패턴 등 모든 음악적 행동이 의식적 · 무의식적 자기 존재의 반영이라고 주장하면서 그 중요성을 강조한다.

기관에 입원하고 있는 치매시설 노인들의 점차 약해지는 기능 손상의 영역인 인지 영역과 사회적 · 정서적 영역, 그리고 언어 영역과 운동 영역 등 기능의 회복과 유지를 위하여 능동적 참여를 강조하는 음악 만들기를 치료프로그램과정의 주 기술로 활용하는 창조적 음악치료 프로그램을 개발해야 하며 프로그램의 개발을 통해 치매노인들에게 더 효율적이고 기능 회복에 적합한 프로그램을 적용해야 한다. 이에 또 다른 즉흥음악치료 프로그램인 분석적 음악치료 프로그램을 개발하여 생의 마감기에 있는 치매노인들의 질적인 삶을 느낄 수 있도록 하며 분석적 음악치료 프로그램은 치매노인의 원초적인 불안과 우울과 초조, 죽음에 대한 두려움에 대한 내적 갈등의 표현을 해소하는 즉흥음악치료활동으로 치매노인의 인지 · 정서 영역에 효과적이다.

예비프로그램은 노인치매병원에서 10년간 뇌혈관성 치매 및 알츠하이머 치매노인을 대상으로 한 임상적 경험을 통해 이루어졌으며 치료 대상이 고령의 치매노인으로 인지적 · 정서적 장애를 지닌 연구 대상의 특성상 정형화된 프로그램 개발 모델을 적용하기보다 임상현상에서 일어나는 변인들을 참조하여 구성되었다. 그 과정은 크게 네 단계로 관련 문헌과 선행연구와 임상경험의 기록을 검토하고, 전문가 자문을 거쳐 프로그램 내용을 선정 · 조직 · 구성한 후 예비실시를 하여 효과를 검증하였다.

1. 프로그램의 개발목적 및 과정

먼저 문헌연구를 바탕으로 한 음악치료 프로그램 구성 원리는 창조적 음악치료와 분석적 음악치료의 차이를 음악활동에서 두었고, 프로그램의 초점은 음악 만들기와 즉흥연주에 두었다. 양쪽 모두 집단음악치료연주는 세 명 이상의 내담자들이 집단을 이루어 즉흥적으로 연주하는 것을 말하며, 집단즉흥연주에는 개개인의 즉흥연주와 집단 전체의 음악이 포함된다. 일반적으로 집단즉흥연주의 성공은 악기와 음악적 역할을 내담자의 능력, 개성, 음악적 특성 등에 맞추어 조정하는 것에 따라 좌우된다. 다양한 구성원과 집단의 부분들 사이의 음악적 관계를 정립하는 것도 중요하다. 집단활동은 개인적 자유와 사회적 상호 작용을 제공하는 것이어야 한다(Nordoff & Robbins, 1971).

개인은 음악으로 자기표현을 할 수 있는데, 이는 음악이 다른 어떤 매개체보다도 더 쉽게 상대방에게 감정을 표현하고 전달하는 특성이 있기 때문이다. 이러한 특성으로 인해 음악은 대상자들에게 안전한 자기표현의 매개체가 된다(김진아, 2000). 실제 임상에서 환자들은 즉흥연주를 통해 말로는 표현하기 어렵거나 자신이 미처 깨닫지 못하고 있던 내적 감정과 생각들을 자연스럽게 표현하고 탐색한다. 이러한 과정은 연주 후 집단 구성원들이 자신의 감정이나 문제들을 이야기하며 더 깊이 있는 자기 이해와 집단 내 상호 작용을 가져오게 한다. 이렇듯 집단 내 개개인의 즉흥연주는 내담자의 의식적 · 무의식적 감정을 음악적으로 표현하게 하며, 집단의 음악 속에서 개개인의 역할이 다양하게 주어지고 그 역할 속에서 자기 인식과 통찰을 포함하여 개인의 표현과 대인간 상호 작용의 고유한 음악적 경험들을 가지게 된다. 음악치료 구성에 있어 표현을 가능하게 하는 즉흥연주의 중요성은 많은 연구자들에 의해 논의되었다.

그러므로 표현을 통한 자기 인식과 통찰의 원리에 따르는 것이 음악치료 구성에서 중요하다. 자기 인식과 통찰의 영역은 Bruscia(1987)가 음악적 요소들이 음악 만들기와 즉흥연주를 통해 인간의 무의식적인 자아를 상징적으로 표현할 수 있다고 했고, Aigen(1998)은 즉흥연주에서 인간의 감정과 생각을 인식하고 만들어감으로써 물리적 · 심미적 · 사회적 · 정신적 상태를 표현해줄 수 있다고 했다. 스스로 음악을 만들어가는 과정과 즉흥연주의 과정은 다양한 음악적 경험과 함께 자신의 감정을 표현하고, 의사소통뿐 아니라 자기 인식과 통찰이 가능한 치료적인 도구로서 내담자의 정체성에 접근하게 한다(Davis et al., 1994).

자아존중감의 향상이 가능하다는 원리에 따르는 것 또한 중요하다. Gaston(1968)은 음악이 비경쟁적인 성취를 허용하므로 안정된 상황 속에서 자신에 대한 바람직한 자아상을 가지도록 돕고, 즉흥연주를 통한 성공적인 경험은 성취감을 가져오며, 이러한 감정들은 연속적으로 만족감과 자아존중감의 증가를 초래한다고 했다. Seare(1960)는 성공적인 음악 경험이 자기 가치를 높이는 자긍심의 향상으로 이어진다고 했다. 따라서 즉흥연주의 경험은 내담자의 음악적 자기표현 과정을 통해 자기 인식과 통찰이 일어날 수 있으며, 바람직한 자아개념을 형성시키는 치료적인 도구이다.

상호 작용의 치료적 효과를 기대하는 원리를 따르는 것 역시 치료의 효과를 높인다. 개인의 표현과 대인간 상호 작용의 경험은 집단음악치료의 대상에게 진단명과 증상의 정도는 다를지라도 대부분의 경우 인간관계 형성에 어려움을 가지고 있는 경우가 많다. 음악은 각자 다른 생각과 감정들을 표현하고 수용하는 장을 마련해주므로, 음악치료에서는 내담자들이 각자의 개성적인 연주를 하는 것이 오히려 자연스러운 일이 되기에 집단 내에서 함께 만들어가는 음악을 통해 내담자들은 자연스럽게 경험을 공유할 수 있다(김진아, 2000). 음악을 통한 표현이 본질적으로 정서적 표현임을 감안할 때 정서적 경험을 공유한다는 것은 의미있는 일이며, 이러한 공유는 타인에 대한 관심을 높여주게 된다. 또한 음악의 미적 경험은 긴장을 해소시키고 파괴적 충동을 완화하며, 자아 내부의 여러 갈등을 정화시키고 조화롭게 하여 인간 스스로 타인의 입장에 서는 능력을 가지도록 하는 긍정적인 인간관계를 신장시킬 수 있다(송지연, 2002, 재인용).

위의 상호 작용 원리는 지지기반이 약하고 정서적으로 우울하며 인지적 장애로 인한 의미있는 관계 형성이 어려운 치매노인에게 음악은 그 자체가 기본적인 의사소통이 될 수 있다. 이러한 의사소통 형식은 대인간의 관계를 장려하고 고무한다(Michel & Johnsm, 1991). 특히 집단즉흥연주는 집단에 속한 개인의 표현과 상호 작용이 이루어지는 역동적 과정으로서 집단 내 의사소통의 통로가 된다. 이에 대해 임은희(1997)는 음악이 기본적 의사소통과 감정전달의 매개체가 됨으로써 언어적 표현을 쉽게 해주고 잠재적 긴장이나 불안을 완화시켜 준다고 했다. 또한 Pavlicevic(2002)은 임상적 즉흥연주가 내담자와 치료사 간의 친밀한 정서적 관계를 만들어주는 동기를 유발하며 역동적인 상호 교류가 일어나는 본질적인 과정이라고 했다. 그리고 즉흥연주는 개인의 감정을 음악적 관계의 문맥 안에서 전달함에 있어 풍부한 표현을 가능케 해주고(Pavlicevic, 2000), 이러한 즉흥연주의 역동성은 임상적 음악치료의 한 부분으로서 공동적인 음악작업을 통해 대인관계 형성을 가능하게 한다(Pavlicevic, 1997). 따라서 집단 즉흥연주는 집단원의 정서적인 음악적 표현을 함께 공유하고 타인에 대한 관심과 인식을 높여 대인관계의 질을 향상시키는 치료적 기능을 갖는다고 할 수 있다.

2. 음악치료 예비프로그램 개발과정

음악치료 프로그램 개발을 위하여 음악치료 전문가와 토의를 거쳐 프로그램 개발의 원칙을 정하고 원칙에 따라 기본 핵심 개념을 선정한다. 병원 시설기관에서 치매노인을 위한 음악치료 프로그램을 개발 · 적용하고 있는 전문 치료사로 구성된 전문가 회의에서는 프로그램의 내용과 제시 순서, 그리고 회의 진행방법에 대한 토의를 한다. 회의에서 결정된 사항은 다음과 같다. 주요 내용은 창조적 · 분석적 음악치료 프로그램의 목적을 분명히 설정하며 예비프로그램은 12회기로 프로그램 효과를 보고자 한다.

[표5-1] 프로그램 내용과 지도방법에 대한 자문회의 결과

구 분	내 용			
활동내용 및 주 제	지 적 영 역 · 지적 자극, 창의력 · 현실안내와 인식 · 기억, 회고 · 주의집중력 · 수용, 표현 언어기술	사회성, 정서적 영역 · 감정고조, 동기 유발 · 언어 교류 · 긍정적인 정서 · 자기표현 · 여가선용, 협동 팀워크 · 충동조절	운 동 영 역 · 호흡, 긴장이완 · 리듬 반응, 협응 · 신체적 조절 (강화, 인내, 유연성)	언 어 영 역 · 뚜렷한 구어 사용(정확도와 세기)
지 도 방 법	· 상기 내용을 다루기 위한 창조적 · 분석적 프로그램 주당 1회기(1시간), 12회기 진행 · 각 회기별 도입, 전개, 종결 음악 프로그램 사용(집단 구성은 10명 이내) · 집단 즉흥음악 활동을 통한 인지, 정서, 행동, 경험을 유도 · 치료목적 안에서 음악활동 강조 · 진행자는 음악치료 슈퍼바이저 경력 10년 이상인 자(연구자)			

3. 음악치료 예비프로그램 실시 및 참가자 내용 분석

음악치료 예비프로그램은 박정미(1999)의 음악치료 적용프로그램, 치매예방 및 인지기능 재활 프로그램(김동연 외, 2004)과 임상적 기록을 바탕으로 예비프로그램을 완성한다. 대상은 노인치매 병동에서 K-MMSE 검사에서 경증 치매환자로 판명된 노인으로, 창조적 · 분석적 실험집단으로 나누어 각 치료적 절차와 내용이 다른 음악활동으로 즉흥음악치료 프로그램이 실시된다.

[표 5-2] 진단을 위한 음악적 요소와 즉흥연주의 요소

참여 집단		참여 경험 보고 내용
창조적 집단	내담자	· 긍정적 정서를 표현한다. · 적극적 활동 참여 의사를 보인다. · 자유롭게 악기를 계속 사용한다. · 자신의 감정을 편안하게 나타낸다.
	보조치료사	· 프로그램 도입, 전개, 결말 부분에 따라 프로그램 참여도가 다르다는 것을 알 수 있다. · 즉흥 창조음악 프로그램 활동 때는 자유롭고 능동적인 내담자의 모습들이 활성화된다. · 프로그램이 다소 산만한 느낌이 있다.
	전문치료사	· 프로그램 진행하는 슈퍼바이저와 보조치료사의 역할관계가 분명하게 드러날 수 있도록 프로그램 실시 전 토의가 매우 중요할 것으로 본다. · 특히 창조적 음악치료 프로그램에서는 능동적 활동이 강조되므로 보조치료사는 내담자들의 신체적 불편함을 잘 알아야 하며, 치료 중 불시에 일어날 일들을 미리 예측하여 프로그램이 중단되지 않도록 그 역할을 충실히 해야 할 것으로 본다.
	병원관계자	· 활동 프로그램에서는 내담자들의 움직임으로 인해서 불시의 사고가 발생할 수 있기에 프로그램 진행자의 조심성이 요구된다. · 내담자들이 프로그램 참여하기 위해 불편한 몸을 이끌고 오는 만큼 프로그램이 시간적으로 충실히 진행되기를 바란다(시작 시간과 마치는 시간이 일정).
	내담자	· 자신의 불편한 감정을 스스럼없이 프로그램 중에 표현한다. · 즉흥활동 안에서 정확한 지시에 따른 행동을 한다. · 자기 표현력과 집단 안에서의 협동 관계가 좋아진다.

분석적 집단	보조치료사	· 표제(주제) 음악에 의한 내면적 정서를 강조하는 프로그램에서 내담자들의 반응을 이끌어내기가 힘들다. · 주치료사(프로그램 진행자)의 비언어적 주제에 따른 즉흥연주가 내담자의 부정적 감정이 긍정적 감정으로 표현되는 것을 볼 수 있었다.
	전문치료사	· 분석적 집단 내담자들의 집중력이 창조적 집단보다 다소 힘들어 보인다. · 표제(주제) 음악에 맞는 다양한 장르의 음악들을 사전에 준비하여 프로그램의 집중력을 높여야 한다. · 주치료사와 보조치료사는 프로그램 목적에 합당한 언어적 관계로 프로그램을 진행하고자 노력해야 한다.
	병원관계자	· 활동 프로그램의 주제가 강조되는 프로그램에 노인들의 이해력이 부족할 수 있다. 치료사가 내담자에게 적절한 언어적 표현을 유도해주기 바란다.

4. 음악치료 프로그램 확정

프로그램 예비실시 결과 프로그램 참여자들의 경험 내용에 대하여 보조치료사 및 전문가 자문을 통하여 프로그램을 연구자의 연구목적과 연구기간에 맞게 재구성하여 사용한다. 음악치료 프로그램은 음악 내에서 임상적 상태를 잃지 않기 위해 치료사는 확고한 임상적 의도를 가지고 즉흥연주를 했으며, 특정 음계나 표현형식, 화성 등에 대한 자신의 기분이나 선호를 드러내기보다 치료사는 모든 음악적 요소들과 그 다양한 용도들에 대해 개방적이고 자유롭게 경험하도록 한다.

임상적 견지에서 프로그램 진행자(연구자)는 다양한 템포와 강약으로 다양한 음역을 사용하여 즉흥연주할 수 있어야 한다. 프로그램에서 프로그램 진행자는 치매노인의 반응에 따라 즉흥연주를 하였으며, 이러한 임상적 음악은 내담자를 관찰하고 그의 말을 귀 기울여 듣고 내담자가 제시하는 소리나 음악적 사고들을 재생산시키고 강화했다. 이때 프로그램 참여 노인들은 자신들이 표현하는 음악을 들으며 다른 참여 노인들의 음악활동과 비교하게 되므로 프로그램에 자연스럽게 참여하게 된다.

음악치료프로그램은 이미 작곡된 음악을 즉흥연주하거나 기존 곡들의 테마들을 기본으로 이용하여 자유롭게 즉흥연주할 준비와 음악적 자원 및 이론적 절차를 통해 개발 적용된 치매노인들을 위한 창조적 · 분석적 즉흥연주 프로그램을 인지재활 프로그램의 영역으로 임상실험하여 노인병동에 있는 환자를 대상으로 프로그램을 완성한다.

4.1 창조적 음악치료

Nordoff와 Robbins(1977)의 창조적 음악치료 모델은 내담자로부터 소리 또는 음악을 자아내도록 하는 것이 과제가 되며, 즉흥연주과정에 참여시키는 방법과 음악적으로 자극시키는 기술을 발달시켜 내담자의 반응을 관찰을 하는 프로그램을 바탕으로 임상실험 후 고안된 첫 번째 모델로 '열세 가지 반응범주(Thirteen Response Categories)' 와 '평가척도(Evaluation Scales Ⅰ, Ⅱ)' 를 근간으로 하고 있다.

4. 2 분석적 음악치료

Priestley(1994)의 분석적 음악치료 모델은 전반적으로 내담자에 의해 즉흥적으로 선정된 표제 음악을 음악치료사와 함께 즉흥연주한 후 내담자와 음악치료사가 같이 음악적 경험을 나눈다. 이러한 음악적 · 언어적 치료 활동은 내담자의 내면적 삶을 탐구하도록 이끄는 역동적 치료과정이다. 다시 말해, 분석적 음악치료는 개별치료, 집단치료로서 사용되고 있으며 성인을 위한 음악치료로 개발되었다. 내담자들의 인지적 능력이 선행되어 있어야 하며 내담자의 심리적 장애를 제거하는 목표를 우선으로 하고 있다.

제6장 치매노인 음악치료 프로그램 실제

1. 창조적 음악치료 프로그램 모델

창조적 음악치료계획서 (1회)

<table>
<tr><td>활동 일시</td><td colspan="3">○○년 ○월 ○일</td></tr>
<tr><td rowspan="2">프로그램명</td><td rowspan="2">치매노인을 위한 창조적 음악치료</td><td>주치료사</td><td>1명</td></tr>
<tr><td>보조치료사</td><td>2~3명</td></tr>
<tr><td>내 담 자</td><td colspan="3">창조적 그룹(평균연령: 65세 이상, 경증 치매노인)</td></tr>
<tr><td>활 동
목 적</td><td>◉ 지적 영역
· 주의집중력
· 수용, 표현 언어기술
◉ 사회성, 정서적 영역
· 언어 교류
· 긍정적인 정서
◉ 운동 영역
· 리듬 반응, 협응
◉ 언어 영역
· 뚜렷한 구어사용(정확도와 세기)</td><td>활 동
목 표</td><td>1. 음악감상을 통해 집단원들과의 자연스러운 분위기 만든다.
2. 창조적 음악치료의 활동을 익히도록 한다.
3. 한국형 간이정신상태검사, 노인우울검사, 치매노인 삶의 질 검사를 실시한다.</td></tr>
<tr><td>준 비 물</td><td colspan="3">음악 CD, 키보드, 장구, 소고, 리듬스틱, 카바사, 콩주머니, 악보, 우드블록, 핸드드럼, 키드봉고, 조각실로폰, 핸드벨, 오디오, 윈드차임, 카우벨
척도: 노인우울검사, 한국형 간이정신상태검사, 치매노인 삶의 질 검사</td></tr>
<tr><td>진 행
방 법</td><td colspan="3">▶도입
· 아리랑에 맞춰 첫 만남을 이야기하고 인사한다.

▶전개
· 자연스러운 분위기에서 자기소개를 하며 집단원끼리 서로 알아간다.
· 치료사는 창조적 음악치료에 대해 간단히 설명한다.
· 적극적이고 직접 참여하는 능동적인 음악활동인 것을 이해하도록 한다.
· 집단원이 좋아하는 노래와 음악활동을 알아본다.
· 노인우울검사, 한국형 간이정신상태검사, 치매노인 삶의 질 검사를 실시한다.

▶결론
· 아리랑에 맞추어 내담자가 원하는 대로 손뼉을 치거나 일어서서 춤추게 하면서 다음을 기약하며 마무리한다.</td></tr>
<tr><td>비고
및
평가</td><td colspan="3">내담자를 음악적으로 만나기</td></tr>
</table>

창조적 음악치료계획서 (2회)

<table>
<tr><td>활동 일시</td><td colspan="4">○○년 ○월 ○일</td></tr>
<tr><td rowspan="2">프로그램명</td><td rowspan="2">치매노인을 위한 창조적 음악치료</td><td colspan="2">주치료사</td><td>1명</td></tr>
<tr><td colspan="2">보조치료사</td><td>2~3명</td></tr>
<tr><td>내 담 자</td><td colspan="4">창조적 그룹(평균연령: 65세 이상, 경증 치매노인)</td></tr>
<tr><td>활 동
목 적</td><td>◉ 지적 영역
· 주의집중력
· 수용, 표현 언어기술
◉ 사회성, 정서적 영역
· 자기표현, 자기정리, 필요표현
· 여가선용, 협동 팀워크
◉ 운동 영역
· 리듬 반응, 협응
· 신체적 조절(강화, 인내, 유연성)
◉ 언어 영역
· 뚜렷한 구어사용
(정확도와 세기)</td><td>활 동
목 표</td><td colspan="2">1. 모방을 통한 노래 부르기를 한다.
2. 집단원의 노래 부르기(이중창)를 실시한다.
3. 장구소리를 감상을 해본다.
4. 개사된 곡으로 리듬을 익힌다.</td></tr>
<tr><td>준 비 물</td><td colspan="4">음악 CD, 키보드, 장구, 소고, 리듬스틱, 카바사, 콩주머니, 악보, 우드블록, 핸드드럼, 키드봉고, 조각실로폰, 핸드벨, 오디오, 윈드차임, 카우벨</td></tr>
<tr><td>진 행
방 법</td><td colspan="4">▶도입
· 아리랑에 맞춰 손뼉을 치면서 경직된 근육을 이완시킨다.

▶전개
· 박자훈련을 통한 주의집중력 및 소근육 운동기능 향상을 위해 뱃노래를 들으며 소고를 이용해서 3박자의 리듬을 연습한다(강, 약, 약).
· 퐁당퐁당 동요에 맞춰서 노래를 부른다.
· 옆 사람과 활동에 대해서 어떤 내용이든지 표현하도록 한다(장구소리에 맞춰).
· 퐁당퐁당 노래를 개사하여 다른 이미지를 준다.
· 색다른 악기들을 만져보고 소리 내도록 해서 악기에 대한 호기심을 불러일으킨다.
· 콩주머니를 손에 쥐고 있다가 노래에 맞춰 옆 사람의 손으로 전달한다.
· 그리고 마주보고 앉아 노래에 맞춰 손뼉치고 앞사람과 양손바닥을 마주치게 한다.

▶결론
· 아리랑에 맞춰 참가자가 원하는 대로 손뼉을 치거나 일어서서 춤추게 하면서 다음을 기약하며 마무리한다.</td></tr>
<tr><td>비고
및
평가</td><td colspan="4">음악적 반응 불러일으키기</td></tr>
</table>

창조적 음악치료계획서 (3회)

<table>
<tr><td>활동 일시</td><td colspan="3">○○년 ○월 ○일</td></tr>
<tr><td rowspan="2">프로그램명</td><td rowspan="2">치매노인을 위한 창조적 음악치료</td><td>주치료사</td><td>1명</td></tr>
<tr><td>보조치료사</td><td>2~3명</td></tr>
<tr><td>내 담 자</td><td colspan="3">창조적 그룹(평균연령: 65세 이상, 경증 치매노인)</td></tr>
<tr><td>활 동
목 적</td><td>◉ 지적 영역
·주의집중력
◉ 사회성, 정서적 영역
·자기표현, 자기정리, 필요표현
·여가선용, 협동 팀워크
◉ 운동 영역
·리듬 반응, 협응
·신체적 조절(강화, 인내, 유연성)
◉ 언어 영역
·뚜렷한 구어사용
(정확도와 세기)</td><td>활 동
목 표</td><td>1. Songwriting(창조연주)을 한다.
2. 절정체험(peak experience)을 통한 가족, 친구, 자신의 소중함을 노래로 표현한다.
3. 주변 자연의 상황을 노래로 만들어본다.
4. 창조된 박자, 리듬의 자유를 느낀다.</td></tr>
<tr><td>준 비 물</td><td colspan="3">음악 CD, 키보드, 장구, 소고, 리듬스틱, 카바사, 콩주머니, 악보, 우드블록, 핸드드럼, 키드봉고, 조각실로폰, 핸드벨, 오디오, 윈드차임, 카우벨</td></tr>
<tr><td>진 행
방 법</td><td colspan="3">▶도입
·아리랑을 부르면서 몸을 푼다. 박자에 맞춰 무릎을 쿵, 손뼉을 짝짝 친다.
·그리고 리듬에 맞춰서 쿵-짝-짝, 홍-길-동 식으로 말한다.
·먼저 진행자의 이름을 먼저 말하고 참가자들의 이름을 한명씩 이름을 물어본다.
·리듬에 맞춰서 쿵-짝-짝-홍-길-동으로 말한다.
(참가자들이 이름을 알 수 있도록 큰소리로 말할 수 있도록 유도한다.)

▶전개
·처음엔 두 박자의 개념을 익히기 위해 쿵짝쿵짝하면서 자기 손 한번 치고 옆 사람 손 한번 친다.
·두세 번 반복하고 리듬을 익힌 다음 콩주머니로 옆 사람과 주고받는다(이때 콩주머니는 하나만 가지고 한다). 주고받을 때 서로 인사를 하도록 한다. 팔을 크게 뻗어 옆 사람에게 박자에 맞추어 정확히 건네주도록 한다.
·가족에서 생각하는 사람을 이름을 리듬에 맞추어 쿵짝짝 ○○○ 으로 말한다.
·어떤 노래를 알고 있는지 물어본다.

▶결론
·아리랑에 맞춰 자유롭게 춤추면서 다음 시간에 만날 것을 약속하며 시간과 날짜를 알려준다.</td></tr>
<tr><td>비고
및
평가</td><td colspan="3">악기-리듬적 반응 불러일으키기</td></tr>
</table>

창조적 음악치료계획서 (4회)

<table>
<tr><td>활동 일시</td><td colspan="3">○○년 ○월 ○일</td></tr>
<tr><td rowspan="2">프로그램명</td><td rowspan="2">치매노인을 위한 창조적 음악치료</td><td>주치료사</td><td>1명</td></tr>
<tr><td>보조치료사</td><td>2~3명</td></tr>
<tr><td>내 담 자</td><td colspan="3">창조적 그룹(평균연령: 65세 이상, 경증 치매노인)</td></tr>
<tr><td>활 동
목 적</td><td>◉ 지적 영역
· 기억, 회고
◉ 사회성, 정서적 영역
· 언어 교류
· 긍정적인 정서
· 자기표현, 자기정리, 필요표현
◉ 운동영역
· 리듬 반응, 협응
· 신체적 조절
◉ 언어영역
· 뚜렷한 구어사용
(정확도와 세기)</td><td>활 동
목 표</td><td>1. Songwriting(창조연주)을 한다.
2. 창조성(creativeness)을 통한 박수치기, 발 굴리기 등 신체표현으로 음악을 만든다.
3. 음악활동을 통해 기억회상을 한다.</td></tr>
<tr><td>준 비 물</td><td colspan="3">음악 CD, 키보드, 장구, 소고, 리듬스틱, 카바사, 콩주머니, 악보, 우드블록, 핸드드럼, 키드봉고, 조각실로폰, 핸드벨, 오디오, 윈드차임, 카우벨</td></tr>
<tr><td>진 행
방 법</td><td colspan="3">▶도입
· '고향의 봄'을 부르며 참가자들의 이름과 진행자의 이름을 서로 불러본다.
· 치료자는 '고향의 봄'을 부르면서 내담자들에게 고향이 어딘지 물어본다.
· 참여자들에게 친숙한 노래를 2~3곡 정도 부르게 한다.
· 치료사는 활동에 잘 참여하신 분에게 보상 스티커를 연지, 곤지처럼 볼에 붙여준다.

▶전개
· 소고를 하나씩 나누어준다. 치료사는 내담자들에게 자기가 들고 있는 소고를 잘 살펴보고 자유롭게 연주하도록 한다. 소고로 박수치기, 소고로 발 굴리기 등 신체표현을 하도록 한다.
· 내담자는 주어진 소고를 2번 치면서 2글자로 된 단어를 말한다. 가령 고향, 소고 등등 을 말한다. 그리고 소고를 3번 치면서 3글자로 된 단어도 말해본다.
· 치료사는 한 사람씩 자기의 이름을 말하며 연주하도록 한다(리듬에 맞추어서 말을 하도록 유도한다).

▶결론
· 마무리로 '고향의 봄'을 한 번 더 부른다. 노인들에게 참석해주어서 고맙다는 말을 한다.</td></tr>
<tr><td>비고
및
평가</td><td colspan="3">음악적 능력 불러일으키기</td></tr>
</table>

창조적 음악치료계획서 (5회)

<table>
<tr><td>활동 일시</td><td colspan="4">○○년 ○월 ○일</td></tr>
<tr><td rowspan="2">프로그램명</td><td rowspan="2">치매노인을 위한 창조적 음악치료</td><td colspan="2">주치료사</td><td>1명</td></tr>
<tr><td colspan="2">보조치료사</td><td>2~3명</td></tr>
<tr><td>내 담 자</td><td colspan="4">창조적 그룹(평균연령: 65세 이상, 경증 치매노인)</td></tr>
<tr><td>활 동
목 적</td><td colspan="2">◉ 지적 영역
· 기억, 회고 · 주의집중력
· 수용, 표현 언어기술
◉ 사회성, 정서적 영역
· 감정고조, 동기 유발
· 언어 교류 · 긍정적인 정서
· 자기표현, 자기정리, 필요표현
◉ 운동 영역
· 리듬 반응, 협응
◉ 언어 영역
· 뚜렷한 구어사용</td><td>활 동
목 표</td><td>1. Songwriting(창조연주)을 한다.
2. 내재적 학습(intrinsic learning) 형식을 정하여 다함께 노래해본다.
3. 가사와 동작에 대하여 느낀 점을 음악적으로 표현한다.
4. 노래 부르기를 통한 현실감각을 익힌다.</td></tr>
<tr><td>준 비 물</td><td colspan="4">음악 CD, 키보드, 장구, 소고, 리듬스틱, 카바사, 콩주머니, 악보, 우드블록, 핸드드럼, 키드봉고, 조각실로폰, 핸드벨, 오디오, 윈드차임, 카우벨</td></tr>
<tr><td>진 행
방 법</td><td colspan="4">▶도입
· '아리랑'으로 시작을 하여 손뼉을 치고 분위기를 고조시킨다.

▶전개
· 치료사는 내담자들과 '쾌지나 칭칭나네'를 불러본다.

1) 할머니 이름은 무엇입니까? 000 – 쾌지나 칭칭나네
2) 겨울날씨는 어떻습니까? 춥습니다. – 쾌지나 칭칭나네
3) 겨울날씨 같습니까? 네 – 쾌지나 칭칭나네
4) 고향은 어디입니까? 부산입니다. – 쾌지나 칭칭나네

· 노래가 익숙해진 후 치료사는 '쾌지나 칭칭나네'를 이용하여 내담자들에게 질문을 던진다. 내담자는 치료사의 질문에 답한 후 '쾌지나 칭칭나네'를 후렴으로 활용하여 함께 노래를 불러본다.
· 내담자들은' 쾌지나 칭칭나네'의 리듬에 맞추어 손뼉을 치고, 리듬에 맞추어 발을 굴린다.
· 또한 '쾌지나 칭칭나네'의 리듬에 맞추어 소고로 박자를 맞춘다(소고의 면과 테에 맞추어서 활동한다). 한 사람이 노래가사를 만들면 다른 참가자와 진행자들은 함께 후렴부인 '쾌지나 칭칭나네'를 부른다.
· 치료사는 콩'주머니를 꺼내어 '쾌지나 칭칭나네'의 리듬에 맞추어 콩주머니를 옆 사람에게 전해준다.

▶결론
· 치료사는 아리랑을 부르면서 내담자들과 함께 어깨춤을 추며 노래를 하면서 근육을 풀어준다. 민요를 통해 가사와 동작에 대하여 느낀 점을 음악적으로 표현하도록 한다.
· 다음 시간을 기약하면서 프로그램을 마친다.</td></tr>
<tr><td>비고
및
평가</td><td colspan="4">자유로운 표현능력 개발하기</td></tr>
</table>

창조적 음악치료계획서 (6회)

<table>
<tr><td>활동 일시</td><td colspan="4">○○년 ○월 ○일</td></tr>
<tr><td rowspan="2">프로그램명</td><td rowspan="2">치매노인을 위한 창조적 음악치료</td><td colspan="2">주치료사</td><td>1명</td></tr>
<tr><td colspan="2">보조치료사</td><td>2~3명</td></tr>
<tr><td>내 담 자</td><td colspan="4">창조적 그룹(평균연령: 65세 이상, 경증 치매노인)</td></tr>
<tr><td>활 동
목 적</td><td>◉ 지적 영역
·지적 자극, 창의력
·현실안내와 인식
·기억, 회고
◉ 사회성, 정서적 영역
·언어 교류
·긍정적인 정서
◉ 운동영역
·리듬 반응, 협응
·신체적 조절(강화, 인내, 유연성)
◉ 언어영역
·뚜렷한 구어사용
(정확도와 세기)</td><td>활 동
목 표</td><td colspan="2">1. 창조적 음악활동(Ⅰ)을 한다.
2. 창조음악반응-movement.
3. 음악적 주제에 맞춰 몸으로 표현한다.
4. 기본리듬 만들어본다.
5. 창조적 음악리듬을 익힌다.</td></tr>
<tr><td>준 비 물</td><td colspan="4">음악 CD, 키보드, 장구, 소고, 리듬스틱, 카바사, 콩주머니, 악보, 우드블록, 핸드드럼, 키드봉고, 조각실로폰, 핸드벨, 오디오, 윈드차임, 카우벨</td></tr>
<tr><td>진 행
방 법</td><td colspan="4">▶도입
·'아리랑'을 들려주며 자유롭게 음악적 주제에 맞추어 몸으로 춤을 추도록 흥겨운 장을 마련한다.

▶전개
·치료사는 흘러간 가요 '고향초', '금사향', '꿈꾸는 백마강 노래'를 듣는 자유로운 시간을 준다.
·내담자들은 주로 '찔레꽃', '삼다도 소식', '목련화', '물새 우는 강 언덕' 등을 흥얼거린다.
·하하하, 호호호, 히히히 웃음소리를 흉내 내고, 소고를 두드리며 자유롭게 활동하도록 한다. 진행자는 이 때 화음에 맞추어 음악적 분위기를 유도한다.
·넓은 보자기를 준비하여 빨강, 노랑, 파랑 색의 순서로 색깔을 구분하도록 하고 보자기의 각 모서리를 잡고 머리위로 올렸다 내렸다 하면서 흘러간 가요에 맞추어 율동을 하도록 한다. 수준을 높이면 스펀지 배구공을 보자기 가운데 놓고 이 동작을 시행한다.
·'강강술래'에 맞추어 원을 그리며 천천히 참가자들과 치료사들이 손을 잡고 움직이며 창조적 표현력을 경험하도록 한다.
·내담자들이 창의력 음악리듬을 만들 수 있게 악기를 주어 기분을 표현하도록 한다.

▶결론
·치료사는 '아리랑'을 부르면서 내담자들과 함께 어깨춤을 추면서 근육을 풀어준다. 민요를 통해 가사와 동작에 대하여 느낀 점을 음악적으로 표현하도록 한다.
·다음 시간을 기약하면서 프로그램을 마친다.</td></tr>
<tr><td>비고
및
평가</td><td colspan="4">음악적 능력, 자유로운 표현능력, 상호반응성 개발하기</td></tr>
</table>

창조적 음악치료계획서 (7회)

<table>
<tr><td>활동 일시</td><td colspan="4">○○년 ○월 ○일</td></tr>
<tr><td rowspan="2">프로그램명</td><td rowspan="2">치매노인을 위한 창조적 음악치료</td><td colspan="2">주치료사</td><td>1명</td></tr>
<tr><td colspan="2">보조치료사</td><td>2~3명</td></tr>
<tr><td>내 담 자</td><td colspan="4">창조적 그룹(평균연령: 65세 이상, 경증 치매노인)</td></tr>
<tr><td>활 동
목 적</td><td>◉ 지적 영역
· 지적 자극, 창의력
· 현실안내와 인식
· 기억, 회고
◉ 사회성, 정서적 영역
· 언어 교류
· 긍정적인 정서
◉ 운동 영역
· 리듬 반응, 협응
· 신체적 조절
(강화, 인내, 유연성)
◉ 언어 영역
· 뚜렷한 구어사용
(정확도와 세기)</td><td>활 동
목 표</td><td colspan="2">1. 창조적 음악활동(Ⅱ)을 한다.
2. 특정한 소리를 제시하여 탐색 경험한다.
3. 리듬악기를 통한 자연의 즉흥연주로 표현을 한다.
4. 창조적 음악리듬을 익힌다.</td></tr>
<tr><td>준 비 물</td><td colspan="4">음악 CD, 키보드, 장구, 소고, 리듬스틱, 카바사, 콩주머니, 악보, 우드블록, 핸드드럼, 키드봉고, 조각실로폰, 핸드벨, 오디오, 윈드차임, 카우벨</td></tr>
<tr><td>진 행
방 법</td><td colspan="4">▶도입
· 세션에 이용된 노래 중 편안한 곡을 불러 음악치료 시간임을 알게 한다.

▶전개
· 치료사는 내담자들로 하여금 자신의 이름(고향)을 기억하도록 훈련한다.
· 내담자들은 키드봉고를 이용하여 한쪽 편은 성, 반대편은 이름(두자)을 소리에 따라 봉고로 손바닥을 치도록 한다(예: 김00 = 쿵딱딱).
· 성과 이름이 기억나지 않는 참가자가 있을 때 진행자가 이름을 가르쳐주되 키드봉고, 우드블록, 핸드드럼 등은 참가자가 치도록 한다.
· 참가자의 이름을 음절에 맞추어 수월히 봉고를 칠 수 있도록 서너 차례 연주하도록 한다(특정한 소리제시).
· 치료사는 다른 참가자들이 키드봉고, 우드블록, 핸드드럼을 같이 치거나 박수를 쳐서 호응하도록 한다(즉흥연주 경험 유도).

▶결론
· 치료사는 '아리랑'을 부르면서 내담자들과 함께 어깨춤을 추며 노래하면서 근육을 풀어준다. 민요를 통해 가사와 동작에 대하여 느낀 점을 음악적으로 표현하도록 한다.
· 다음 시간을 기약하면서 프로그램을 마친다.</td></tr>
<tr><td>비고
및
평가</td><td colspan="4">음악적 능력, 자유로운 표현 능력, 상호반응성 개발하기</td></tr>
</table>

창조적 음악치료계획서 (8회)

<table>
<tr><td>활동 일시</td><td colspan="3">○○년 ○월 ○일</td></tr>
<tr><td rowspan="2">프로그램명</td><td rowspan="2">치매노인을 위한 창조적 음악치료</td><td>주치료사</td><td>1명</td></tr>
<tr><td>보조치료사</td><td>2~3명</td></tr>
<tr><td>내 담 자</td><td colspan="3">창조적 그룹(평균연령: 65세 이상, 경증 치매노인)</td></tr>
<tr><td>활 동
목 적</td><td>◉ 지적 영역
· 지적 자극, 창의력
· 주의집중력
· 수용, 표현 언어기술
◉ 사회성, 정서적 영역
· 감정고조, 동기 유발
· 여가선용, 협동 팀워크
◉ 운동 영역
· 호흡, 긴장 이완
· 리듬 반응, 협응
· 신체적 조절
(강화, 인내, 유연성)
◉ 언어 영역
· 뚜렷한 구어사용
(정확도와 세기)</td><td>활 동
목 표</td><td>1. 창조적 음악활동(Ⅲ)
2. 창조음악반응-movement.
3. 즉흥리듬으로 자신의 현재 감정을 표현한다.
4. 창조적 음악리듬을 익힌다.</td></tr>
<tr><td>준 비 물</td><td colspan="3">음악 CD, 키보드, 장구, 소고, 리듬스틱, 카바사, 콩주머니, 악보, 우드블록, 핸드드럼, 키드봉고, 조각실로폰, 핸드벨, 오디오, 윈드차임, 카우벨</td></tr>
<tr><td>진 행
방 법</td><td colspan="3">▶도입
· 아리랑 노래로 음악치료의 시작을 알린다.

▶전개
· 치료사는 내담자들에게 북소리에 맞추어 걸어가고 북이 멈추면 서는 놀이를 하자고 한다.
· 처음에는 느리게 북을 쳐서 놀이 방법을 익히고 익숙해지면 느리거나 빠르게 하고 가끔 북을 멈춰 서게 한다.
· 움직이다가 행동이 익숙해지면 두 사람씩 짝을 지어 움직이도록 한다.
· '강강술래'에 맞추어 원을 그리며 북소리에 맞추어 참여자와 진행자들이 손을 잡고 리듬에 맞추어 움직인다.
· 보행양이나 속도가 빨랐던 경우 정리운동으로 호흡을 가다듬고 몸을 풀어준다.
· 즉흥표현으로 인해 생긴 자신의 현재 감정을 표현하도록 한다.
· 장구소리에 맞추어 소고나 우드블록으로서 창조적 음악리듬을 만든다.
(투톤 우드블록, 스리톤 우드블록, 소고의 면, 소고의 테)

▶결론
· 치료사는 아리랑을 통해 내담자들을 안정시키고, 다음 시간을 기약하면서 마친다.</td></tr>
<tr><td>비고
및
평가</td><td colspan="3">음악적 능력, 자유로운 표현 능력, 상호반응성 개발하기</td></tr>
</table>

창조적 음악치료계획서 (9회)

<table>
<tr><td>활동 일시</td><td colspan="4">○○년 ○월 ○일</td></tr>
<tr><td rowspan="2">프로그램명</td><td rowspan="2">치매노인을 위한 창조적 음악치료</td><td colspan="2">주치료사</td><td>1명</td></tr>
<tr><td colspan="2">보조치료사</td><td>2~3명</td></tr>
<tr><td>내 담 자</td><td colspan="4">창조적 그룹(평균연령: 65세 이상, 경증 치매노인)</td></tr>
<tr><td>활 동
목 적</td><td>◉ 지적 영역
・기억, 회고 ・주의집중력
・수용, 표현 언어기술
◉ 사회성, 정서적 영역
・감정고조, 동기 유발
・언어 교류 ・긍정적인 정서
・여가선용, 협동 팀워크
・충동조절
◉ 운동 영역
・리듬 반응, 협응
・신체적 조절
(강화, 인내, 유연성)
◉ 언어 영역
・뚜렷한 구어사용</td><td>활 동
목 표</td><td colspan="2">1. 창조적 음악활동(Ⅳ)을 한다.
2. 노래와 악기와 춤을 동시에 표현한다.
3. 창조적 음악리듬을 익힌다.</td></tr>
<tr><td>준 비 물</td><td colspan="4">음악 CD, 키보드, 장구, 소고, 리듬스틱, 카바사, 콩주머니, 악보, 우드블록, 핸드드럼, 키드봉고, 조각실로폰, 핸드벨, 오디오, 윈드차임, 카우벨</td></tr>
<tr><td>진 행
방 법</td><td colspan="4">▶도입
・'아리랑'으로 모임을 알리고 인사를 나눈다.
・치료자가 먼저 이름을 말하고 참가자가 자기 이름을 소고를 치면서 말한다(이때 하나의 소고를 가지고 이름을 말하고 나면 옆 사람에게로 넘겨주며 후렴구로 다같이 '쾌지나 칭칭나네'를 부른다).

▶전개
・치료자는 내담자들에게 '진도 아리랑'을 들려준다(참가자가 자연스럽게 집중할 수 있는 분위기를 유도하기 위해).
・치료사는 위의 민요를 부르며 손뼉을 치면서 내담자들의 경직된 근육을 이완시킨다.
・위의 민요로 무릎과 손뼉을 치면서 쿵~짝짝의 3박자로 행한다.
・민요에 맞춰 콩주머니를 손에 쥐고 있다가 노래에 맞춰 옆 사람의 손으로 전달한다(콩주머니 돌리기 게임을 하며 지목된 참가자에게 진행자가 다가가 꼭 안아주며 같이 춤추기를 유도한다).
・앉든 서든 같이 몸을 움직여 춤을 추며 흥겨운 분위기에서 노래와 악기와 춤을 추면서 즉흥 창조적 표현을 각자의 악기를 들고 연주하면서 경험한다.
・내담자들은 치료사의 장구와 북소리에 맞추어 장구소리에서는 움직이고 북소리가 나면 멈추는 놀이 활동을 한다.

▶결론 : 세션에서 배웠던 노래를 부르면서 프로그램을 마친다.</td></tr>
<tr><td>비고
및
평가</td><td colspan="4">음악적 능력, 자유로운 표현능력, 상호반응성 개발하기</td></tr>
</table>

창조적 음악치료계획서 (10회)

<table>
<tr><td>활동 일시</td><td colspan="3">○○년 ○월 ○일</td></tr>
<tr><td rowspan="2">프로그램명</td><td rowspan="2">치매노인을 위한 창조적 음악치료</td><td>주치료사</td><td>1명</td></tr>
<tr><td>보조치료사</td><td>2~3명</td></tr>
<tr><td>내 담 자</td><td colspan="3">창조적 그룹(평균연령: 65세 이상, 경증 치매노인)</td></tr>
<tr><td>활 동
목 적</td><td>◉ 지적 영역
· 지적자극, 창의력
· 주의집중력
· 수용, 표현 언어기술
◉ 사회성, 정서적 영역
· 감정고조, 동기 유발
· 여가선용, 협동 팀워크
· 충동조절
◉ 운동 영역
· 호흡, 긴장 이완
· 리듬 반응, 협응
◉ 언어 영역
· 뚜렷한 구어사용
(정확도와 세기)</td><td>활 동
목 표</td><td>1. 창조적 음악활동(V)을 한다.
2. 집단원 다함께 음악연주를 만든다.
3. 창조적 음악리듬을 익힌다.
4. 창조적 음악리듬을 만들고 감상한다.</td></tr>
<tr><td>준 비 물</td><td colspan="3">음악 CD, 키보드, 장구, 소고, 리듬스틱, 카바사, 콩주머니, 악보, 우드블록, 핸드드럼, 키드봉고, 조각실로폰, 핸드벨, 오디오, 윈드차임, 카우벨</td></tr>
<tr><td>진 행
방 법</td><td colspan="3">▶도입
· 치료사는 '아리랑'으로 손뼉을 치며 몸의 움직임을 유도한다.

▶전개
· 치료사는 '쾌지나 칭칭나네'를 응용하여 노래를 만든다.
· '쾌지나 칭칭나네'의 노래에 맞춰 참가자의 이름을 소개하도록 한다(먼저 진행자가 시범을 보인다).
· 창조적 음악리듬을 익히도록 자유롭게 부르도록 한다.
· '쾌지나 칭칭나네' 노래에 다른 소재를 가지고 불러본다.

예) 꽃집에는 장미가 있고 쾌지나 칭칭나네
꽃집에는 백합도 있고 쾌지나 칭칭나네
꽃집에는 국화도 있고 쾌지나 칭칭나네 쾌지나 칭칭나네

· 치료사는 참가자에게 다른 소재를 생각하도록 한다(시장, 바다, 산, 고향, 부엌 등).
· 주제를 주고 자신이 생각한 단어를 넣어 '쾌지나 칭칭나네'를 불러보도록 한다.
· 익숙해지면 팀을 나누어 팀별로 대항하는 게임 형식으로 진행한다.
· 한 사람씩 지금 기분을 말해보도록 한다. 그리고 이 기분을 악기소리로 표현해본다.

▶결론
· '아리랑'을 사용하여 자유롭게 춤을 추거나 노래를 따라할 수 있게 하며 끝마친다.</td></tr>
<tr><td>비고
및
평가</td><td colspan="3">음악적 능력, 자유로운 표현능력, 상호반응성 개발하기</td></tr>
</table>

창조적 음악치료계획서 (11회)

<table>
<tr><td>활동 일시</td><td colspan="4">○○년 ○월 ○일</td></tr>
<tr><td rowspan="2">프로그램명</td><td rowspan="2">치매노인을 위한 창조적 음악치료</td><td colspan="2">주치료사</td><td>1명</td></tr>
<tr><td colspan="2">보조치료사</td><td>2~3명</td></tr>
<tr><td>내 담 자</td><td colspan="4">창조적 그룹(평균연령: 65세 이상, 경증 치매노인)</td></tr>
<tr><td>활 동
목 적</td><td colspan="2">◉ 지적 영역
· 지적 자극, 창의력
· 주의집중력
· 수용, 표현 언어기술
◉ 사회성, 정서적 영역
· 감정고조, 동기 유발
· 자기표현, 자기정리, 필요표현
· 여가선용, 협동 팀워크
· 충동조절
◉ 운동 영역
· 호흡, 긴장 이완
· 리듬 반응, 협응
◉ 언어 영역
· 뚜렷한 구어사용(정확도와 세기)</td><td>활 동
목 표</td><td>1. Songwriting(창조즉흥연주)을 한다.
2. 성장동기 부여(growth motivation)를 통한 전체 느낌을 나눈다.
3. 창조적 음악 리듬을 만들고 집단원의 각자 만든 리듬을 서로 같이 익힌다.</td></tr>
<tr><td>준 비 물</td><td colspan="4">음악 CD, 키보드, 장구, 소고, 리듬스틱, 카바사, 콩주머니, 악보, 우드블록, 핸드드럼, 키드봉고, 조각실로폰, 핸드벨, 오디오, 윈드차임, 카우벨</td></tr>
<tr><td>진 행
방 법</td><td colspan="4">▶도입
· '아리랑'으로 모임을 알린다. 치료사는 '아리랑'을 소고 혹은 손뼉을 치면서 부른다.

▶전개
· 치료사와 내담자는 자신의 이름을 소개하고 후렴구로 '쾌지나 칭칭나네'를 같이 부른다.
· '쾌지나 칭칭나네'를 부르며 후렴구에 맞춰 팔운동을 한다(혹은 콩주머니로 옆 사람에게 손과 손으로 전해주기).

예) 옹헤야 옹헤야 어절시구 옹헤야 저절시구 옹헤야 잘도 돈다 옹헤야
과일에는 옹헤야 사과있고 옹헤야 수박있고 옹헤야
딸기있고 옹헤야 자두있고 옹헤야 에헤 에헤 옹헤야
시장에는 옹헤야 생선있고 옹헤야 문어있고 옹헤야
버선있고 옹헤야 한복있고 옹헤야 에헤 에헤 옹헤야

· '옹헤야'를 응용하여 가사를 다른 단어들로 이야기하고 부른다(창조적 음악반응을 익히도록 한다).
· '옹헤야'에 따라 가사 옹헤야만 크게 손뼉을 쳐본다.
· 장구 리듬에 따라 박수 또는 다른 악기로 쳐본다(리듬치기).
· 치료사의 리듬 지시에 따라 활동한다. (♩ ♩/♩ ♩/ ,♩♪♪ / ♩♪♪)

▶결론
· 창조적 음악 리듬으로 아리랑을 자유롭게(다양한 악기, 손뼉, 춤)부르며 마무리한다.</td></tr>
<tr><td>비고
및
평가</td><td colspan="4">음악적 능력, 자유로운 표현능력, 상호반응성 개발하기</td></tr>
</table>

창조적 음악치료계획서 (12회)

<table>
<tr><td>활동 일시</td><td colspan="3">○○년 ○월 ○일</td></tr>
<tr><td rowspan="2">프로그램명</td><td rowspan="2">치매노인을 위한 창조적 음악치료</td><td>주치료사</td><td>1명</td></tr>
<tr><td>보조치료사</td><td>2~3명</td></tr>
<tr><td>내 담 자</td><td colspan="3">창조적 그룹(평균연령: 65세 이상, 경증 치매노인)</td></tr>
<tr><td>활 동
목 적</td><td>◉ 지적 영역
· 지적 자극, 창의력
· 수용, 표현 언어기술
◉ 사회성, 정서적 영역
· 감정고조, 동기 유발
· 자기표현 ,자기정리, 필요표현
· 여가선용, 협동 팀워크
· 충동조절
◉ 운동 영역
· 리듬 반응, 협응
◉ 언어 영역
· 뚜렷한 구어사용
(정확도와 세기)</td><td>활 동
목 표</td><td>1. Songwriting(창조즉흥)을 연주한다.
2. 자신들의 음악활동 모습을 감상하며 전체느낌 나누기(평가, 소감)를 한다.
3. 박자에 맞추어 신체표현과 노래를 부른다.
4. 한국형 간이정신상태검사, 노인우울검사, 치매노인 삶의 질 검사를 실시한다.</td></tr>
<tr><td>준 비 물</td><td colspan="3">음악 CD, 키보드, 장구, 소고, 리듬스틱, 카바사, 콩주머니, 악보, 우드블록, 핸드드럼, 키드봉고, 조각실로폰, 핸드벨, 오디오, 윈드차임, 카우벨
척도: 노인우울검사, 한국형 간이정신상태검사, 치매노인 삶의 질 검사</td></tr>
<tr><td>진 행
방 법</td><td colspan="3">▶도입
· 내담자들이 즐겨 부르던 곡들('아리랑', '쾌지나 칭칭나네', '옹헤야', '강강술래') 등을 들려주며 인사를 한다.

▶전개
· 지금까지의 활동을 VTR로 감상한다.
· 집단원들과 평가 및 소감나누기를 한다.
· 노인우울검사, 한국형 간이정신상태검사, 치매노인 삶의 질 검사를 실시한다.

▶결론
· '아리랑'에 맞춰 노래와 즉흥표현을 유도하며 마지막 인사를 한다.</td></tr>
<tr><td>비고
및
평가</td><td colspan="3">치료사-음악-내담자간의 역학성 확인</td></tr>
</table>

2. 분석적 음악치료 프로그램 모델

분석적 음악치료계획서 (1회)

<table>
<tr><td>활동 일시</td><td colspan="4">○○년 ○월 ○일</td></tr>
<tr><td rowspan="2">프로그램명</td><td rowspan="2">치매노인을 위한 분석적 음악치료</td><td colspan="2">주치료사</td><td>1명</td></tr>
<tr><td colspan="2">보조치료사</td><td>2~3명</td></tr>
<tr><td>내 담 자</td><td colspan="4">분석적 그룹(평균연령: 65세 이상, 경증 치매노인)</td></tr>
<tr><td>활 동
목 적</td><td>◉ 지적 영역
· 지적 자극, 창의력
· 현실안내와 인식
· 기억, 회고
· 주의집중력
◉ 사회성, 정서적 영역
· 감정고조, 동기 유발
· 언어 교류
◉운동 영역
· 신체적 조절
(강화, 인내, 유연성)
◉언어 영역
· 뚜렷한 구어사용
(정확도와 세기)</td><td>활 동
목 표</td><td colspan="2">1. 집단원들과의 자연스러운 분위기를 만든다.
2. 한국형 간이정신상태검사, 치매노인 삶의 질 검사, 노인우울검사를 실시한다.
3. 분석적 음악치료를 익힌다.</td></tr>
<tr><td>준 비 물</td><td colspan="4">음악 CD, 키보드, 장구, 소고, 리듬스틱, 카바사, 콩주머니, 악보, 우드블록, 핸드드럼, 키드봉고, 조각실로폰, 핸드벨, 오디오, 윈드차임, 카우벨
척도: 노인우울검사, 한국형 간이정신상태검사, 치매노인 삶의 질 검사</td></tr>
<tr><td>진 행
방 법</td><td colspan="4">▶ 도입
· 아리랑에 맞춰 첫 만남을 이야기하고 인사한다.
▶ 전개
· 자연스러운 분위기에서 자기소개를 하며 집단원끼리 서로 알아가기를 한다.
· 분석적 음악치료에 대해 간단히 설명한다.
· 적극적이고 직접 참여하는 능동적인 음악활동인 것을 이해하도록 한다.
· 치료사는 집단원이 좋아하는 노래와 음악활동을 알아본다.
· 한국형 간이정신상태검사, 치매노인 삶의 질 검사, 노인우울검사를 실시한다.

▶ 결론
· 아리랑에 맞추어 내담자가 원하는 대로 손뼉을 치거나 일어서서 춤추면서 다음을 기약하며 마무리한다.</td></tr>
<tr><td>비고
및
평가</td><td colspan="4">치료쟁점을 규명하기 위한 내담자와의 만남</td></tr>
</table>

분석적 음악치료계획서 (2회)

<table>
<tr><td>활동 일시</td><td colspan="3">○○년 ○월 ○일</td></tr>
<tr><td rowspan="2">프로그램명</td><td rowspan="2">치매노인을 위한 분석적 음악치료</td><td>주치료사</td><td>1명</td></tr>
<tr><td>보조치료사</td><td>2~3명</td></tr>
<tr><td>내 담 자</td><td colspan="3">분석적 그룹(평균연령: 65세 이상, 경증 치매노인)</td></tr>
<tr><td>활 동
목 적</td><td>◉ 지적 영역
· 기억, 회고
· 주의집중력
· 수용, 표현 언어기술
◉ 사회성, 정서적 영역
· 언어 교류
· 긍정적인 정서
· 자기표현, 자기정리, 필요표현
◉ 운동 영역
· 리듬 반응, 협응
◉ 언어 영역
· 뚜렷한 구어사용
(정확도와 세기)</td><td>활 동
목 표</td><td>1. '표제'에 대한 활동하기를 한다.
2. 즉흥연주를 통한 노래 부르기를 한다.
3. 집단원의 즉흥연주 유도로 노래 부르기(돌림노래)를 한다.
4. 감상 영역을 통해 정서표현을 한다.
5. '표제' 음악을 통해 일어나는 정서를 표현하도록 한다.</td></tr>
<tr><td>준 비 물</td><td colspan="3">음악 CD, 키보드, 장구, 소고, 리듬스틱, 카바사, 콩주머니, 악보, 우드블록, 핸드드럼, 키드봉고, 조각실로폰, 핸드벨, 오디오, 윈드차임, 카우벨</td></tr>
<tr><td>진 행
방 법</td><td colspan="3">▶ 도입
· 할머니, 할아버지와 인사나누기를 한다.
· 주치료사가 먼저 이름을 말하고 할머니, 할아버지들이 자신의 이름을 소고를 치면서 말한다.
▶ 전개
· 할머니, 할아버지들이 어떤 노래를 좋아하는지 물어보고 쉬운 곡은 한번 같이 불러본다(돌림노래 형태를 띠며 한 곡조, 한 곡조 불러보도록 한다).
· 치료사들이 준비한 '표제음악' 고향에 대해 내담자들이 말하도록 한다.
· 치료사가 '고향의 봄'을 연주한다.
· 할머니, 할아버지와 함께 '고향의 봄'을 불러보고 무릎과 손뼉을 치면서 '고향의 봄'을 같이 불러본다(쿵짝짝의 3박자로 손뼉치기).
· 다양한 악기로 즉흥악기 연주한다.
· '고향'이라는 말에서 생각하는 것들을 각 내담자들이 표현하도록 한다.

▶ 결론
· 일어나 장구와 악기 소리에 맞추어 춤을 추면서 흥겨운 분위기에서 정리한다.</td></tr>
<tr><td>비고
및
평가</td><td colspan="3">음악적 활동 역할을 규정함</td></tr>
</table>

분석적 음악치료계획서 (3회)

<table>
<tr><td>활동 일시</td><td colspan="4">○○년 ○월 ○일</td></tr>
<tr><td rowspan="2">프로그램명</td><td rowspan="2">치매노인을 위한 분석적 음악치료</td><td colspan="2">주치료사</td><td>1명</td></tr>
<tr><td colspan="2">보조치료사</td><td>2~3명</td></tr>
<tr><td>내 담 자</td><td colspan="4">분석적 그룹(평균연령: 65세 이상, 경증 치매노인)</td></tr>
<tr><td>활 동
목 적</td><td>◉ 지적 영역
· 기억, 회고
· 주의집중력
· 수용, 표현 언어기술
◉ 사회성, 정서적 영역
· 언어 교류
· 긍정적인 정서
· 충동조절
◉ 운동 영역
· 리듬 반응, 협응
◉ 언어 영역
· 뚜렷한 구어사용
(정확도와 세기)</td><td>활 동
목 표</td><td colspan="2">1. Songwriting(즉흥연주)을 한다.
2. 가족, 친구, 자신의 소중함을 노래와 악기연주로 표현한다.
3. 표현된 음악활동을 통해 전이/역전이의 정서를 나타내도록 한다.
4. 표현된 음악을 통해 박자, 리듬을 익힌다.
5. '말'로서 음악-내담자-치료사를 연결하도록 한다.</td></tr>
<tr><td>준 비 물</td><td colspan="4">음악 CD, 키보드, 장구, 소고, 리듬스틱, 카바사, 콩주머니, 악보, 우드블록, 핸드드럼, 키드봉고, 조각실로폰, 핸드벨, 오디오, 윈드차임, 카우벨</td></tr>
<tr><td>진 행
방 법</td><td colspan="4">▶ 도입
· '고향의 봄'을 치료자가 연주하면서 음악치료 시간을 내담자들에게 알린다.
▶ 전개
· '고향' 노래를 먼저 부른다(2회 정도).
(신정과 구정 이야기를 꺼낸 후 어르신들의 고향을 한 사람씩 질문하여 고향의 기억을 되새기게 한다.)
· 치료사가 한 줄씩 읽히면서 글자를 익히도록 한다.
· 가족, 친구, 자신에 대해서 표현하도록 한다.
· 노래와 악기로 자신의 느낌을 표현하도록 한다.
(표현된 감정과 내용을 치료사는 기억해두어 다음 회기에 반영해야 한다)

▶ 결론 : 마지막으로 '고향' 노래를 손뼉 치며 부르면서 다음을 기약한다.</td></tr>
<tr><td>비고
및
평가</td><td colspan="4">표제와 할당된 역할에 따라 혼자, 또는 치료사와 함께 즉흥연주를 한다.</td></tr>
</table>

분석적 음악치료계획서 (4회)

<table>
<tr><td>활동 일시</td><td colspan="4">○○년 ○월 ○일</td></tr>
<tr><td rowspan="2">프로그램명</td><td rowspan="2">치매노인을 위한 분석적 음악치료</td><td>주치료사</td><td colspan="2">1명</td></tr>
<tr><td>보조치료사</td><td colspan="2">2~3명</td></tr>
<tr><td>내 담 자</td><td colspan="4">분석적 그룹(평균연령: 65세 이상, 경증 치매노인)</td></tr>
<tr><td>활 동
목 적</td><td>◉ 지적 영역
· 지적 자극, 창의력
· 주의집중력
· 수용, 표현 언어기술
◉ 사회성, 정서적 영역
· 긍정적인 정서
· 자기표현, 자기정리, 필요표현
· 여가선용, 협동 팀워크
◉ 운동 영역
· 호흡, 긴장 이완
· 리듬 반응, 협응
◉ 언어 영역
· 뚜렷한 구어사용
(정확도와 세기)</td><td>활 동
목 표</td><td colspan="2">1. Songwriting(즉흥연주)을 한다.
2. 자신의 저항을 음악적 활동(손뼉치기, 발구르기, 춤추기, 무릎 구부리기) 등을 신체표현으로 표현하도록 한다.
3. '표제음악'에 적절한 표현을 하도로 한다.</td></tr>
<tr><td>준 비 물</td><td colspan="4">음악 CD, 키보드, 장구, 소고, 리듬스틱, 카바사, 콩주머니, 악보, 우드블록, 핸드드럼, 키드봉고, 조각실로폰, 핸드벨, 오디오, 윈드차임, 카우벨</td></tr>
<tr><td>진 행
방 법</td><td colspan="4">▶ 도입
· 치료사는 '갑돌이와 갑순이'를 장구리듬에 맞춰 노래 부른다(먼저 치료사가 장구를 치면서 부른다).
▶ 전개
· 치료사는 내담자들에게 소고를 나누어준다.
· 치료사가 먼저 장단을 일러주며 내담자들이 소고를 치게 한다.
· 내담자들에게 배우자의 이름을 기억하게 하고, 갑돌이 갑순이 시절을 되새기게 한다.
· 노래를 직역해서 읽게 하고 소고를 치며 노래한다.
· 자신의 감정의 저항을 음악적 활동을 통해 표현하도록 한다.
· 표제음악 '갑돌이와 갑순이'에서 내담자의 기억과 회상을 경험하도록 하며, 적극적 의사표현을 하도록 한다.

▶ 결론 : 세션의 노래를 한 번 더 부르면서 프로그램을 마친다.</td></tr>
<tr><td>비고
및
평가</td><td colspan="4">음악을 통한 내담자의 자신의 감정과 접촉함을 경험하도록 한다.</td></tr>
</table>

분석적 음악치료계획서 (5회)

<table>
<tr><td>활동 일시</td><td colspan="4">○○년 ○월 ○일</td></tr>
<tr><td rowspan="2">프로그램명</td><td rowspan="2" colspan="2">치매노인을 위한 분석적 음악치료</td><td>주치료사</td><td>1명</td></tr>
<tr><td>보조치료사</td><td>2~3명</td></tr>
<tr><td>내 담 자</td><td colspan="4">분석적 그룹(평균연령: 65세 이상, 경증 치매노인)</td></tr>
<tr><td>활 동
목 적</td><td>◉ 지적 영역
· 기억, 회고
· 주의집중력
◉ 사회성, 정서적 영역
· 긍정적인 정서
· 여가선용, 협동 팀워크
· 충동조절
◉ 운동 영역
· 리듬 반응, 협응
◉ 언어 영역
· 뚜렷한 구어사용
(정확도와 세기)</td><td>활 동
목 표</td><td colspan="2">1. Songwriting(즉흥연주)을 한다.
2. 즉흥연주를 통한 작업동맹으로 음악과의 관계 증진을 도모한다.
3. 집단원의 음악활동을 통한 경험을 음악적으로 표현하도록 한다.
4. '표제음악'을 통해 내적 갈등과 심리적 표현을 적극 표현하도록 한다.</td></tr>
<tr><td>준 비 물</td><td colspan="4">음악 CD, 키보드, 장구, 소고, 리듬스틱, 카바사, 콩주머니, 악보, 우드블록, 핸드드럼, 키드봉고, 조각실로폰, 핸드벨, 오디오, 윈드차임, 카우벨</td></tr>
<tr><td>진 행
방 법</td><td colspan="4">▶ 도입
· '찔레꽃'을 치료사의 연주로 들려준다.
▶ 전개
· 치료사는 내담자들이 자유스럽게 소고를 치면서 노래를 부르도록 한다.
· 흥을 돋우면서 어깨춤을 치도록 유도한다.
· 즉흥연주를 통해 내담자들이 작업동맹을 결속시켜 음악의 윤택함을 시도한다.
· '찔레꽃'에서 느껴지는 감정 등을 자유롭게 표현하도록 시간을 준다.
(치료사가 발표를 권유할 수도 있다)

▶ 결론
· '찔레꽃'을 연주하면서 음악치료의 종료시간을 내담자들에게 알리고 주지시킨다.</td></tr>
<tr><td>비고
및
평가</td><td colspan="4">즉흥연주로 언어를 대신한 의사소통으로 인식 경험 제공한다.</td></tr>
</table>

분석적 음악치료계획서 (6회)

<table>
<tr><td>활동 일시</td><td colspan="3">○○년 ○월 ○일</td></tr>
<tr><td rowspan="2">프로그램명</td><td rowspan="2">치매노인을 위한 분석적 음악치료</td><td>주치료사</td><td>1명</td></tr>
<tr><td>보조치료사</td><td>2~3명</td></tr>
<tr><td>내 담 자</td><td colspan="3">분석적 그룹(평균연령: 65세 이상, 경증 치매노인)</td></tr>
<tr><td>활 동
목 적</td><td>◉ 지적 영역
· 기억, 회고
· 주의집중력
· 수용, 표현 언어기술
◉ 사회성, 정서적 영역
· 언어 교류
· 긍정적인 정서
◉ 운동 영역
· 리듬 반응, 협응
◉ 언어 영역
· 뚜렷한 구어사용
(정확도와 세기)</td><td>활 동
목 표</td><td>1. 분석적 음악활동(Ⅰ)을 한다.
2. 즉흥연주 반응−movement.
3. 음악적 지지를
통한−잡아주기(Holding)를 한다.
4. 표현된 분석 음악을 통해 박자,
리듬을 익힌다.</td></tr>
<tr><td>준 비 물</td><td colspan="3">음악 CD, 키보드, 장구, 소고, 리듬스틱, 카바사, 콩주머니, 악보, 우드블록, 핸드드럼, 키드봉고, 조각실로폰, 핸드벨, 오디오, 윈드차임, 카우벨</td></tr>
<tr><td>진 행
방 법</td><td colspan="3">▶ 도입
· '밀양 아리랑'을 치료사가 연주해준다.
· 치료사가 연주로 프로그램의 시작을 알린다.
▶ 전개
· '밀양 아리랑' 가사차트를 꺼낸다(3번 정도 부른다).
(처음 부를 땐 치료사들이 부르고 두 번째에는 가사를 또박또박 읽어본다.
세 번째 부를 땐 박수 및 율동을 유도한다.)
· 노래가 조금 익숙해지면 소고치기를 통해 리듬놀이를 한다(처음엔 소고 면만을
한번씩 치고 그 이후엔 소고 면을 한 번, 테를 두 번씩 치도록 유도한다).
· 치료사의 연주에 맞추어 '장구'를 치도록 한다.
(칭찬을 하며, 느낌을 말하도록 한다.)

▶ 결론
· 다음 시간을 기약하며 '밀양 아리랑'을 연주하면서 프로그램을 마친다.</td></tr>
<tr><td>비고
및
평가</td><td colspan="3">표제 즉흥연주를 통해 음악적 요소와 효과에 대한 내면적 감수성 개발(내적 음악)</td></tr>
</table>

분석적 음악치료계획서 (7회)

<table>
<tr><td>활동 일시</td><td colspan="4">○○년 ○월 ○일</td></tr>
<tr><td rowspan="2">프로그램명</td><td rowspan="2">치매노인을 위한 분석적 음악치료</td><td colspan="2">주치료사</td><td>1명</td></tr>
<tr><td colspan="2">보조치료사</td><td>2~3명</td></tr>
<tr><td>내 담 자</td><td colspan="4">분석적 그룹(평균연령: 65세 이상, 경증 치매노인)</td></tr>
<tr><td>활 동
목 적</td><td>◉ 지적 영역
· 기억, 회고
· 주의집중력
◉ 사회성, 정서적 영역
· 언어 교류
· 긍정적인 정서
· 여가선용, 협동 팀워크
◉ 운동 영역
· 리듬 반응, 협응
◉ 언어 영역
· 뚜렷한 구어사용
(정확도와 세기)</td><td>활 동
목 표</td><td colspan="2">1. 분석적 음악활동(Ⅱ)을 한다.
2. 즉흥연주 반응-movement.
3. 리듬악기를 통한 자연의 즉흥연주를 표현한다.
4. 표현된 분석음악을 통해 박자, 리듬을 익힌다.
5. '표제음악'을 익힌다.</td></tr>
<tr><td>준 비 물</td><td colspan="4">음악 CD, 키보드, 장구, 소고, 리듬스틱, 카바사, 콩주머니, 악보, 우드블록, 핸드드럼, 키드봉고, 조각실로폰, 핸드벨, 오디오, 윈드차임, 카우벨</td></tr>
<tr><td>진 행
방 법</td><td colspan="4">▶ 도입
· '표제음악'을 들려준다.
· '겨울바람'을 키보드로 다시 반복 연주한다.
▶ 전개
· '겨울바람' 가사차트를 꺼내 세 번 정도 부른다(처음엔 치료사들이 부르고 두 번째엔 가사를 천천히 읽어본다).
· 노래를 신나게 부른 후 꽁이란 단어가 있는 곳엔 소고를 친다.
· 치료사들이 준비한 인형으로 인형 옮기기 놀이를 한다.
· 지금 기분을 말하도록 한다. '겨울바람'을 배워보고 놀이를 함으로써 생각나는 것이 있는지를 여쭤본다.
· 표현된 분석리듬과 표현된 것에 대한 나눔의 시간을 갖는다.

▶ 결론
· '겨울바람' 곡을 들으면서 프로그램을 마무리한다.</td></tr>
<tr><td>비고
및
평가</td><td colspan="4">표제 즉흥연주를 통해 음악적 요소와 효과에 대한 내면적 감수성 개발(내적 음악)</td></tr>
</table>

분석적 음악치료계획서 (8회)

<table>
<tr><td>활동 일시</td><td colspan="3">○○년 ○월 ○일</td></tr>
<tr><td rowspan="2">프로그램명</td><td rowspan="2">치매노인을 위한 분석적 음악치료</td><td>주치료사</td><td>1명</td></tr>
<tr><td>보조치료사</td><td>2~3명</td></tr>
<tr><td>내 담 자</td><td colspan="3">분석적 그룹(평균연령: 65세 이상, 경증 치매노인)</td></tr>
<tr><td>활 동
목 적</td><td>◉ 지적 영역
· 기억, 회고
· 주의집중력
· 수용, 표현 언어기술
◉ 사회성, 정서적 영역
· 긍정적인 정서
· 자기표현, 자기정리, 필요표현
· 여가선용, 협동 팀워크
· 충동조절
◉ 운동 영역
· 리듬 반응, 협응
· 신체적 조절
(강화, 인내, 유연성)
◉ 언어 영역
· 뚜렷한 구어사용
(정확도와 세기)</td><td>활 동
목 표</td><td>1. 분석적 음악활동(Ⅲ)을 한다.
2. 즉흥연주 반응–movement.
3. 즉흥연주리듬을 촉진시키는 분리기법(Splitting)으로 자신의 현재 감정을 표현한다.
4. 표현된 분석음악을 통해 박자, 리듬을 익힌다.</td></tr>
<tr><td>준 비 물</td><td colspan="3">음악 CD, 키보드, 장구, 소고, 리듬스틱, 카바사, 콩주머니, 악보, 우드블록, 핸드드럼, 키드봉고, 조각실로폰, 핸드벨, 오디오, 윈드차임, 카우벨</td></tr>
<tr><td>진 행
방 법</td><td colspan="3">▶ 도입
· '군밤타령' 표제음악을 들려준다.
· '표제음악'으로 프로그램의 시작을 알린다.
▶ 전개
· 군밤타령 가사차트를 꺼낸다(세 번 정도 부른다).
(두 번째 부를 땐 박수 및 율동을 유도한다.)
· 노래가 조금 익숙해지면, 소고치기를 통해 리듬놀이를 한다(처음엔 소고 면만을 한 번씩 치고, 그 이후엔 소고 면을 한 번, 테를 한 번 치도록 한다).
· 익숙해지면 자유로운 악기활동을 하도록 한다.
· 표제음악을 통한 현재 내담자의 감정을 적절히 표현할 수 있도록 한다.

▶ 결론
· '군밤 타령'을 다시 한 번 더 부르고 다양한 악기를 연주하면서 프로그램을 마친다.</td></tr>
<tr><td>비고
및
평가</td><td colspan="3">표제 즉흥연주와 토의를 통해 음악적 요소와 효과에 대한 내면적 감수성 개발
(내적 음악)</td></tr>
</table>

분석적 음악치료계획서 (9회)

<table>
<tr><td>활동 일시</td><td colspan="4">○○년 ○월 ○일</td></tr>
<tr><td rowspan="2">프로그램명</td><td rowspan="2">치매노인을 위한 분석적 음악치료</td><td colspan="2">주치료사</td><td>1명</td></tr>
<tr><td colspan="2">보조치료사</td><td>2~3명</td></tr>
<tr><td>내 담 자</td><td colspan="4">분석적 그룹(평균연령: 65세 이상, 경증 치매노인)</td></tr>
<tr><td>활 동
목 적</td><td>◉ 지적 영역
· 기억, 회고
· 주의집중력
· 수용, 표현 언어기술
◉ 사회성, 정서적 영역
· 긍정적인 정서
· 자기표현, 자기정리, 필요표현
◉ 운동 영역
· 호흡, 긴장 이완
· 신체적 조절
(강화, 인내, 유연성)
◉ 언어 영역
· 뚜렷한 구어사용
(정확도와 세기)</td><td>활 동
목 표</td><td colspan="2">1. 분석적 음악활동(Ⅳ)을 한다.
2. 즉흥연주 반응–movement.
3. 음악감상을 통한 주변인물에 대한 감정적 투사 표현을 한다.
4. '분석음악활동경험'을 익힌다.</td></tr>
<tr><td>준 비 물</td><td colspan="4">음악 CD, 키보드, 장구, 소고, 리듬스틱, 카바사, 콩주머니, 악보, 우드블록, 핸드드럼, 키드봉고, 조각실로폰, 핸드벨, 오디오, 윈드차임, 카우벨</td></tr>
<tr><td>진 행
방 법</td><td colspan="4">▶ 도입
· '즐거운 산행길', '아름다운 베르네'를 기타연주를 통해 경쾌한 분위기를 만들어 음악치료가 시작됨을 알린다.
▶ 전개
· '옹헤야' 노래를 들으며 즐거운 리듬감을 느낀다.
(다양한 악기를 들고 기분에 맞는 리듬을 연주하도록 한다.)
· '과수원 길'을 들으며 따라 불러본다.
· '아브라함 체조'를 통해 전신운동을 한다.
· '즐거운 산행길', '아름다운 베르네'를 다시 들으면서 감정적 투사를 하도록 한다.
→ 각 내담자들에게 유도한다.

▶ 결론
· '표제음악'을 다시 연주하면서 프로그램을 마친다.</td></tr>
<tr><td>비고
및
평가</td><td colspan="4">표제 즉흥연주와 토의를 통해 음악적 요소와 효과에 대한 내면적 감수성 개발
(내적 음악)</td></tr>
</table>

분석적 음악치료계획서 (10회)

<table>
<tr><td>활동 일시</td><td colspan="4">○○년 ○월 ○일</td></tr>
<tr><td rowspan="2">프로그램명</td><td rowspan="2" colspan="2">치매노인을 위한 분석적 음악치료</td><td>주치료사</td><td>1명</td></tr>
<tr><td>보조치료사</td><td>2~3명</td></tr>
<tr><td>내 담 자</td><td colspan="4">분석적 그룹(평균연령: 65세 이상, 경증 치매노인)</td></tr>
<tr><td>활 동
목 적</td><td>◉ 지적 영역
· 기억, 회고
· 주의집중력
· 수용, 표현 언어기술
◉ 사회성, 정서적 영역
· 긍정적인 정서
· 자기표현, 자기정리, 필요표현
· 여가선용, 협동 팀워크
· 충동조절
◉ 운동 영역
· 호흡, 긴장 이완
◉ 언어 영역
· 뚜렷한 구어사용
(정확도와 세기)</td><td>활 동
목 표</td><td colspan="2">1. 분석적 음악활동(V)
2. 즉흥연주 반응–movement.
3. 재분석된 즉흥연주를 통해 현재의 상황과 직면토록 하는 현실연습하기.
4. '분석음악 활동경험'을 익힌다.</td></tr>
<tr><td>준 비 물</td><td colspan="4">음악 CD, 키보드, 장구, 소고, 리듬스틱, 카바사, 콩주머니, 악보, 우드블록, 핸드드럼, 키드봉고, 조각실로폰, 핸드벨, 오디오, 윈드차임, 카우벨</td></tr>
<tr><td>진 행
방 법</td><td colspan="4">▶ 도입
· '표제음악' '풍년가'를 CD로 들려주면서 음악치료 시간임을 알린다.
▶ 전개
· '풍년가' 노래를 들으면서 가을의 정취를 느낀다.
· 가을에 대한 이야기를 해본다. 가을에 생각나는 것을 서로 이야기한다(과거에 대한 회상).
· '가을' 노래를 들으면서 따라 불러본다.
· 치료사는 내담자들이 입모양을 바르게 하도록 지도한다(가을, 바람).
· 정확한 발음으로 노래 부르도록 유의한다.
· 3박자의 리듬놀이를 해본다.
· 손뼉치기를 통하여 강약을 체험한다(강하게: 손뼉, 약하게: 손등).
· '가을' 노래를 부르면서 무릎 · 손뼉 치기를 한다.
· 다양한 악기를 가지고 즉흥활동을 한다.
· '가을'에 있었던 기억나는 일을 이야기해보도록 한다.

▶ 결론
· '풍년가' 노래를 부르면서 자유롭게 춤추며 다음에 만날 것을 기약하며 마무리한다.</td></tr>
<tr><td>비고
및
평가</td><td colspan="4">표제 즉흥연주와 토의를 통해 음악적 요소와 효과에 대한 내면적 감수성 개발
(내적 음악)</td></tr>
</table>

분석적 음악치료계획서 (11회)

<table>
<tr><td>활동 일시</td><td colspan="4">○○년 ○월 ○일</td></tr>
<tr><td rowspan="2">프로그램명</td><td rowspan="2" colspan="2">치매노인을 위한 분석적 음악치료</td><td>주치료사</td><td>1명</td></tr>
<tr><td>보조치료사</td><td>2~3명</td></tr>
<tr><td>내 담 자</td><td colspan="4">분석적 그룹(평균연령: 65세 이상, 경증 치매노인)</td></tr>
<tr><td>활 동
목 적</td><td>◉ 지적 영역
· 기억, 회고
· 주의집중력
· 수용, 표현 언어기술
◉ 사회성, 정서적 영역
· 언어 교류
· 긍정적인 정서
· 충동조절
◉ 운동 영역
· 호흡, 긴장 이완
· 리듬 반응, 협응
◉ 언어 영역
· 뚜렷한 구어사용
(정확도와 세기)</td><td>활 동
목 표</td><td colspan="2">1. Songwriting(즉흥연주)을 한다.
2. 즉흥연주 반응-movement.
3. 재분석된 즉흥연주를 통해
자발적 퇴행을 경험하도록 하여
집단원의 느낌을 나눈다.
4. ‘분석음악 활동경험’을 익힌다.</td></tr>
<tr><td>준 비 물</td><td colspan="4">음악 CD, 키보드, 장구, 소고, 리듬스틱, 카바사, 콩주머니, 악보, 우드블록, 핸드드럼, 키드봉고, 조각실로폰, 핸드벨, 오디오, 윈드차임, 카우벨</td></tr>
<tr><td>진 행
방 법</td><td colspan="4">▶ 도입
· ‘청포도사랑’, ‘청춘의 꽃’을 표제음악으로 들려주며 음악치료 시간임을 알린다.
▶ 전개
· ‘청포도 사랑’, ‘찔레꽃’, ‘청춘의 꿈’을 들려주면서 내면적 감정을 표현할 수 있도록 유도.
→ 내담자들의 발표를 적극 시도한다.

– 쾌지나 칭칭나네 강원도 땅엔 산도 많다 / 쾌지나 칭칭나네 이산 저산 절도 많다.
쾌지나 칭칭나네 전라도 땅에 들도 많다 / 쾌지나 칭칭나네 이들 저들 논도 많다.
쾌지나 칭칭나네 남쪽 바다엔 섬도 많다 / 쾌지나 칭칭나네 이섬 저섬 돌도 많다.
쾌지나 칭칭나네 제주도 땅엔 여자도 많다 / 쾌지나 칭칭나네 이땅 저땅 해녀도 많다.
쾌지나 칭칭나네 충청도 땅엔 양반도 많다 / 쾌지나 칭칭나네 이집 저집 양반도 많다.

· ‘쾌지나 칭칭나네‘를 부르면서 재미있는 가사와 언어기능을 향상시킨다.
· 넓은 보자기를 준비하여 빨강, 노랑, 파랑, 녹색의 색깔을 구분시켜 보자기의 각모서리를 잡고 머리 위로 올렸다 내렸다 하면서 ‘쾌지나 칭칭나네’를 부른다.
· 보자기 위에 테니스공을 올려놓고 다시 한 번 불러본다.
· 장구 리듬에 맞춰 리듬치기를 한다(박수치기 2회-짝짝, 3회-짝짝짝, 5회-짝짝 짝짝짝).
▶ 결론
· 자발적인 감정 표현하는 시간을 갖도록 한다(내적 음악 개발).
· 장구리듬에 맞추어 내적 음악을 표현한다.</td></tr>
<tr><td>비고
및
평가</td><td colspan="4">표제 즉흥연주와 토의를 통해 음악적 요소와 효과에 대한 내면적 감수성 개발
(내적 음악)</td></tr>
</table>

분석적 음악치료계획서 (12회)

<table>
<tr><td>활동 일시</td><td colspan="4">○○년 ○월 ○일</td></tr>
<tr><td rowspan="2">프로그램명</td><td rowspan="2">치매노인을 위한 분석적 음악치료</td><td colspan="2">주치료사</td><td>1명</td></tr>
<tr><td colspan="2">보조치료사</td><td>2~3명</td></tr>
<tr><td>내 담 자</td><td colspan="4">분석적 그룹(평균연령: 65세 이상, 경증 치매노인)</td></tr>
<tr><td>활 동
목 적</td><td>◉ 지적 영역
·기억, 회고
·주의집중력
·수용, 표현 언어기술
◉ 사회성, 정서적 영역
·긍정적인 정서
·충동조절
◉ 운동 영역
·리듬 반응, 협응
◉ 언어 영역
·뚜렷한 구어사용
(정확도와 세기)</td><td>활 동
목 표</td><td colspan="2">1. Songwriting (즉흥연주)을 한다.
2. 자신들의 음악활동 모습을 감상하며 전체 느낌을 나눈다(평가, 소감).
3. 박자에 맞추어 신체표현과 노래 부른다.
4. 한국형 간이정신상태검사, 치매노인 삶의 질검사, 노인우울검사를 실시한다.</td></tr>
<tr><td>준 비 물</td><td colspan="4">음악 CD, 키보드, 장구, 소고, 리듬스틱, 카바사, 콩주머니, 악보, 우드블록, 핸드드럼, 키드봉고, 조각실로폰, 핸드벨, 오디오, 윈드차임, 카우벨
척도: 노인우울검사, 한국형 간이정신상태검사, 치매노인 삶의 질 검사</td></tr>
<tr><td>진 행
방 법</td><td colspan="4">▶ 도입
·내담자들에게 들려주었던 표제음악 '아리랑', '고향의 봄', '갑돌이와 갑순이', '찔레꽃', '밀양 아리랑', '겨울바람', '군밤타령', '옹헤야', '과수원길', '풍년가' '청춘의 꽃'을 연주하면서 인사를 한다.
▶ 전개
·활동모습을 사진으로 보며 소감나누기를 한다.
·한국형 간이정신상태검사, 치매노인 삶의 질 검사, 노인우울검사를 실시한다.

▶ 결론
·'아리랑'에 맞춰 노래와 즉흥표현을 유도하며 마지막 인사를 한다.</td></tr>
<tr><td>비고
및
평가</td><td colspan="4">치료사–음악–말–내담자 간의 역학성 확인</td></tr>
</table>

제7장 치매노인 관련 척도 및 설문지

1. 노인우울척도(Geriatric Depression Screening Scale)

치료대상자 : (남/여) 생년월일 : 년 월 일 ( )세

관 찰 자 : 검사일자 : 년 월 일

안녕하세요?

다음은 여러분이 자신에 대한 의기소침, 활동의 저하와 더불어 근심, 외로움, 실패감 등의 감정적 스트레스 정서상태에 대하여 어떻게 생각하고 있는지를 알아보기 위한 검사입니다.

한 문제도 빠짐없이 솔직하게 끝까지 대답해주세요.

질문내용에 답하는 방법은 다음과 같습니다.

1) 질문지에서 질문내용을 먼저 잘 읽습니다.

2) 답안지 중 자신의 생각과 가장 일치하는 곳 하나에만 동그라미를 쳐야합니다.

3) 기능에 따라 질문의 내용과 문항체크는 관찰자가 용이하게 할 수 있습니다.

〈보기〉

번호	문 항 내 용	예	아니오
1	평소 내 생활에 기본적으로 만족한다.		○

번호	문 항 내 용	예	아니오
1	평소 내 생활에 기본적으로 만족한다.		
2	활동과 흥미가 많이 줄었다.		
3	사는 게 허전하다.		
4	자주 따분해진다.		
5	앞날에 대해 희망적으로 생각한다.		
6	쓸데없는 생각들이 자꾸 떠올라 괴롭다.		
7	몸과 마음이 가뿐하다.		
8	나쁜 일이 일어나지 않을까 두렵다.		
9	대체로 행복하다고 느낀다.		
10	아무것도 할 수 없을 것처럼 무기력하게 느낀다.		
11	안절부절못하고 초조할 때가 자주 있다.		
12	밖에 나가기보다는 주로 집에 있으려고 한다.		
13	앞날에 대해 걱정할 때가 많다.		
14	기억력이 많이 약해졌다.		
15	지금 내가 살아 있다는 것이 참 기쁘다.		
16	기분이 처지고 울적할 때가 있다.		
17	지금 내 처지가 참 볼품이 없다고 느낀다.		
18	지난 일들에 대해서 걱정을 많이 한다.		
19	인생은 즐거운 것이다.		
20	새로운 일을 시작하는 것이 어렵다.		
21	기운이 넘치는 것 같다.		
22	지금 내가 처한 상황이 절망스럽게 느껴진다.		
23	다른 사람들은 나보다 잘 지내는 것 같다.		
24	사소한 일에도 화가 날 때가 많이 있다.		
25	울고 싶을 때가 많다.		
26	정신을 집중하기 어렵다.		
27	아침에 기분 좋게 일어난다.		
28	사람들 모이는 데 가기가 싫다.		
29	결정 내리기가 어렵지 않다.		
30	예전처럼 정신이 맑다.		

2. 한국형 간이정신상태검사(K-MMSE)

치료대상자 : (남/여)　　　　생년월일 :　　년　월　일(　)세

관 찰 자 :　　　　검사일자 :　　년　월　일

안녕하세요?
다음은 여러분의 시간지남력, 장소지남력, 기억등록, 주의집중 및 계산, 기억회상, 언어 및 시공간 구성에 관한 정신 상태를 알아보기 위한 검사입니다.
한 문제도 빠짐없이 솔직하게 끝까지 대답해주세요.
질문내용에 답하는 방법은 다음과 같습니다.
1) 질문지에서 질문내용을 먼저 잘 이해합니다.
2) 문항체크는 관찰자가 용이하게 할 수 있습니다.

〈보기〉

번호	문 항 내 용	반 응	점 수
1	오늘은 몇 월 입니까?	**1월**	1

항 목		반 응	점 수
시간지남력 (/5)	년 (1)		
	월 (1)		
	일 (1)		
	요일 (1)		
	계절 (1)		
장소지남력 (/5)	나라 (1)		
	시, 도 (1)		
	무엇하는 곳 (1)		
	현재 장소명 (1)		
	몇 층 (1)		
기억등록 (/3)	비행기 (1)		
	연필 (1)		
	소나무 (1)		

주의집중 및 계산 (/5)	100 -7 (1)		
	-7 (1)		
	-7 (1)		
	-7 (1)		
	-7 (1)		
기억회상 (/3)	비행기 (1)		
	연필 (1)		
	소나무 (1)		
언어 및 시공간구성 (/9)	이름대기 (2)		
	명령시행 (3)		
	따라 말하기 (1)		
	오각형 (1)		
	읽기 (1)		
	쓰기 (1)		
총 점			/30

· 이름대기: 시계, 볼펜
· 명령시행: 종이를 뒤집고(1), 반으로 접은 다음(2), 저에게 주세요(1)
· 따라 말하기: 백문이 불여일견

3. 치매노인 삶의 질 척도(GQOL-D)

치료대상자 : (남/여)　　　생년월일 :　　년　월　일(　)세

관 찰 자 :　　　검사일자 :　　년　월　일

※ 이 질문지는 자신의 생활에 대해 어떻게 느끼는지를 알아보기 위한 것입니다. 우리 생활에 대해 생각해보면 건강, 에너지, 가족, 돈 같은 여러 가지를 고려해야 할 사항들이 있다는 것을 알 수 있습니다. 지금부터 이러한 영역들에 대해 몇 가지 질문을 하려고 합니다.

지난 2주 동안의 생활을 생각하면서, 각 질문에 대한 자신의 느낌을 '만족하지 않는다. 보통이다. 만족한다. 아주 만족한다' 중에서 하나만 골라 ○표해 주십시오. 질문이 무슨 뜻인지 확실히 모르는 경우에는 저에게 물어 보십시오. 또한 답이 애매한 경우에는 어떻게 생각하시는지 저에게 말씀해 주십시오.

	만족하지 않는다	보통이다	만족한다	아주 만족한다
1. 통증과 불편감	①	②	③	④
2. 힘이나 기운	①	②	③	④
3. 수면(잠자는 것)	①	②	③	④
4. 긍정적인 감정 (행복, 희망 등)	①	②	③	④
5. 기억력 및 집중력	①	②	③	④
6. 자기 자신	①	②	③	④
7. 거동능력	①	②	③	④
8. 일상적인 활동능력	①	②	③	④
9. 가족관계 및 친구관계	①	②	③	④
10. 집	①	②	③	④
11. 쓸 수 있는 돈이나 재정상태	①	②	③	④
12. 여가활동이나 취미활동	①	②	③	④
13. 생활환경(기후, 공해, 소음 등)	①	②	③	④
14. 전반적인 건강상태	①	②	③	④
15. 전반적인 생활	①	②	③	④
총점 ____________				

4. 즉흥연주 사정 분석표

4-1. 즉흥연주 사정 분석표(양식 I –통합)

치료대상자 : (남/여)　　　　　　　　검사일자 :　　　년　월　일

관 찰 자 :

안녕하세요?
다음의 질문내용은 내담자들이 치료과정에서 즉흥연주한 것을 어떻게 평가하는지에 대한 분석표입니다.
질문내용에 답하는 방법은 다음과 같습니다.
1) 질문지에서 질문내용을 먼저 잘 읽습니다.
2) 답안지 중 자신의 생각과 가장 일치하는 곳 하나만 동그라미를 쳐야 합니다.

〈보기〉

번호	질 문 문 항	전혀 그렇지 않다	약간 그렇지 않다	그저 그렇다	약간 그렇다	아주 그렇다
1	리듬의 형태–바탕(figure–ground)					○

번호	문 항	전혀 그렇지 않다	약간 그렇지 않다	그저 그렇다	약간 그렇다	아주 그렇다
1	리듬의 형태–바탕(figure–ground)					
2	리듬적 부분–전체					
3	멜로디의 형태–바탕					
4	멜로디의 부분–전체					
5	화성의 형태–바탕					
6	기조 : 부분–전체					
7	기조 : 음역과 음형					
8	악구					
9	음량					
10	음색					
11	운동성					
12	신체–악구					
13	가사					

4-2. 즉흥연주 사정 분석표(양식II-변형)

치료대상자 : (남/여)　　　　　　검사일자 :　　　년　월　일

관 찰 자 :

안녕하세요?
다음의 질문내용은 내담자들이 치료과정에서 즉흥연주한 것을 어떻게 평가하는지에 대한 분석표입니다.
질문내용에 답하는 방법은 다음과 같습니다.
1) 질문지에서 질문내용을 먼저 잘 읽습니다.
2) 답안지 중 자신의 생각과 가장 일치하는 곳 하나에만 동그라미를 쳐야 합니다.

〈보기〉

번호	질 문 문 항	전혀 그렇지 않다	약간 그렇지 않다	그저 그렇다	약간 그렇다	아주 그렇다
1	빠르기					○

번호	문 항	전혀 그렇지 않다	약간 그렇지 않다	그저 그렇다	약간 그렇다	아주 그렇다
1	빠르기					
2	박자/하위 구분					
3	리듬의 형태					
4	멜로디(선율)의 형태					
5	조성적 바탕					
6	화성					
7	스타일					
8	바탕 : 전체					
9	바탕 : 역할					
10	바탕 : 음역					
11	바탕 : 음영					
12	악구					
13	음량					
14	음색					
15	신체					
16	가사					

4-3. 즉흥연주 사정 분석표(양식Ⅲ-긴장)

치료대상자 : (남/여) 검사일자 : 년 월 일

관 찰 자 :

> 안녕하세요?
> 다음의 질문내용은 내담자들이 치료과정에서 즉흥연주한 것을 어떻게 평가하는지에 대한 분석표입니다.
> 질문내용에 답하는 방법은 다음과 같습니다.
> 1) 질문지에서 질문내용을 먼저 잘 읽습니다.
> 2) 답안지 중 자신의 생각과 가장 일치하는 곳 하나에만 동그라미를 쳐야 합니다.

〈보기〉

번호	질 문 문 항	전혀 그렇지 않다	약간 그렇지 않다	그저 그렇다	약간 그렇다	아주 그렇다
1	리듬적 기조					○

번호	문 항	전혀 그렇지 않다	약간 그렇지 않다	그저 그렇다	약간 그렇다	아주 그렇다
1	리듬적 기조					
2	리듬적 형태					
3	조성적 기조					
4	멜로디					
5	화성					
6	기조(textual)					
7	악구					
8	음량					
9	음색					
10	신체-운동성(body-motor)					
11	프로그램/가사					
12	언어적 반응					

4-4. 즉흥연주 사정 분석표(양식 Ⅳ-일치)

치료대상자 : (남/여)　　　　　　　　검사일자 :　　　년　월　일

관 찰 자 :

안녕하세요?
다음의 질문내용은 내담자들이 치료과정에서 즉흥연주한 것을 어떻게 평가하는지에 대한 분석표입니다.
질문내용에 답하는 방법은 다음과 같습니다.
1) 질문지에서 질문내용을 먼저 잘 읽습니다.
2) 답안지 중 자신의 생각과 가장 일치하는 곳 하나에만 동그라미를 쳐야 합니다.

〈보기〉

번호	질 문 문 항	전혀 그렇지 않다	약간 그렇지 않다	그저 그렇다	약간 그렇다	아주 그렇다
1	리듬적 기조					○

번호	문 항	전혀 그렇지 않다	약간 그렇지 않다	그저 그렇다	약간 그렇다	아주 그렇다
1	리듬적 기조					
2	리듬적 형태					
3	조성적 기조					
4	멜로디					
5	화성					
6	기조 : 음역					
7	기조 : 음형					
8	악구					
9	음량					
10	음색					
11	신체					
12	프로그램/가사					
13	언어적 반응					
14	대인관계					

4-5. 즉흥연주 사정 분석표(양식V-대표성)

치료대상자 : (남/여)　　　　　　　　검사일자 :　　　년　월　일

관 찰 자 :

안녕하세요?
다음의 질문내용은 내담자들이 치료과정에서 즉흥연주한 것을 어떻게 평가하는지에 대한 분석표입니다.
질문내용에 답하는 방법은 다음과 같습니다.
1) 질문지에서 질문내용을 먼저 잘 읽습니다.
2) 답안지 중 자신의 생각과 가장 일치하는 곳 하나에만 동그라미를 쳐야 합니다.

〈보기〉

번호	질 문 문 항	전혀 그렇지 않다	약간 그렇지 않다	그저 그렇다	약간 그렇다	아 주 그렇다
1	리듬적 기조					○

번호	문 항	전혀 그렇지 않다	약간 그렇지 않다	그저 그렇다	약간 그렇다	아주 그렇다
1	리듬적 기조					
2	리듬적 형태					
3	조성적 기조					
4	멜로디					
5	화성					
6	기조					
7	음량					
8	음색					
9	프로그램/가사					

4-6. 즉흥연주 사정 분석표(양식VI-자율성)

치료대상자 : (남/여)　　　　　　　　검사일자 :　　　년　월　일

관 찰 자 :

안녕하세요?
다음의 질문내용은 내담자들이 치료과정에서 즉흥연주한 것을 어떻게 평가하는지에 대한 분석표입니다.
질문내용에 답하는 방법은 다음과 같습니다.
1) 질문지에서 질문내용을 먼저 잘 읽습니다.
2) 답안지 중 자신의 생각과 가장 일치하는 곳 하나에만 동그라미를 쳐야 합니다.

〈보기〉

번호	질 문 문 항	전혀 그렇지 않다	약간 그렇지 않다	그저 그렇다	약간 그렇다	아 주 그렇다
1	리듬적 기조					○

번호	문 항	전혀 그렇지 않다	약간 그렇지 않다	그저 그렇다	약간 그렇다	아주 그렇다
1	리듬적 기조					
2	리듬적 형태					
3	조성적 기조					
4	멜로디					
5	화성					
6	기조					
7	음량					
8	음색					
9	프로그램/가사					

5. 음악치료 집단관찰을 위한 표본 서식

치 료 대 상 자: 일 자: 년 월 일

음 악 치 료 사: 관 찰 기 간:

집 단 특 성: 관 찰 자:

안녕하세요?
다음의 질문내용은 내담자들의 치료과정 활동을 어떻게 평가하는지에 대한 분석표입니다. 질문내용에 답하는 방법은 다음과 같습니다.
1) 질문지에서 질문내용을 먼저 잘 읽습니다.
2) 답안지 중 자신의 생각과 가장 일치하는 곳 하나에만 동그라미를 쳐야 합니다.

〈보기〉

번호	질 문 문 항	전혀 그렇지 않다	약간 그렇지 않다	그저 그렇다	약간 그렇다	아주 그렇다
1	참여도					○

행 동 분 류	전혀 그렇지 않다 1	약간 그렇지 않다 2	그저 그렇다 3	약간 그렇다 4	아주 그렇다 5
참여도					
음악적 활동의 향유 정도					
적절한 행동					
부적절한 행동					
지시 준수 여부					
음악치료사에 대한 관심도					
과제에 대한 관심도					
다른 치료대상자와의 상호작용					
소근육의 협응도					
대근육의 협응도					
언어적 능력의 발휘					

6. 병원 관계자 집단관찰을 위한 표본 서식

치 료 대 상 자: 일 자: 년 월 일

음 악 치 료 사: 관 찰 기 간:

집 단 특 성: 관 찰 자:

> 안녕하세요?
> 다음의 질문내용은 내담자들의 치료과정 활동을 어떻게 평가하는지에 대한 분석표입니다. 질문내용에 답하는 방법은 다음과 같습니다.
> 1) 질문지에서 질문내용을 먼저 잘 읽습니다.
> 2) 답안지 중 자신의 생각과 가장 일치하는 곳 하나에만 동그라미를 쳐야 합니다.

〈보기〉

번호	질 문 문 항	전혀 그렇지 않다	약간 그렇지 않다	그저 그렇다	약간 그렇다	아주 그렇다
1	지적 자극, 창의력					○

행 동 분 류		전혀 그렇지 않다 1	약간 그렇지 않다 2	그저 그렇다 3	약간 그렇다 4	아주 그렇다. 5
지 적 영 역	지적 자극, 창의력					
	현실안내와 인식					
	기억, 회고					
	주의 집중력					
	수용, 표현 언어기술					
사회성 · 정서적 영 역	감정고조, 동기유발					
	언어교류					
	긍정적 정서					
	자기표현, 자기정리, 필요표현					
운 동 영 역	여가선용, 협동 팀워크					
	호흡, 긴장, 이완					
	리듬, 반응, 협응					
	신체적 조절 (강화, 인내, 유연성)					
언 어 영 역	뚜렷한 구어 사용 (정확도와 세기)					

부록

INTAKE

음악심리치료 개별능력 평가지

음악치료 초기 평가

음악치료 개별 기록지

음악치료 종결 평가

INTAKE

이 신청서는 음악심리치료 이용자가 되기 위해 반드시 필요한 것입니다. 아동의 치료에 기본 정보가 되오니 다소 시간이 걸리더라도 각 문항에 성실하게 답해 주시면 감사하겠습니다. 의문 사항은 담당자에게 문의해 주시면 친절히 답해 드리겠습니다.

Ⅰ. 개인사항

<table>
<tr><td>아 동 명</td><td colspan="2">(남 / 여)</td><td>주민등록번호</td><td></td></tr>
<tr><td>주 소</td><td colspan="2"></td><td>전화번호</td><td></td></tr>
<tr><td>교육・치료경험</td><td colspan="4">현재</td></tr>
<tr><td rowspan="2">장 애 명</td><td rowspan="2"></td><td rowspan="2">장애등록
사 항</td><td colspan="2">판 정 명 : ________등록(급)
판정기관 :
판정일자 :</td></tr>
<tr><td colspan="2">미 등 록 :</td></tr>
<tr><td>내방동기・경위</td><td colspan="4"></td></tr>
</table>

Ⅱ. 가족 및 경제상황

<table>
<tr><td rowspan="7">가 족
사 항</td><td>관
계</td><td>성　명</td><td>연 령</td><td>학 력</td><td>직 업</td><td>종 교</td><td>비 고</td></tr>
<tr><td></td><td></td><td></td><td></td><td></td><td></td><td></td></tr>
<tr><td></td><td></td><td></td><td></td><td></td><td></td><td></td></tr>
<tr><td></td><td></td><td></td><td></td><td></td><td></td><td></td></tr>
<tr><td></td><td></td><td></td><td></td><td></td><td></td><td></td></tr>
<tr><td colspan="7">주 양육자는 누구 입니까?</td></tr>
<tr><td colspan="7">가족 중에 장애를 가진 분이 있습니까?</td></tr>
<tr><td rowspan="4">경 제
상 황</td><td colspan="7">가정의 총 월수입은 얼마입니까?</td></tr>
<tr><td colspan="7">아동의 치료 및 교육과 관련된 월 지출액은 얼마입니까?</td></tr>
<tr><td colspan="7">현재 주거상태 : 자택, 전세, 월세, 기타</td></tr>
<tr><td colspan="7">수급자여부 : 일반수급자, 조건부수급자, 차상위계층, 저소득가정, 일반</td></tr>
<tr><td>기 타</td><td colspan="7"></td></tr>
</table>

Ⅲ. 서비스 내용

다음은 저희 복지관에서 운영하고 있는 프로그램들입니다. 원하시는 평가와 프로그램에 표시해 주세요. (예 : 교육평가 V)

1. 종합평가 : 사회 환경평가(공통), 신체평가(물리치료), 언어평가, 음악평가
2. 프로그램 : 조기치료(언어치료, 인지치료), 음악치료
3. 부모상담 :

4. 기타 : 위 사항 외에 원하시는 서비스 내용을 구체적으로 적어주세요.

____

____

Ⅳ. 진단 및 치료 · 교육 사항

1. 지금까지 병원 등 타 기관에서 받은 진단에 대해서 구체적으로 기록해 주세요.

구 분	언 제	어 디 서	진 단 내 용
1			
2			
3			
4			

병원, 기관 진단서(6개월이내) 1부를 꼭 첨부하여 주십시오. (MRI/CT촬영, 소견서, 평가서 등)

2. 지금까지 받은 교육 및 치료에 대해서 구체적으로 기록해 주세요.

구 분	언 제	어 디 서	교육 및 치료명	종결 이유
1				
2				
3				
4				

Ⅴ. 생육사

아동의 정확한 진단을 위해서 꼭 필요한 내용이오니 해당사항을 체크하시고, 시기 및 내용을 자세히 기록해 주세요.

<table>
<tr><td rowspan="6">출생전</td><td>산모의 나이</td><td></td><td>약물 복용</td><td>유 / 무 (　　)개월 때,
원인</td></tr>
<tr><td>원하는 임신</td><td>예/아니오 (산모연령:　　세)</td><td>흡연</td><td>유 / 무 (흡연량 :　　　)
시기 :</td></tr>
<tr><td>계획된 임신</td><td>예/아니오(산모연령:　　세)</td><td>음주</td><td>유 / 무 (음주량 :　　　)
시기 :</td></tr>
<tr><td>유　　산</td><td>유/무 (　　개월 때,
원인 :　　　　　　)</td><td>질환</td><td>유 / 무 (　　)개월 때,
내용 :</td></tr>
<tr><td>심리 상태</td><td></td><td>충격</td><td>유 / 무 (　　)개월 때,
내용 :</td></tr>
<tr><td>비　　고</td><td colspan="3"></td></tr>
<tr><td rowspan="5">출생시</td><td>분만 상태</td><td colspan="2">순산/조산/만산/난산/제왕절개/유도분만</td><td>비고</td></tr>
<tr><td>체　　중</td><td colspan="2">Kg</td><td rowspan="4"></td></tr>
<tr><td>산소호흡기 사용</td><td colspan="2">유 / 무 (기간 :　　　내용 :　　　　　)</td></tr>
<tr><td>인큐베이터 사용</td><td colspan="2">유 / 무 (기간 :　　　내용 :　　　　　)</td></tr>
<tr><td>뇌손상 여부</td><td colspan="2">유 / 무 (시기 :　　　내용 :　　　　　)</td></tr>
<tr><td rowspan="7">출생후</td><td>고　　열</td><td colspan="2">유 / 무 (시기 :　개월, 최고　　　℃)</td><td>비고</td></tr>
<tr><td>경　　기</td><td colspan="2">유 / 무 (시기 :　　개월, 내용 :　　　)</td><td rowspan="6"></td></tr>
<tr><td>중　　독</td><td colspan="2">유 / 무 (시기 :　　개월, 내용 :　　　)</td></tr>
<tr><td>외　　상</td><td colspan="2">유 / 무 (시기 :　　개월, 내용 :　　　)</td></tr>
<tr><td>황　　달</td><td colspan="2">유 / 무 (시기 :　　개월, 내용 :　　　)</td></tr>
<tr><td>수　　유</td><td colspan="2">모유 / 분유 / 모유+분유 (빠는힘 : 강/약)</td></tr>
<tr><td>질　　환</td><td colspan="2">유 / 무 (시기 :　　개월, 내용 :　　　)</td></tr>
</table>

Ⅵ. 발달사

영역별 발달의 시작시기(독립적으로 가능한 시기) 및 내용을 자세히 기록해 주세요.

영 역		정상발달시기	시작시기 및 내용
신체발달	목가누기	3개월	
	기 기	6~8개월	
	앉 기	8~9개월	
	서 기	11개월	
	걷 기	12~13개월	
언어발달	옹알이	4~8개월	
	첫말단어	8~14개월	
	두단어문장	14~24개월	
	아동이 주로 사용하는 말		
신변처리	식사하기	2세	
	대변가리기	2세	
	소변가리기	2.5세	
	침 흘리는 정도는?		
	현재 스스로 옷을 입고 벗는 정도는 어떻습니까?		

년　　월　　일

작성자 : ____________________(인)

성의 있는 부모님의 응답에 감사합니다.

음악심리치료 개별능력평가지

이용번호: 성명:
나이:

진단명: 검사일:
검사자:

1. 참여도

0	1	2	3	4
회피적(거부)	무관심	가끔 참여	자주 참여하나 일관성이 없음	항상 참여

2. 신체능력

1) 대근육 운동

0	1	2	3	4
상/하체 모두 전혀 안됨	상/하체 모두 도움 필요	상체 움직임 좋으나 못 걸음	상체 움직임 좋으나 뛰지는 못함	상/하체 모두 원할

2) 소근육 운동

0	1	2	3	4
전혀 안됨	손바닥 전체로 느슨히 잡기	손가락 움직이기	손가락으로 잡기	손가락으로 힘있게 잡기

3. 의사소통능력

표현 영역
1) 언어적

0	1	2	3	4
전혀 말이 없다	무의미한 언어	단어로 표현	단 문장 사용	완전문장 사용

표현 영역
2) 비언어적

0	1	2	3	4
전혀 없음	가끔 표현	종종 표현하나 매우 제한적	간헐적으로 다양하게 표현	자주 다양하게 표현

수용 영역
1) 언어적

0	1	2	3	4
전혀 이해 안됨	10개 내외의 단어 이해	기본 단어/ 단순 지시 이해	긴 설명 이해 어려움	긴 설명 이해 가능

수용 영역
2) 비언어적

0	1	2	3	4
반응 없음	가끔 반응	반복하면 수용	불규칙적 수용	항상 즉각적 수용

4. 정서적영역

1) 정서

0	1	2	3	4
항상 불안정	종종 불안정	가끔씩 불안정	안정적	안정적이고 즐거움

2) 정서 표현

0	1	2	3	4
전혀 없음	도발적 혹은 부적절한 표현	가끔 적절한 표현	종종 적절한 표현	자주(항상) 적절한 표현

5. 인지영역

(인지능력)

0	1	2	3	4
전혀 안됨	아주 조금 인지	부분적 인지	대부분 인지	완전히 인지

6. 지시따르기

0	1	2	3	4
전혀 따르지 않음	치료사의 도움으로 수행 가능함	모델링 수행	한 가지 단순한 지시 따르기	복합적 지시 따르기

7. 정신/사회적 능력

1) 집중력

0	1	2	3	4
전혀 안됨	가끔 수 초 집중	1분 이상 집중	선호에 따라 오래 집중	5분 이상 집중

2) 눈 마주침

0	1	2	3	4
전혀 안됨	가끔 마주침	자주 마주치나 의도적으로는 안됨	가능하나 피함	항상 가능

3) 타인과의 교류

0	1	2	3	4
전혀 안함	가끔	제한된 범위에서만 종종	제한된 범위에서 항상	항상 원활함

8. 음악발달 (음악적 능력)

1) 음악 반응

0	1	2	3	4
반응 없음	드문 움직임만 보임	적절한 반응 보이나 항상성 없음	항상 적절한 반응 보임	예민하고 의미있는 반응보임

2) 악기 접촉

0	1	2	3	4
거부 한다	무관심	특정 악기 1가지	2~3가지	모든 악기

3) 노래하기

0	1	2	3	4
전혀 부르지 않음	한 소절 노래하기	부분적 노래하기	대부분 노래하기	완전한 노래하기

4) 음악 감상

0	1	2	3	4
음악 거부	음악에 무관심	가끔 음악 감상	대부분 감상	항상 감상

5) 리듬 반응	0	1	2	3	4
	반응 없음	가끔 반응하고 리듬형태 없음	종종 반응하나 일정한 리듬형태 없음	자주 반응하고 부분적으로 리듬맞춤	항상 잘 맞춤

6) 피치(pitch)	0	1	2	3	4
	전혀 맞지 않음	간헐적으로 맞음	반 정도 맞음	대부분 맞음	완전히 맞음

9. 검사자의 소견

음악치료 초기 평가

결재	담당	팀장	관장

성명 / 성별		생년월일/나이	
사 례 유 형		보호자/양육자	
평 가 일		평 가 자	

〈 검사결과 내용 〉

1. 사용 검사지 : ① 임상심리평가서 ② 한국아동인성평정척도(KPRC)

③ 음악심리프로그램 개별능력평가지

2. 검사결과표 :

① 임상심리평가서 (첨부)

② 한국아동인성평정척도(KPRC)

척도	타당도			자아탄력	지적발달		정서			행동		대인관계		현실접촉
	T/R 검사-재검사 신뢰도	L 타인 의식	F 특이 반응	ERS 자아탄력성	V이 언어발달	P이 운동발달	ANX 불안	DEP 우울	SOM 신체화	DLQ 비행	HPR 과잉행동	FAM 가족 관계	SOC 사회 관계	PSY 정신증
T점수														

참여도 (4)	신체능력 (8)	의사소통능력 (16)	정서적영역 (8)	인지영역 (4)	지시따르기 (4)	정신/사회적능력 (12)	음악발달 (24)

③ 음악심리프로그램 개별능력평가지 및 관찰 소견

심리평가: Ct.는 어머니의 방임과 친언니의 이상행동으로 인한 학교친구들의 놀림 등의 문제로 일상생활 적응에 어려움을 보여 심리검사가 실시되었다. Ct.의 사회행동표현은 양호하였지만, 감정과 언어 표현을 거의 나타내지 않았다. Ct.의 지적능력은 가벼운 정신지체 범주(전체; 68, 언어성; 66, 동작성; 78)에 속하는 것으로 나타났다. 심리검사에서도 불안전한 양육과정과 부정적인 또래관계 경험으로 인해서 심리적 불안이 매우 높게 나타났고, 이러한 문제 때문에 현재 주의 사람들에 대해서 매우 부정적인 반응을 나타낸다.
Ct.는 낮은 지적능력과 정서손상, 사회적응력 미성숙으로 인해서 정상적인 성장발달에 많은 어려움을 갖고 있는 것으로 검사가 되었다. 따라서 Ct.의 손상된 대인관계 회복하고 정상적인 발달을 이끌기 위한 전문적인 심리치료가 요망된다.

3. 치료사 소견

Ct.는 불안정한 양육과 부정적인 또래관계의 경험으로 인한 높은 심리불안을 갖고 있다. Ct.의 건강한 사회행동발달을 위해서는 손상된 대인관계를 회복이 매우 필요하다. Ct.는 자신에 대해서도 부정적으로 생각하고 있으며, 학교에서도 친구들에게 따돌림을 받아 정신적으로 매우 어려운 상황에 있다. 따라서 Ct.의 정서적 안정을 이끌어 손상된 대인관계를 회복시키기 위한 심리치료가 절실히 필요하다. Ct.가 음악활동에 높은 흥미를 나타냄에 따라 음악치료가 매우 효과적일 것이라고 생각하여 이를 권고한다.

음악치료 개별 기록지

아 동 명	A A A	치료일자		치료담당	
치료목표	정서발달: 음악활동을 통한 스트레스 조절과 정서안정과 감정조절 인지발달: 음악표현으로 감정표현과 자긍심을 높여 사회적응능력을 향상				
치료내용 및 행동관찰	음악활동: Ct.의 스트레스 조절과 정서안정을 위한 음악율동과 노래하기로 이끎. 가창활동과 율동으로 자기표현력 향상과 자긍심을 발달시킴. 행동특성: 치료에 임하는 태도가 적극적으로 나타남. 표정이 밝아짐. 다른 사람에게 조금씩 다가가는 모습을 보임. 음악율동에서 거부하는 몸짓이 많이 줄어듦. 그러나 아직 자기표현이 낮고 상호활동에 두려움을 많이 보임. 가창활동과 피아노에서 흥미가 높아졌고, 긍정적인 감정표현을 나타냄.				
치료소견	정서안정을 위한 스트레스 조절과 자기표현 향상을 위한 지도가 요구됨.				
가족상담	아동의 문제행동과 감정조절을 이끌기 위한 대체방법에 대해서 상담				

아 동 명	B B B	치료일자		치료담당	
치료목표	상호적응력향상을 위한 정서, 인지발달 감정조절과 행동조절: 주의집중력 발달과 능동적인 행동표현의 향상				
치료내용 및 행동관찰	음악활동: 음악율동과 악기활동(드럼, 피아노)으로 Ct. 정서안정과 감정표현을 이끎. 같이 피아노치기와 노래하기를 통해서 사회적 수용경험을 향상시키고, 행동표현을 이끎. 주의집중을 향상시킴. 행동특성: 음악활동에서 주의산만하고 감정조절에 어려움을 많이 보임. 상호활동에서 자기중심적으로 표현함. 지시에 대한 수용은 양호함. 지각에 어려움을 보이고 모방활동이 많이 나타남. 정서불안이 높고, 행동이 산만하며, 활동에 대한 지각이 낮아 일상생활에서 많은 어려움을 겪고 있는 것으로 보임. 음악활동에서의 참여는 매우 높음.				
치료소견	정서안정과 지각발달, 상호조절을 이끌기 위한 치료가 요구됨.				
가족상담	아동의 정서발달을 위한 가정생활 지도에 대해 상담				

음악치료 종결평가

담당	팀장	관장

아 동 명	(남 / 여)	생년월일	
아동유형		치료과목	음악치료
종결일자		치 료 사	
치료목표	1. 정서안정/감성발달 2. 지각/주의집중력발달 3. 사회인지/행동발달(또래관계발달, 상호협응행동발달)		
치료평가	Ct.는 학교생활에서 또래관계형성이 매우 어렵고, 집에서도 동생과 어울리지 못하고, 항상 불안해하고 매사에 소극적이다. 음악심리평가에서도 높은 인지와 행동발달에 비해서 감정표현이 매우 낮게 나타났다. 음악치료를 통해서 Ct.는 정서안정과 감정표현이 매우 향상되었으며 사회행동능력이 또래관계를 형성할 수 있을 정도로 발달되었다. 다른 사람과 상호적 사회행동과 표현을 별다른 어려움없이 나타낼 수 있다.		
종결사유	Ct.의 정서와 사회행동발달이 매우 호전적이고 부모와 주의의 관심과 지도가 있으면 Ct.가 건강하게 성장할 것으로 생각되어 이와 같은 사유로 음악치료를 종결함.		
담당소견	Ct.의 건강한 정서발달과 사회적응력을 이끌기 위해서는 부모의 지속적인 관심과 지도가 요구됨.		

참고문헌

강갑원(1992). 자극성 · 침체성 음악이 긍정적, 부정적 정서의 유발에 미치는 영향. 중앙대학교 대학원 박사학위논문.

권석만, 민병배 (2000). 노년기 정신장애. 서울: 학지사.

권오연(2003). 음악에 의한 감성의 생리적 측정연구에 대한 소고. 민족음악학회. 25, 815-214.

권중돈1999). 한국 치매 가족연구. 서울: 홍익제.

김경숙(2003). 향기흡입이 중년기 여성의 심리와 생리 반응에 미치는 효과. 연세대학교 대학원 박사학위논문.

김군자(1998). 음악치료의 즉흥연주모델. 서울: 양서원.

김기태, 성명옥, 박봉길, 이경남, 최희경(2002). 노인복지실천론. 서울: 양서원.

김동민(2006). 창조적 음악치료, 정현주(편.), 음악치료 기법과 모델(331-370). 서울: 학지사.

김동연, 김인숙, 김태유, 박래준, 박정미, 손기철 외(2004). 치매예방인지재활 프로그램. 서울: 서현사.

김미정(1996). 노인의 신체적 균형을 위한 율동 운동프로그램 개발. 연세대학교 대학원 석사학위논문.

김수연(2002). 음악치료가 뇌졸중환자의 우울과 자아존중감에 미치는 영향. 경희대학교 행정대학원 석사학위논문.

김영경, 이장호(2006). 노인상담. 서울: 시그마프레스.

김영숙 (2000). 치매에 대한 통합적 접근. 서울: 교육과학사.

김영임, 이시백, 정연강(1997). 보건교육. 한국방송대학교출판부.

김용진(2000). 학습활동의 뇌파분석에 기초한 두뇌순환 학습모형의 개발과 과학학습에 의적용. 서울대학교 대학원 박사학위논문.

김유미(2004). 뇌 기반 교수-학습이 아동의 자기조절능력 및 학업 성취에 미치는 효과. 교육학 연구, 42(1), 83-106.

김은영(2004). 음악적 자극이 개인의 뇌파 변화에 미치는 영향. 숙명여자대학교 음악치료 대학원 석사학위논문.

김재은, 김군자, 하정화(1999). 음악치료사를 위한 행동진단 및 평가지침서. 서울: 한학문화.

김정순(1997). 치매노인을 대상으로 한 인지자극 훈련의 효과. 지역사회간호학회지, 8(2), 199-212.

김정순, 권자연 (1996). 요양원 노인의 신체적, 인지적, 사회적 기능 상태에 관한 연구. 지역사회간호학회지, 7(2), 216-228.

김혜경, 박현옥(2000). 음악치료의 구조와 치료 실체에 관한 연구. 교과교육 연구, 3(1), 조선대학교 교과교육연구소.

김흥환(2003). 4채널 뇌파를 이용한 쾌적성평가에 관한 연구. 청주대학교 대학원 석사학위논문.

노유자(1988). 서울지역 중년기 성인의 삶의 질에 관한 분석 연구. 연세대학교 대학원 석사학위논문.

류은경, 손진훈(1996). EEG를 이용한 음의 쾌적성 지표개발. 한국음향학회 전기음향 학술 대회 논문집, 15, 114-123.

류은경, 손진훈, 강성훈(1995). 주파수 대역과 음향자극이 뇌파에 미치는 영향. 한국음향학 회 학술대회 논문집, 14, 49.

문명순(2001). 노인교육프로그램 운영 방안 연구. 아주대학교 대학원 석사학위논문.

민성길(1997). 최신정신의학 제4개정판. 서울: 일조각.

민용자(2002). 고령화 사회에서의 노인교육 발전방향에 관한 연구. 단국대학교 대학원 석사학위논문.

박미경(2002). 음향에 의해 유발된 정서의 심리적 구조와 자율신경계 반응. 충남대학교 대학원 석사학위논문.

박선민(2002). 시청각 자극에 의한 뇌파조절이 주의집중력 향상에 미치는 효과. 숙명여자대학원 석사학위논문.

박유진(2002). 여가 경험과 여가 정체성 현출성이 여가 및 생활만족에 미치는 영향. 중앙대학교 대학원 박사학위논문.

박인옥(1997). 한국노인의 우울요인. 고려대학교 석사학위논문.

박종환(1989). 고령 환자의 신경정신과적 진료. 대학의학협회지, 32(1), 26-31.

배영철, 이영진(1996). 노인의학. 서울: 고려의학.

서순규(1991). 성인병 노인 병학. 서울: 고려의학.

설민신, 한신희, 황승수, 김은주, 김영돈(2000). 노인건강을 위한 운동 프로그램. 서울: 학 문사.

성인숙(1996). 음의대역과 음악의 종류가 뇌파에 미치는 효과. 충남대학교 교육대학원 석사학위논문.

손진훈(1998). 청각 감성 측정 기술 및 DB 개발. 서울: 과학기술부.

송미순, 김신미, 오진주(1997). 노인 간호의 연구와 전망. 서울: 서울대학교출판부.

송유열2002). 영어학습 동기 유발에 관한 현장 사례연구. 울산대학교 대학원 석사학위논 문.

송지연2002). 음악활동이 유아의 사회 · 정서적 발달에 미치는 영향. 숙명여자대학교 대학원 석사학위논문.

승윤희(2001). 음악정보의 처리과정과 창의적 사고의 이해. 한국음악교육학회 논문집, 21(1), 27-51.

신성일(2001). 노인교육의 실태와 활성화 방안. 청주대학교 대학원 석사학위논문.

안중기(2001). 요가수행이 뇌파에 미치는 영향. 조선대학교 환경보건대학원 석사학위논문.

오병훈(2002). 노인 정신의학. 대한 노인 정신의학 학회지, 41(5), 745-749.

오진주(1995). 치매노인 보건관리에 관한 연구. 서울대학교 대학원 박사학위논문.

유은경(1997). 쾌음과 불쾌음이 뇌파에 미치는 효과. 충남대학교 대학원 석사학위논문.

윤중수(1999). 뇌파학개론. 서울: 고려의학.

이경화(1998). 시각자극에 의해 유발된 정서범주에 따른 뇌파 및 자율신경계 반응특성. 충남대학교 대학원 석사학위논문.

이광옥(1998). 재가노인의 일상생활기능상태, 삶의 질 및 가정간호 요구에 관한 연구. 이화여자대학교 간호과학대학원 석사학위논문.

이복희(1991). 노인의 가족지지와 우울에 관한 연구. 동남보건전문대대학 논문집 8. 133-151

이석원(1994). 음악심리학. 서울: 심설당.

이소정(2001). 장조와 단조를 중심으로 한 음악적 정서 반응에 관한 연구. 이화여자대학 교 교육대학원 석사학위논문.

이수원(1996). 인간의 이해. 서울: 정민사.

이수정(2004). 리듬중심의 음악치료가 치매노인의 인지기능에 미치는 영향. 원광대학교 보건환경대학원 석사학위논문.

이영희(2003). 알파파 유발 이완 훈련이 뇌성마비 학생의 주의 집중과 기억에 미치는 효과. 대구대학교 박사학위논문.

이윤로(2000). 노인과 치매예방. 서울: 문음사

이윤영2002). 음악적 정보가 감상자의 기분반응과 선호도에 미치는 영향. 명지대학교 사회교육대학원 석사학위논문.

이은희(1997). 치매노인 부양가족원의 부담 감소를 위한 사회사업적 개입전략. 부산대학교 대학원 박사학위논문.

이정실(2006). 분석적 음악치료. 서울: 하나의학사

이주영1999). 음악의 리듬이 뇌졸중 환자의 균형 보행에 미치는 영향. 숙명여자대학교 음악치료대학원 석사학위논문.

임민택(2002). 한국의 노인교육정책 및 프로그램 분석연구. 아주대학교 대학원 석사학위논문.

임은희(1994). 불안 우울증세를 호소하는 클라이언트의 사회적응을 위한 음악치료의 효과에 관한 연구. 숭실대학교 대학원 박사학위논문.

임춘식(1992). 현대사회와 노인문제. 서울: 유풍출판사.

장은진(2002). 분산화음과 코드화음 음악이 정서 반응에 미치는 영향. 이화여자대학교 교육대학원 석사학위논문.

전효식(2003). 파 명상이 초등학생의 정서지능에 미치는 효과. 창원대학교 교육대학원 석사학위논문.

정순돌(1999). 독거노인을 위한 체계망 치료. 대한간호학회지. 22(4), 552-567.

정용각, 표내숙(1994). 스포츠 참여와 비지속 동기에 관한 여가행동의 연구. 부산대학교 체육과학연구소 논문집 11호, 93-109.

정욱희(2002). 음악치료가 뇌졸중 환자의 우울감과 불안감 감소에 미치는 영향. 이화여자대학교 교육

대학원 석사학위논문.

정현주(2005). 음악치료학의 이해와 적용. 서울: 이화여자대학교출판부.

조유향(1995). 노인보건. 서울: 현문사.

조혜영(2005). 노인 음악치료의 제도적 실태 분석, 문헌 고찰 및 음악치료 서비스 법안 법제화 과정 조사. 이화여자대학교 교육대학원 석사학위논문.

좌길순(2000). 음악요법이 치매노인의 인지기능과 정서에 미치는 영향에 관한 연구. 계명대학교 여성학대학원 석사학위논문.

진승현(1999). 알파파자극 제시 후 뇌파의 ICA 및 비선형분석. 창원대학교 교육대학원 석사학위논문.

최병철(1999). 음악치료학. 서울: 학지사.

최성재, 장인협(2004). 노인복지학. 서울: 서울대학교출판부.

최수민(2004). 집단 즉흥연주를 통한 성인의 내재적 동기에 관한 연구. 이화여자대학교 교육대학원 석사학위논문.

최영희(1995). 한국의 노인문제와 관리방향. 서울대학교 간호대학.

하경화(2002). α파 명상음악이 초등학생의 주의집중에 미치는 영향. 창원대학교 대학원 석사학위논문.

하정은(2000). 음악을 이용한 학습장애 개선방안연구. 영세대학교 교육대학원 석사학위논문.

하종덕(1992). 우뇌기능의 훈련이 뇌의 인지기능 및 수학적 문제해결에 미치는 영향. 원광대학교 박사학위논문.

한미정(2001). 고령화 사회를 위한 노인건강증진공원 조성에 관한 연구. 홍익대학교 대학원 석사학위논문.

현외성(2001). 노인케어론. 서울: 현문사.

홍명선(1987). 음악요법을 이용한 간호중재가 정신질환자의 행동 및 정서변화에 미치는 영향. 이화여자대학교 교육대학원 석사학위논문.

황민철(1996). 감성의 정서적 정량적 평가. 측정표준, 19(1), 32-40.

황민철, 류은경. 변은희, 김철중(1997). 감성과 뇌파와의 상관성에 대한 연구. 한국감성과학회 학술대회 논문집, 1(1), 80-84.

황민철, 유은경, 김철중(1997). 시각 감성 변화의 뇌파 특성. 대한인간공학회 학술대회 논문집, 2, 468-472.

황민철, 조희관, 김진호, 김철중(1997). 뇌파의 감성자극에 의한 변화. 대한인간공학회 학술대회 논문집, 1, 3-9.

Aigen, K.(1998). *Paths of development in Nordoff-Robbins Music Therapy*. Gilsum, NH: Barcelona Publishers.

Aldridge, D.(1993). Music and Alzheimer' s Disease-assessment and therapy: A discussion paper. *Journal of the Royal Society of Medicine*, 86(3), 93-95.

Alvin, J.(1975). *Music Therapy (Revised Paperback Edition)*. London: John Clare Books.

Amabile, T. M.(1983). *The social psychology of creativity*. New York: Springer-Verlag.

Amabile, T. M.(1996). *Creativity in context: Update to the social psychology of creativity*. Boulder, CO; Westview.

Amabile, T. M.(1989). *Growing up creative*. Buffalo, NY: Creative Education foundation.

Amabile, T. M., Hill, K. G., Hennessey, B. A., & E. M.(1994) The Work Preference Inventory: Assessing intrinsic and extrinsic morivational orientations. *Journal of Personality and Social Psychology*, 66(5), 950-67.

American Psychiatric Association.(1994). *Diagnostic and statistical manual of mentadisorders(4thed)*. Washington, DC; Author. 1280.

Ansdell, G.(1995). Music for Life: Aspects of Creative Music Therapy With Adults Clients.

Ashida, S.(2000). The effect of reminiscence music therapy sessions on changes in depressive symptoms in elderly persons dementias. *Journal of Music Therapy*, 37(3), 170-182.

Bandura Reuer & Bandura Crowe.(1995). Best Practice in Music Therapy. University center on aging. San Dieg State University.

Bandura, A.(1986). *Social Foundation of thought and action: A social Cognitive theory, Englewood Cliffs*. NJ : Prentice-Hall.

Beck, A. T., Ward, C. H., Mendelson, M., Mock, J., & Erbaugh, J.(1961). An inventory for measuring depression. Archives of General Psychiatry, 5, 561-571

Bender, W. & Golden, L.(1988). Adaptive behavior of learning disabled and non-learning disabled children. Learning Disability Quarterly, 11(1), 55-61.

Benjamin, W. E.(1984). A therapy of musical meter. Music perception, 1, 355-413.

Berelson, C. N., & Steiner, I. D.(1964). Motivation: *Theory and research*. New York: Wiley.

Berger, G., Bernhardt, T., Schramm, U., Muller, R., Landsiedel-Anders, S., Peters, J., Kratzsch, T.,& Frolich, L.(2004). No effects of a combination of caregivers support group and memory training: Music therapy in dementia patients from a memory clinic population, *International Journal of Geriatric Psychiatry*, 19(3): 223-31.

Berlyne, D. M.(1971). *Aesthetics and psychobiology*. New York: Appleton Century Crofts.

Bever, T., & Chiarello, R.(1974). Cerebral Dominance in Musician and Non-Musicians. Scisnce 185(150), 537-539.

Blessed, G., Tomlison, B. C., &Rothm M.(1968) The association between quantitative measures of dementia and of senile changes in the cerebral grey matter of elderly subjects. *British Journal of Psychiatry*, 144, 797-811

Bonder, B. R.(1994). Psychotherapy for individuals with Alzheimer disease. Alzheimer Disease and Associated disorder, 8 Suppl 3, 75-81.

Boxill, E. H.(1997). *The Miracle of Music Therapy*. Cilsum. NH: Barcelona Publishers.

Bright, R.(1986). *Practical planning in music therapy of the aged*. Lynbrok. NYI Musicgraphics.

Brotons, M.(2000). An overview of the music therapy literature relating to elderly people. in D. Aldridge (ED.), *Music therapy in dementia care*(33-62). London: Jessica Kingsley Publishers, Ltd

Brotons, M., & Koger, S.(2000). The impact of music therapy on language functioning in dementia. *Journal of Music Therapy*, 37, 183-195.

Brotons, M., & Koger, S., & Pickett-Cooper, P.(1997). Music and dementias: A review of literature. *Journal of Music Therapy*, 34, 204-245.

Bruns, D. S.(2001). The effect of the bonny method of guided imagery and music o-n the mood and life quality of cancer patients. *Journal of Music Therapy*, 38(1), 51-65.

Bruscia, K. E.(1987). Improvisational Models of Music Therapy. Spring field: Charles C., Thomas.

Bruscia, K. E.(1989). *Defining Music Therapy*. Pennsylvania : Spring House Books.

Bryan, T. & Bryan, J.(1986). *Understanding learning disabilities(3rd ed.)*. Palo Aato, CA: Mayfield.

Caplan, G.(1974). *Support System and Community Mental Health*. New york: Behavioral Publications.

Casby, J. A. and Holm, M .B.(1994). The effect of music on repetitive disruptive ocalizations of persons with dementia. *American Journal of Occupational Therapy*, 48(10), 883-89.

Chen, X.(1992). Active music therapy for senile depression. *Chinese Journal of Neurology and Psychiatry*, 25(4), 208-210, 252-253.

Christie, M. E.(1992). Music therapy applications in a skilled and intermediate care nursing home facility: A clinical study. Adaptation and aging, 16(4), 69-87.

Christie, M. E.(1995). The influence of a highly paticipatory peer on motivating group behaviors of lower functioning persons who have probable Alzheimer' s type dementia: A. feasibility study. Music Therapy Perspectives, 13(2), 87-90.

Clair A. A., & Bernstein,B.(1990b). A preliminary study of music therapy pramming for severely regressed person with Alzheimer' s type dementia. *Journal of Applied Gerontology*, 9, 299-311.

Clair, A., & Ebberts, A.(1997). The effects of music therapy on interactions between family caregivers and their care receivers with late stage dementia. *Journal of Music Therapy*, 34, 148-164.

Clair, A., Tebb, S., & Bernstein, B.(1993). The effects of Socialization and music therapy intervention on self-esteem and loneliness in spouse caregivers of those diagnosed with dementia of the Alzheimer' s hype: A pilot study. *The American Journal of Alzheimer' s Disease and Related Disorders and Research*, 1, 24-32.

Clari, A. A.,& Bernstein,B.(1990a). A comparison of singing, vibrotactile and nonvinrotactile instrumental playing respones in severely regre-ssed persons with persons with dementia of the Alzheimer' s type. *Journal of Music Therapy*, 27(3), 199-125.

Cohen-Mansfield, J., Marx, M. S., & Rosenthal, A. S.(1989). A Description of agitation in the nursing home. *Journal of Gerontology*, 44, 77-84.

Cooper, G., & Meyer, L. B.(1960). *The rhythmic structure of music*. Chicago: The University of Chicago Press.

Cummings, J. L., Mega, M., Gray, K., Rosenberg-Thompson, S., Carusi, D. A., & Gornbein, J.(1994). The neuropsychiatric inventory: Comprehensive assessment of psychopathology in dementia. Neurology, 44, 2308-2314.

El cuidado de un paciente con Alzheimer supone un alto social y economico [The care of a patient with Alzheimer' s Disease represents a high social and economic cost].(2001). Associacio de Familiars d' Alzheimer del Baix Llobregat, 10, 14.

Elul, M. R.(1972). The genesis of the EEG, International Review of Neurobiology, 15, 227-272.

Farnsworth, P. R.(1966). Musicological attitudes on eminence. *Journal of Research in Music Education*, 14, 41-44.

Finnema, E., Droes, R., Redde, M., & van Tilburg, W.(2000). The effects of emotion-oriented approaches in the care for persons suffering from dementia: A review of the literature. International Journal of Geriatric Psychiatry, 15, 141-161.

Gabreielsson, A.(1982). Perception and performance of musical rhythm. In M. Clynes (ED.),

Music, mind, and brain (159-169). New York: Plenum Press.

Gaston, E. T.(1968). Man and music. In E. T. Gaston (ED.), *Music in Therapy*(7-29). New York: Macmillan.

Gates, A., & Bradshaw, J.(1977). The Role of the Cerebral Hemispheres in Music. Brain and Language 4, 404.

Gerdner, L. A.(1993). Individualized music intervention protocol. *Journal of Gerontological Nursing*, 25(10), 10-16.

Geula, M. S. (1986).Activities for AD: Music encourages self-expression. Alzheimer' s Disease and Related Disorders Newsletter, 6(2), 7.

Glynn, N .L. (1992). The Music Therapy Assessment Tool in Alzheimer' s Patients. Jourmal of Gerontological Nursing, 18(1), 3-9.

Golden, R.(1995). Dementia and Alzheimer' s disease. lndications, diagnosis, and treatment see comments. Minnesota Medicine. 78(1), 25-29.

Gotell, E., Brown. S., & Ekman, S., L.(2000). Caregiver-assisted music events in psychogeriatric care. *Journal of Psychiatric and Mental Health Nursing*, 7, 119-125.

Groene, R.(1993). The effect of presentation and accompaniment styles on a-ttentional and responsive behaviors of with dementia diagnoses. *Journal of Music Therapy*, 38(1),36-50.

Gross, E. F.(1957). An empirical study of the concepts of cobesiveness and compatibility. Unpublished honors thesis, Harvard University, Cambridge, MA.

Hall, G. R.(1988). Care of the patient with Alzheimer' s Disease Living at Home. Nursing Clinics of North America. 23(1), 33-45.

Hampe, S. O.(1975). Needs of the Grieving Spouse in a Hospital Setting. Nursing Research, 24(2), 113-119.

Hanser, S. B. & Clair, A. A.(1995). Retrieving the losses of Alzheimer' s disease for patients and caregivers with the aid of music. In T. Wigram, B. Saperston, & R. West(Eds.), *The art and science of music therapy: A handbook* (342-360). Switzerland: Harwood Academic Publishers.

Hanser, S. B. et al.(1994). Effect of a Music Therapy Strategy on Depressed Older Adults. *Journal of Gerontology*, 49(6), 256-269.

Harrer, G., & Harrer, H.(1977). Music, emotion, and autonomic function. In Macdonald C. and R. A. Henson(Eds.), *Music and the brain*(202-206). London: William Heinemann Medical Books.

Havner, K.(1935). The affective character of the major and minor modes in music. *American Journal of Psychology* 47, 186-204.

Hilliard, R.. E.(2003). The effect of music therapy on the puality and len호 of life of people diagnosed with terminal cancer. *Journal of Music Therapy*, 40(2), 113-137

Hinrichs H., & Machleidit, W.(1992). Basic emotion reflected in EEG coherences. *International Journal of Psychophysiology*, 13(3), 225-32.

Hinrich van Deest.(1998). 음악치료(공찬숙, 여상훈 역). 서울: 시유사(원전은 1995년에 출판).

Holland, J. C., & Rowland, J. H.(Eds.).(1989). *Handbook of psychooncology*. New York: Oxford Publishing.

Iwaki, T., Iwanaga, M., & Ikeda, M.(1996). Effect of repetitive exposure of music subjective and physiological responses, *Journal of Music Therapy*, 33, 219-230.

Kadushin, A.(1980). *Child Welfare Services*(3rd ed.) New York: colombia university

Kellaris, J. J., & Rice, R. C.(1993). The Influence of Tempo, Loudness, and Gender of Listener on Responses to Music. Psychology & Maketing, 10, 15-29.

Kenneth E. Bruscia.(2003). 음악치료(최병철 역). 서울: 학지사(원전은 1998년에 출판).

Khachaturian, Z. S., & Radebaugh, T. S.(1996). Alzheimer' s disease: *Causes, diagnosis treatment, and care*. Boca Raton, FL: CRC Press.

Koger, S., Chapin, K, & Brotons, M.(1999). Is music therapy an effective intervention for dementia? A meta-analytic review of literature. *Journal of Music Therapy*, 36, 2-15.

Kohler, W. (1929). *Gestalt psychology*. New York: Liveright.

Kostiunina, M. B., & Kulikov, M. A.(1996). The frequency characteristics of EEG spectra in emorion. Neuroscience Behavioural Physiology, 26(4), 340-43.

Kydd, P.(2001). Using music therapy to help a client with Alzheimer' s disease adapt to long-term care. *American Journal of Alzheimer' s Disease and other Dementias*, 16(2), 103-108.

Lathom, W.(1983). Role of music therapy in the education of handicapped children and youth. Larrence, KS: The National Association for music therapy.

Lawton, M. P., & Brody, E. M.(1969). Assessment of older people: Self-maintaining and instrumental activities of daily living. Gerontologist, 9, 179-186.

Leblanc, A.(1982). An interactive therapy of musical preference. *Journal of Music Therapy*, 19, 28-45.

Lewis, F. M.(1982). Experience personal control and quality of life in late-stage cancer patients. Nursing Research, 31(2), 113-118.

Mahoney, F. I., & Barthel, D. W.(1965). Functional evaluation: The Barthel index. *Maryland State Medical Journal*, 14, 61-65.

Malonebeach, E.E., Royer, M., & Jenkins, C. C.(1999). Is cognitive impairment a guide to use of Video Respite? Lessons from a special care unit. Journal of Gerontological Nursing, 25(5),17-21.

Maslow, A. H.(1968). *Toward a Psychology of Being*. New York: Van Nostrand Reinhold Company.

Merriam A. P.(1964). *The anthropology of music*. Northwestern University Press.

Meyer, L. B.(1956). Emotion and meaning in music. Chicago: The University of Chicago Press.

Michel, D. & Jones, J.(1992). Music for Developing Speech & Language Skills in Children. M

Minskoff, E.(1980a). Teaching approach for developing nonverbal communication skills in stydents with social perception deficits: Part 1. *Journal of Learning Disabilities*, 13(3), 118-23.

Ninskoff, E.(1980b). Teaching approach for developing nonverbal communication skills in students with social perception devicits: Part 2. Proxemic, vocalic, and artifactual clues. *Journal of Learning disabilities*, 13(4), 203-208.

Nordoff, P., & Robbins, C.(1971). *Therapy in Music for Hnadicapped Children*. London: Gollancz.

O' Callaghan, C., & McDermott, F.(2004). Music therapy' s relevance in a cancer hospital researched through a constructivist lens. *Journal of Music Therapy*, 41(2), 151-85.

Ostrander, S., Schroeder, L., & Ostrander, N.(1994). *Superlearning 2000*. NY: Delacarte Press.

Parent C. J., & Whall A. I.(1998). Are Physical Activity, Self-Esteem, & Depression Related?, *Journal of Gerontological Nursing*, 10(9), 8-10.

Pavlicevic, M.(1997). *Music Therapy in Context: Musia, Meaning and Relationship*. London and Bristol, Pennsylvania: Jessica Kingsley Publishers.

Pavlicevic, M.(2000). Improvisation in Music Therapy: Human Communication in Sound. *Journal of Music Therapy*. ＸＸＸ?(4), 269-285.

Pavlicevic, M.(2002). Dynamic Interplay in Clinical Improvisation. Voices: Main Issues. 2(2), Released July 1.

Perls, F. S.(1974). *Gestalt therapy verbatim*. New York: Bantam Books.

Plutchik, R., Emotion(1980). *A Psychoevolutionary Synthesis*. New York: Haper & Row.

Pollack, N., & Namazi, K.(1992). The effect of music participation on the social behavior of

Alzheimer' s disease patients. *Journal of Music Therapy*, 29, 54-67.

Portnoy, J.(1963). *Music in the life of man*. New York: Holt, Rinehart and Winston.

Prickett, C. A.(1996). Music therapy as a part of older people' s lives. In C. E. Furman (Ed.)(2nd ed.), *Effectiveness of Music therapy procedures: Documentation of research and clinical practice*(144-166). Washington, DC: National Association for Music Therapy, Inc.

Prickett, C. A., & Moore, R.(1991). The use of music to aid memory of Alzheimer' s patients. *Journal of Music Therapy*, 28, 101-110

Priestley, M.(1994). *Essay in Analytical Music Therapy*. Barcelona Publishers.

Reeve, J.(2001). Understanding Motivation and Emotion(3rd ED).

Reisberg, B., Ferris, S. H., De Leon, M. J., & Crook, T.(1982). The global deterioration scale for assessment of primary degenerative dementia. *American Journal of Psychiatry*, 139, 1136-1139.

Rodocy, R. E., & Boyle, J. D.(1997). *Psychlogical foundation of musical behavior*(3rd Ed). springfield, Illinois: Chales Thomas Publisher.

Ryan, R. M.(1995). Psychological needs and the facilitation of integrative processes. *Journal of Personality*, 63, 397-427.

Sambandham, M., & Schirm, V.(1995). Music as a nursing intervention for residents with Alzheimer' s disease in long-term care. Geriatric Nursing, 16(2), 79-82.

Smith, S.(1991). The unique power of music therapy benefits Alzheimer' s patients. Activities, Adaptation and aging, 14(4), 59-63.

Special Committee on Aging, United States Senate.(1991). Forever young: Music and aging. Hearing before the Special Committee on Aging. United States Senate (Serial No. 102-109). Washington, DC: U.S. Government printing Office.

Spielberg, C, B., Gorsuch, R. L., & Luschene, R. I.(1982). *Cuestionario de ansiedad estado-rasgo (Spanish adaptation from the manual for the state-trait anxiety inventory)*. Madrid: TEA.

Steiner, R.(1964). *The nature of Anthroposophy*. Blanvelt, NY: Rudolf Steiner Publications.

Steiner, R.(1984). The Essential Steiner: Basic Writings of Rudolf Steiner.

Steiner, W. W.(1960). A study of some effects of music upon muscle tension as evidenced by electromyographic recordings. Dissertation Abstracts, 21, 208.

Suzanne, B, H.(1999). *The New Music Therapist' s Handbook*. (Edited and Introduced by Robert McDerm ott). San Francisco: Harper & Row publishers.

Sylwester, R.(1995). A celebration of neuron: An educator' s guside to the human brain. VA ASCD.

Tappen, R.(1994). The effect of skill training on functional abilities of nursing home residents with dementia. Research in Nursing and Health, 17, 159-165.

Vachon, M. L.(1986). Models of group intervention. In S. B. Day(Ed), *Caner, stess, and death*(2nd ed., 203-213). New York: Plenum Medical Book company.

Vaughn,(1985). Why teach social skills to LD students: *Journal of Learning Disabilities*, 18, 139-43.

Wigfield, A., & Eccles, J. S.(2000). Expectancy-value theory of achievement motivation. Contemporary Educational Psychology, 25, 68-81.

Winnicott, D. W.(1991). *Playing and Reality*: London: Tavistick-Routledge.

Zarit, S. H., & Zarit, J. M.(1982). Families uder stress: Interventions for caregivers of senile dementia patients. Psychotherapy Theory, Research, and Practice, 19, 462-471.

Zarit, S. H., Reever, K. E., & Bach-Peterson, J.(1980). Relatives of the impaired
elderly: Correlates of feeling of burden. Gerontologist, 20, 649-655.

찾아보기

ㅊ

ㅋ

ㅌ

ㅍ

저자소개

김종환

Univ. Regensburg 졸업
음악심리학 & 교육학 박사
음악치료사
계명대학교 예술치료대학원 초빙교수
진주 소아 · 청소년 예술치료센터 소장

저서 및 논문

- 음악교육론(2004. 교육과학사)
- 아동의 인지 · 행동발달을 위한 음악의 치료적 접근과 교육적 활용방법
- 아동장애와 음악심리치료, 장애의 특성에 따른 치료 · 교육적 접근

박정미

부산대학교 음악교육학과 졸업
부산대학교 교육학과 (교육심리, 상담심리) 석사, 박사
현)부산대학교 장수생명과학기술원 연구교수
(사) 한국음악치료사협회장
(사) 국제음악치료사협회 이사장
(사) 한국예술심리 총연합회 협회장
(사) 세계대체의학연맹 수석전문연구위원
미국 AMTA정회원, 일본음악치료연맹 (No. 3609)회원
부산대학교, 대구대학교, 신라대학교, 경성대학교,
부산디지털대학교 음악치료 전문자격과정 산학협력대학 협회장(1999~현재)
음악치료과학기술원장, 예술통합치료바우처센터장, 한국음악치료센터장, 발달장애아동인지개발연구소장
대남병원, 동래병원 재활치료서비스 책임수퍼바이저
여성쉼터 자문교육위원
보건복지부 특성화사업(치매예방지원) 음악치료 전문교육기관 사업시행(2007~2009)
KBS, PSB, MBC, PBC 각 방송채널 고정게스트
대한민국 대표강사 33인 선정
21C 한국을 빛낸 한국인상(교육 신지식인상) 수상

저서 및 논문

- 치매인지재활프로그램(2004. 서현사)
- 치매노인음악치료(2006. 서현사)
- 창조적음악치료가 학습장애아동의 자기효능감과 학교생활에 미치는 효과
- 음악치료사들의 기질과 음악선호도
- 치매노인을 위한 창조적 음악프로그램과 분석적 음악프로그램 개발 및 효과 비교
- 음악치료학의 실제 및 이론

인지

음악치료의 이해와 활용

-소아청소년·노인을 위한 음악치료 지도서-

2011년 1월 15일 1판 1쇄 발행
2011년 6월 15일 1판 2쇄 발행
2012년 9월 20일 1판 3쇄 발행
2013년 11월 10일 1판 4쇄 발행
2014년 7월 10일 2판 1쇄 발행
2016년 12월 20일 2판 2쇄 발행

저 자 | 김종환 · 박정미
펴낸이 | 조재성
펴낸곳 | 서현사

펴낸곳 | **서현사**
(410-817) 경기도 고양시 일산동구 중앙로 1055번지 206호
전화 031-919-6643 팩스 031-912-6643
등 록 | 2002년 8월 14일 제 03-01392호
ISBN 978-89-94044-62-0 93510
정가 15,000원